日本精神史

自然宗教の逆襲

Ama Toshimaro
阿満利麿

筑摩書房

日本精神史——自然宗教の逆襲【目次】

日本精神史——自然宗教の逆襲

まえがき

一九四五年八月の敗戦を迎えて、当時の知識人たちは、これからの日本はどうあるべきかをめぐって、さまざまに論じあった。その共通点は、日本人が自主的に物事を考えることが苦手な国民であり、付和雷同しがちな傾向があること、なにごともエリートにまかせて、その後についてゆく主体性のない国民だ、という認識であった。だからこそ、主体性を養うために教育を大切にして、自主独立の精神を養うべきだ、という結論となった。

以来、七十年が経過した。日本人は一人ひとり、いかに主体的な精神の持ち主となり、自主的に物事を考えるようになったのか。結論は、明白である。七十年前の決意など、どこへいったのか。いや、主体性という言葉自体がどこかに消えてしまったようではないか。

その主体性という課題を、私がひときわ強く意識しはじめたのは、マスコミに就職をしてからであった。「言論の自由」という言葉の虚《むな》しさを、イヤというほど味わった。さらに、大学に職を転じてからも、主体性を養う教育とはなにかをめぐって、自問自答をくり返した。

そうしたなかで、一九九六年に『日本人はなぜ無宗教なのか』（ちくま新書）を上梓《じょうし》した。執筆した当時は、「無宗教」という現象がどうして生じたのかについて、できるだけ客観的に叙述することを心がけて、「無宗教」の精神を積極的に批判することは控えた。そのためか、読者の多くは、「無宗教」であってもよいのだ、という反応を示し、私自身はいささかとまどってきた。というのも、私が期待していたのは、「無宗教」が生まれてくる歴史的・民俗的背景を知ることによって、「無宗教」の限界を知り、「無宗教」を超える道を読者諸氏が見出してくださることであったからだ。

版を重ねているが、状況は今も変わらない。それどころか、世間では「無宗教」であることにさえも、無関心な風潮が強まっている。ましてや、「宗教」という言葉に積極的な意義を見出す人はごく少数であり、宗教はほとんど侮蔑の言葉であり、愚かな人間が陥る迷信という意味になっている。

このような風潮のなかで、「天皇」に対する宗教的崇拝だけは、敗戦後から現代にいたるまで一貫して衰えることがない。とくに最近では、海外での慰霊行事や、積極的な被災地慰問、それに「生前退位」の意志表明などの影響もあってか、一段と天皇への関心と尊崇の念が高まっている。

「無宗教」と「天皇崇拝」とは、一見、なんの関係もないように見えるが、本書で詳述するように密接な関係がある。結論めくことをいえば、「無宗教」も「天皇崇拝」も、日本の「自然宗教」に根をもっているのである。

「自然宗教」は、自然発生的な宗教意識、という学術用語であり、いわゆる教祖や教団、経典や聖典、信者によって構成されている「創唱《そうしょう》宗教」とは異なる。そして、日本人の多くが「無宗教」であるということは、「創唱宗教」風にいえば、「自然宗教」の「信者」なのである。ただし、「信者」といっても本人にはその自覚はない。「自然宗教」の中身を聞いてはじめて、自分が「自然宗教」の信奉者であることに気づくのである。それほどに「自然宗教」は、日本人にとっては空気のような存在だといってよいだろう。

このように、意識することがむつかしい「自然宗教」の雰囲気に漬かっていると、なにごとにせよ、主体的であろうとすることもまたむつかしくなりがちではないだろうか。私が「無宗教」を問題にするのは、「無宗教」でよいとする精神には、主体性が見出せないからなのである。主体性についていては本書で論じるが、要するに、自分の頭で考え抜いて、自分の発言や行動に責任をもつということである。

だが、現実には、そうした生き方のなんとむつかしいことか。主体性をもって生きようとすればするほど、他人や組織との摩擦が強くなるばかりではないか。それならばいっそのこと、主体的であるよりも、はじめから多数と同調する生き方に身を任せる方が楽ではないか。しかし、同調だけの人生のみじめさも見えている。どうしたらよいのか。

私見だが、日本社会のなかで主体性をもって生きるには、やはり、どうしても「無宗教」的精神を一度徹底的に論破し、「無宗教」的精神に代わる普遍的な宗教精神と向き合う必要があるのではないか。

本書の書名にある「日本精神史」の「精神」とは、そうした「無宗教」的精神を相対化し、あるいは否定して、新たな主体性の根拠を提示できる普遍的宗教を意味する。ただし、本書で明らかにするように、日本の場合、現実にはそうした普遍的宗教は存在しないといってもよい。なぜならば、かつて日本にも普遍宗教が存在したが、その普遍性が維持されたのは、わずか一世紀の間にしか過ぎず、その後は、「自然宗教」の反撃に遇って普遍性を喪失して、今にその形骸をとどめているだけであるからだ。

それでは、私がめざす主体性の確立は、結局、不可能となるのか。そうではない。本書が力をいれて記しているのは、普遍宗教がその普遍性を喪失してゆく過程である。なぜ、そのような過程を重視するのか。それは、そのことによって、普遍性の実現を阻害する要因が明らかになるからである。阻害要因が明らかになれば、その克服の道も見えるはずではないか。

私がいいたいことは、「無宗教」という主体性を阻害しがちな精神の克服のためには、普遍的と称する既成宗教を無批判に信奉するのではなく、まず、普遍宗教の持続を妨げてきた過去の諸要因と向きあってゆくことが肝要ではないか、ということなのである。それが、本書の試みである。読者諸氏は、どのような感慨や意見をもたれるであろうか。乞う、批判を。

第一章　無常観とニヒリズム——日本人の歴史意識

1　天皇の責任

無常観の政治化

二〇一一年三月十一日、東日本大震災がおきた。福島第一原子力発電所がメルトダウンした。世間では、今さらのように無常という事実が珍しいのか、『方丈記』や『平家物語』が話題となった。私もそうした風潮のなかで、堀田善衞《よしえ》（一九一八—一九九八）の『方丈記私記』を四十五年ぶりに再読した。そして、堀田が『方丈記私記』のなかで慨嘆した、日本人の「アキラメ主義」が、今日にいたるまでなんら克服もされず、その克服への道筋さえもつけられていないことに気づいて、愕然《がくぜん》とした。同時に、四十五年前には見えていなかった、「アキラメ主義」を克服する道のあることにも気づいた。その道は、堀田がどこまで深く意識していたかは分からないが、本書のテーマである「主体性」の問題と深く関わるように思われる。

『方丈記私記』は、一九四五年三月十日、東京を襲った大空襲からはじまる。この大空襲によって、東京の四割が焼失し、とりわけ本所深川を中心とする江東地域の焼失はすさまじく、地域は壊滅した。当時、堀田善衞には付き合いのある女性がいて、彼女が本所深川の住人であったことから、大空襲後早々に、堀田は現地をたずねる。そこで彼が遭遇した「出来事」は、今でも読む者の心胆を寒からしめる異常事であった。

堀田は、女性がすんでいた富岡不動尊と富岡八幡宮の間をたずねるが、一面焼け野原であった。茫然とあたりをさまよった堀田が、ふたたび富岡八幡宮へ戻ったところ、わずかの間に焼け跡が整理され、憲兵が随所に立っている。やがて、外車の列が永代橋の方角からあらわれて、近くに止まった。車のなかから天皇がおりてきた。自動車も彼の履く長靴もピカピカに磨き上げられており、天皇は「大きな勲章」もぶらさげていた。役人や軍人が入れ代わり立ち代わり最敬礼をして、報告か説明をくり返している。

堀田は記す。「それはまったく奇怪な、現実の猛火とも焼け跡とも何の関係もない、一種異様な儀式……と私に思われた」、と。それだけではなかった。この「儀式」の周りに集まってきたかなりの人々が、思いもかけない行動を起こしたのだ。

彼らは、それぞれが持っていた鳶口《とびぐち》やシャベルを前において「しめった灰のなかに土下座をした……（そして）涙を流しながら、陛下、私たちの努力が足りませんでしたので、むざむざと焼いて

東京大空襲で被災した深川地域を視察する昭和天皇（写真提供：共同通信社）

しまいました、まことに申訳ない次第でございます、生命をささげまして……」と口々に小声でつぶやいていた、というのである。

堀田の驚きを伝えるために、長くなるが引用する。

> 私は本当におどろいてしまった。私はピカピカ光る小豆色の自動車と、ピカピカ光る長靴とをちらちらと眺めながら、こういうことになってしまった責任を、いったいどうしてとるものなのだろう、と考えていたのである。こいつらのぜーんぶを海のなかへ放り込む方法はないものか、と考えていた。ところが責任は、原因を作った方にはなくて、結果を、つまりは焼かれてしまい、身内の多くを殺されてしまった者の方にあることになる！　そんな法外なことがどこにある！　こういう奇

怪な逆転がどうしていったい起り得るのか!

天皇という、戦争を引き起こした責任者を前にして、その被害者である人民たちがどうして天皇に謝らねばならないのか。しかも、その謝り方は「生命をささげ」てというのである。それを聞いた堀田は、「ただ一夜の空襲で十万人を越える死傷者を出しながら、それでいてなお生きる方のことを考えないで、死ぬことばかりを考え、死の方へのみ傾いて行こうとするとは、これはいったいどういうことなのか? 人は、生きている間はひたすら生きるためのものなのであって、死ぬために生きているのではない。なぜいったい、死が生の中軸でなければならないようなふうに政治は事を運ぶのか?」、と憤る。

「無常観の政治化」という聞きなれない言葉を堀田が造語するのは、まさしくこの「奇怪な逆転」を目の当たりにした際の、やり場のない怒りのまっただなかにおいてであった。

「無常観」とは、「無常」に「観」という文字があるように、本来は、「無常」(あらゆる現象が生滅してとどまることがないことを意味する仏教の概念)という事実を「観察する」という意味である。なぜ「観察する」のか。それは、「無常」によって生じる苦しみから解放される道を探すためであり、その道を教えるのが仏教なのだが、堀田が使う「無常観」は、そのようなむつかしい意味合いではない。すべては移ろうという「感じ」なのであり、「無常感」とでもいうのがよいのであろう。

要するに堀田は、「無常観」という言葉によって、なによりも、一切は「無常」であり、それゆえに下手な抵抗を試みて傷つくよりは、状況を受け入れ、状況のなすがままに忍耐心をもって生きてゆくのが一番安全であり、かつ賢明だというわばアキラメ主義を意味しようとしたのである。しかも、それはたんに被支配者である人民のみならず、支配者の心にも浸透しているのだ。

堀田はいう。「この無常観の政治化されたものは、とりわけて政治がもたらした災殃《さいおう》（災難のこと。阿満注、以下同じ）に際して、支配者の側によっても、また災殃をもたらされた人民の側としても、そのもって行きどころのない尻ぬぐいに、まことにフルに活用されて来たものであった」、と。

支配者もまた「無常観の政治化」をまぬがれなかった例として、堀田が『方丈記私記』のなかでしばしばとりあげるのは、十三世紀の九条兼実《くじようかねざね》の日記『玉葉』の記事である。そこには、平清盛が太政大臣になって以来、平家の専横と福原遷都を経て、やがて平家が滅亡していく動乱と、それに加えて、おびただしい天変地異が生じて荒廃の一途をたどる都を前にして、政治の責任者である兼実自身が「言語の及ぶ所にあらず、日本国の有無ただ今明春にあるか」（原文は片仮名）と告白するのだ。政治の中心にいて、政治を動かす立場にありながら、その政治過程をすべて、あたかも運命（兼実は「宿業」という）であるかのように受け止めている。そこに、堀田はやりきれなさを感じ、また憤懣《ふんまん》をいだく。

つまり、「無常観の政治化」とは、政治がもたらす「災殃」について、その責任を明らかにするのではなく、すべては仕方がなかったとするレトリックとして、「無常観」が作用することなのである。

そうだとすれば、ことは十三世紀にかぎらない。戦中も、戦後も、いや現代も、原発の責任問題もふくめて、こうした「仕方がない」というレトリックが、ことを押し流し、また押し流そうとしているのではないか。堀田ならずとも、「無常観の政治化」に慄然とせざるをえない。

では、弾劾されるべきは、「無常観」を教えた仏教なのであろうか。だが、さきほどもふれたように、仏教は「無常」を「観察」して、「無常」が生み出す「苦」からの解放の道を教える。それは、アキラメ主義や運命論を突破する道になるはずのものである。しかし、ここで問題とされている「無常観」＝「無常感」は、そうした仏教の手続きを経ていない、たんなる感覚でしかない。堀田も、じつはそのことに気づいていて、本来の「無常観」がもたらす突破力とでもいうべきものに、かすかな期待を寄せてもいるのである。のちにあらためてふれるとしよう。

ところで、米軍による大空襲を受けた深川の焼け跡で、堀田をしてやり場のない悲しみと憤りに追い込んだことが、もう一つあった。それは、焼け跡の灰に土下座をしながら、涙を流して、天皇に対して申し訳ないと謝り続ける、民衆の「無限にやさしい、その優情」であった。

堀田は問う。その「優情」はどこから生まれてくるのか。そもそも、政治がこのような人民の「優情」に「乗っかる」ことは、許されることなのであろうか。もし、許されるとすれば、日本の未来に期待など生まれようがないではないか、と。

堀田の文章をくり返そう。「人民の側において、かくまでの災殃をうけ、なおかつかくまでの優情があるとすれば、日本国の一切が焼け落ちて平べったくなり、上から下までの全体が難民と、たとえなったにしても……体制は維持されるであろう……新たなる日本が果たして期待出来るものかどうか」。堀田がいう「新たなる日本」とは、「天皇なき日本」なのであったが。

堀田の指摘した「優情」は、また従順ということでもあろう。人々は自らの「優情」を、為政者の側に要求したことがあるのであろうか。「優情」は、いつも為政者によって窮地に追いこめられたなかで発揮されてきたのではないか。それは、従順というしかない心情なのであり、だからこそ、そこからは自らの意志で新しい国家や社会のあり方を生み出す力は、最初から欠如しているのであろう。問題は、どうしてこのような「優情」が生じるか、にある。

三界はただ心ひとつなり

ところで、堀田は「奇怪な逆転」や、民衆の「優情」を眼前にして、「身にあまる重い疑問」をもつことになるが、加えて、堀田自身のなかに、「天皇に生命のすべてをささげて生きる……いわゆる大義に生きることの、戦慄をともなった、ある種のさわやかさ」を容認する心情があったことも否定できなかったのである。こうなれば、「身にあまる重い疑問」やディレンマは、出口のない状態となり、堀田自身は、ほとんど「ヤケクソ」の日々を送ることになる。

そのなかにあって、「災殃」に直面した人間のふるまいについて、堀田が共感してやまない『方丈記』（一二一二、鴨長明《かものちょうめい》）の文章があった。一つは、「羽《はね》なければ、空をも飛ぶべからず。龍ならばや、雲にも乗らむ」であり、二つは、「世にしたがへば、身くるし。したがはねば、狂せるに似たり。いずれの所を占《し》めて、いかなるわざをしてか、しばしもこの身を宿《やど》し、たまゆらも心を休むべき」である。

前者は、羽がない以上、現状から逃れる術《すべ》もない。ならば、ひたすら現実に耐えて「アキラメル」しかないではないか、ということになる。また、後者は、つぎのような感慨を指すのであろう。世間にしたがうことは苦しい。だからといって、したがわなかったら、狂人扱いされるだけで、これまた苦しい。こうした苦しみを逃れて、どんなところで、どんな仕事をして、この身を養い、少しの間でも心を休ませることができるというのか、そんなことはありえないではないか。これまた「アキラメ主義」に落ち着くしかないであろう。

戦時中の堀田は、こうした言葉をくり返し愛読したという。その結果、現実を変革する行動に立ち上がる必要を認めながら、その意欲は削がれて、現実を「運命」とみなすにいたった。それは敗北を認めることになったが、「自己救済の方法」ともなっていた、と告白している。

なかでも、堀田の『方丈記』の運命論的解釈を決定づけたのは、「夫《それ》、三界《さんがい》は只《ただ》心ひとつなり」という一節であった。原文を見てみよう。

「それ、三界はただ心ひとつなり。心もし安からずは、象馬・七珍（財宝の象徴）もよしなく、宮殿・楼閣ものぞみなし。今、さびしき住まひ、一間《ひとま》の菴《いほり》、みづからこれを愛す。おのづからに都に出でて、身の乞匃《こつがい》（乞食のこと）となれることを恥づといへども、帰りてこゝに居る時は、他の俗塵に馳することをあはれむ。もし人この言へることを疑はば、魚と鳥とのありさまを見よ。魚は水に飽かず。魚にあらざればその心を知らず。鳥は林を楽《ねが》ふ。鳥にあらざればその心を知らず。閑居の気味もまた同じ。住まずして誰かさとらむ」（原文は片仮名表記。漢字を一部仮名にした）。

「三界」も、仏教の知識がないと正確には理解できないが、ここでは、人間を取り巻く一切の世界、という程度の理解で十分であろう。その世界は、心の持ちよう次第だというのである。そして、心が安定していなければ、いかに高価な財宝があっても空しいものとなるであろうし、一間の庵であっても、心が充実していれば、それ以上なにも望まないではないか、とある。要するに、万事は心の持ち方次第できまる、というのだ。それは、容易に「アキラメ主義」に転化する考え方であろう。

堀田は、この一節について、つぎのように記す。「（この一節は）巨大な暴力が降りかかって来たときの、われわれの唯一の逃げ口、退路であることもまた事実でなければならないであろう。それを果してわれわれは戦後の「自由」の概念によって克服しえたか」、と。

現代の私たちには、右にいうところの、「戦後の「自由」の概念によって（巨大な暴力を）克服しえたか」は、重い問いかけである。いうまでもなく、戦後の知識人たちの間で問題になった「自由」は、ある条件から解放されるという意味の消極的自由だけではなく、事態をあるべき理想へ作り変えていくという積極的自由をいかに確保するか、であった。つまり、もとへもどっていえば、「無常観の政治化」に身をまかすのではなく、アキラメ主義を克服する道を私たちは見出しているか、という問題になる。答えは、今も否であろう。

2 ニヒリズム

自己の「融解」

ところで、『方丈記私記』を読みながら、私は「無常」というだけでは、ニヒリズムと同じことになるのではないか、と思うようになった。ここでいうニヒリズムは、ニーチェが高言した「神は死んだ」という、キリスト教が与えてきた真実の崩壊をさしているのではない。そんな高尚なことではなく、生活をしていく上での方向感覚が失われて、どうにも確固とした意味が見出せずに、不安と彷徨《ほうこう》のただなかにいる、という感じをいう。

社会学者の作田啓一は、そうした感じを強く覚えるのは、「自己の目標の達成がはばまれる体験」においてであるとして、その体験を抽象化していえば、「他者による拒絶」と「死による拒絶」だとのべている（「近代化とニヒリズム」）。

では、ニヒリズムの度合いをゆるくして、「拒絶」の苦しみからまぬがれる方法はないものか。作田は、あるという。エゴの輪郭をあいまいにすることによって、ニヒリズムの度合いが弱まる、というのだ。では、エゴの輪郭をあいまいにするとはどういうことか。それは、なんらかの集団のなかへ自己を「融解」させることにほかならない。

たしかに、強い自我意識の持ち主は、「他者」や「死」との折り合いをつけることに苦労するが、自己を超える集団との関係において自己を位置づけている場合は、他者との折り合いはもとより、死に面しても、自分は死んでも所属集団のなかに生き続けるだろう、と想定することができて、死も受け入れられやすくなる。けだし、「融解」とはよくいったものである。

加えて、作田はつぎのようにものべている。近代化が進むにつれて、自我意識が強くなり、身近な集団への「融解」がむつかしくなりだすと、「特定の対象を聖化し、それへの献身による同一化」が人生の意味を与える、新しい方法となってくる。そして、その際の「対象」は、他者でも仕事でもいいのだが、それらが神聖視されると、「献身」もまた「マゾヒスティック」となり、ニヒリズムの感じも克服できたかのように見える、と。

ここまでのべると、堀田が『方丈記私記』のなかで問題にした「無常観の政治化」＝アキラメ主義の蔓延が、一段と親しみをもってせまってくるではないか。

たとえば、戦争を開始した当の本人である天皇に対して、その責任を激しく問うのではなく、「優情」をもって応えるのも、民衆が日本国家という上位組織に、自我を「融解」させられてきた結果だといえるであろう。国家が民衆に人生の目標を強制するという戦前の体制に対して、民衆自身がさしたる抵抗もせずに、体制のいいなりになってきたのも、無意識に、自己を襲うニヒリズムを恐れていたからではないか。自我を国家に「融解」させるのは、自分のためでもあったのではないか。

ましてや、相手は「神聖な天皇」である。作田が指摘しているように、「融解」の相手が、「聖なる存在」であればあるほど、没入の度合いも容易であり、その上、「献身」という精神の高揚も得られるのだ。そこでは、ニヒリズムは力を失う。

「無常観の政治化」とは、視点を変えると、ニヒリズムから逃避したいという願望を政治がたくみに利用している現象だ、といえるのではないか。つまり、アキラメ主義はニヒリズムからの逃避という積極的な意味をもっているのだ。だからこそ、多くの人々がアキラメ主義に安住するのではないか。アキラメ主義の根は、深いといえる。

このように、私たちのなかにニヒリズムを恐れ、回避しようとする心情があるかぎり、自我の「融解」を求める営みは、今に始まったことではなく、過去の歴史のなかで、かぞえきれないほどの試みがなされてきたはずであり、なかには洗練の度合いがすすんで、一つの型となった場合もあるのではないか。

というのも、堀田は『方丈記私記』のなかで、しきりに、藤原定家の「芸術至上主義」や「本歌取り」に言及するのだが、それこそは、私のいう、その種の「型」ではないのだろうか。まず、堀田の説明を聞いてみよう。

「型」による救済

堀田が「本歌取り」を問題にする理由は、彼らの歌い上げる和歌が「現実拒否」に貫かれているために、「災殃」に遭遇しても、その原因や責任を明らかにせず、容易に運命論に陥っていくからである。

堀田はいう。「千載集から新古今集にいたる間の、六百番だの千五百番だのという、途方もない歌合といわれる文学的行事の、そのどこに飢饉、屍臭、戦乱、強盗、殺人があるか。どこにも絶対にないのであるから、世界の文学史上、おそらく唯一無二の美的世界である」、と。

作歌における、こうした「現実拒否」を理念的にも技術的にも完成したのが定家だが、堀田によると、定家の主張のポイントは、二重の拒否にあるという。一つは、「現代日本語の拒否」、つまり、当時からいえば三百年前の『古今集』の言葉を用いよ、ということであり、さらに「現実を歌うことの拒否」であった。「本歌取りとは、歌によって歌をつくること」であり、そこでは、古歌の切り取りの「技術」が重視され、現実を凝視することによって、新たな世界を創造するという営みは無視される。「創造」よりも、「伝承」なのである。

私が問題としたいのは、このような「伝承」技術の重視は、自我のあり方としては安易な部類に属する、という点なのである。さきに、自我はニヒリズムの恐怖から免れようとして、自我の輪郭をぼかす方向に進む、という作田説を紹介したが、型を守るとか伝承に生きるということは、それなりの練磨は必要だが、現実と格闘しながら新たな世界を切り開くという営みに比べれば、安易で楽なあり方となるのではないか。少なくとも、ニヒリズムに脅かされる度合いは格段に低くなる。それだけに、ニヒリズムを恐れる人間には、魅力のある生き方ともなろう。

だからこそ、堀田もまた、現実を拒否する「本歌取りの文化」が七百年前の定家の時代に限定されるものではなく、戦時中においても、「日本文化のみやびやかな伝統」がヒステリックに宣伝されたことに注目するのである。

「危機の時代にあって、人が嚇《か》ッと両眼を見開いて生者の現実を直視し、未来の展望に思いをこらすべき時に、神話に頼り、みやびやかで光栄ある伝統のことなどを言い出すのは、むしろ犯罪に近かった」。

私は、右の堀田の言葉を、二〇一六年の今、そっくりそのまま、「美しき日本」とかをほざいている人々にぶつけたい。ことほどさように、「本歌取りの文化」は健在であり、ますます勢いを増す。その根本には、ニヒリズムという恐怖があるのだ。

堀田によれば、天皇制なるものが存続する根源もまた、「本歌取りの文化」にあるとみる。いわく、「(天皇制は)生者の現実を無視し、政治のもたらした災殃を人民は眼をパチクリさせられながら無理矢理に吞み下され、しかもなお伝統憧憬に吸い込まれたいという、われわれの文化の根本にあるものに根づいているのである」、と。

天皇制は、「無常観の政治化」だけではなく、「本歌取りの文化」によっても支えられてきたのであり、今も支えられているのである。しかも、堀田が嘆いたように、その克服の道は容易に見出されない。

「無常」から「歴史」へ

もとより、近代西洋の教養をたっぷり身につけた堀田のことであるから、政治的無責任を容認して終わりとする考え方には、がまんがならなかった。だからこそ、日本には「人災、大災殃を招いた責任者を人民が処刑する、あるいはリコールをする政治的自由、思想的自由」の伝統が欠如していることをなげきもする。またそうした、自由なる主体を作り出すべきだ、と主張したい気持ちにも襲われた。つまり、長明に共感しながら、しかし、長明流の「無常観（感）」が、長明本人とは無関係に、政治的にアキラメ主義として利用され続けている状況に対して苛立ち、長明流の「無常感」からも脱出したい、と願ってきたのである。

そして堀田によれば、その願いがかろうじて満たされそうなきざしが、『方丈記』には記されている、という。それは、『方丈記』の最後にみられる叙述にある。要約していえば、長明が世を逃れて都の郊外に草庵を結んで暮らすようになったが、遁世者として仏道修行にも没入できない自己を発見していたたまれず、所詮わが身の振る舞いは貧賤か妄心のなせるところと絶望して、当時流行していた念仏を三度ばかり唱えて終わりとした、というものである。

原文でいえば、「不請《ふしやう》阿弥陀仏両三遍申《まうし》て已《や》みぬ」とある。堀田は、長明が最後に唱えた念仏は、阿弥陀仏を信じて念仏したのではなく、仕方なく、口から出まかせに、「何の求めるところもねがうところもない念仏を二度三度となえただけ」、と解釈している。「不請」は、不承不承の意味としているが、このことについてはのちにふれる。また、長明が唱えたという念仏は、あとでもふれるが、貴族たちの間にも流行っていた天台《てんだい》宗の源信《げんしん》が唱導した念仏で、法然《ほうねん》の「専修念仏《せんじゅねんぶつ》」ではない。

ではなぜ堀田は、「不請阿弥陀仏両三遍申て已みぬ」という長明の行為に、アキラメ主義の克服への可能性を見出したのか。そもそも、念仏は無常の世界を逃れて、阿弥陀仏の国という永遠不変の世界へ入ることを保証する行為である。長明がそれを拒否したということは、無常の世界にいわば居直る決意を示したとも考えられる。堀田が評価するのは、その居直りの精神にあるといってよいだろう。

なぜか。それは、人間世界のあらゆる事柄が、無常を免れることができないという意味では平等であり、それゆえに、一切が相対化される。となれば、「朝廷一家のやらかしていること」も、「災殃にあえぐ人民」も、「等価」となる。「等価」となれば、対象の価値に引きずられずに、自分の好みにしたがって事象の選択が可能となる。

つまり、ものごとは「無常」だというだけでは、あるいは「無常感」だけでは、世界はせいぜい詠嘆の対象にとどまり、世界を変革するという思いなど生まれようがない。だが、一切が無常ゆえに「等価」だと意識できれば、よりよいあり方をめざして、物事を選択してゆける。堀田によれば、それが歴史意識というものなのである。堀田は、長明が念仏を捨てて、あえて無常の世界に踏みとどまろうとしたことに、歴史意識の芽生えを見出したのである。

もちろん、長明にそうした意識があったのかどうかは分からない。むしろ、のちにのべるように、彼は念仏によって、永遠不変の世界を願ったと見る方が素直な読み方だといえる。だが、堀田は、右に見たように、長明が念仏を否定したと見た。しかもその否定も、堀田の文章によれば、「当世風な仏教までが蹴飛ばされてしまった」とあるように、徹底的であったと解釈されている。

しかし一方、堀田は『方丈記私記』を閉じるにあたって、唐突にも、長明の対極にいる人物として親鸞《しんらん》の名をあげる。その意図は十分にのべられていないが、推測するに、念仏を「蹴飛ばした」長明とは別に、念仏を選択し、念仏に生きた人間のなかにこそ、アキラメ主義を真に超える道のあることを期待していたからではなかろうか。

堀田の親鸞への関心は、のちにあらためてとりあげたい。その前に、堀田が歴史意識の役割に言及した以上、歴史とはなにかを問わねばならない。それは、大仕事である。だが、のちの本書の叙述にも関係するから、堀田の『方丈記私記』から離れるが、私なりの考えを簡単に紹介しておこう。

3　歴史とはなにか

「無意味」に堪える

そもそも歴史とは、たんなる過去の蓄積ではないし、過ぎ去った時間の羅列でもない。時間の流れのなかから、なにかを取り出し、それらの相互関係を見極め、さらに、そうした関係に意味を見出してゆく作業をいうのであろう。こうした作業は、本来、歴史家といった特定の人々に限られる行為ではなく、人間なら誰でも関心をもたざるをえない行為なのである。

なぜなら、人間は本質的に、どこから来てどこへ行くのか、皆目見当がつかない存在であり、時間の流れになんらかの意味を見出さねば生きてゆけない存在だからである。無意味の世界に投げ出されることほど、人間にとって恐ろしいことはない。無意味な時間という観念に耐えられる人は、選ばれた人であろう。ここでもまた、ニヒリズムが問題となるのだ。

こうしてみると、中国人が歴史にこだわるということは、無意味な時間のもつ恐怖、つまりはニヒリズムの恐怖を、よくよく知り抜いていたということではないか。中国史家の川勝義雄は、M・エリアーデの、ヒストリアとコスモスの区別を使って、中国人の歴史意識について、およそつぎのように考察している（『中国人の歴史意識』）。

ヒストリアは、一切を時間の流れのなかに押し流す現象であり、善人が滅び悪人が栄えるという、矛盾に満ちた耐え難い世界である。この無秩序な現象に、なんらかの意味を与えるのがコスモスにほかならない。この意味では、人間の歴史とは、無秩序なヒストリアに絶えず新しいコスモスを付与する営みであったといえる。

問題は、その付与の仕方にある。その多くは、時間の流れの外から、その時間に意味を与えようとする。その典型がキリスト教であろう。「最後の審判」と超歴史的な「神の国」を設定することによって意味を与えようとする。だが、中国人には、そのようなヒストリアの撥無《はつむ》（はらいのけること）の仕方は受け入れがたい。むしろ、ヒストリアの恐怖を真正面から受け止める道を選ぶ。それは、ほとんどニヒリズムに等しい行為であるが、中国人はその恐怖を記録するという行為によって耐え、虚無の時間を生きるに値する時間に転換しようとした、というのである。

『史記』を著した司馬遷《しばせん》は、その典型である。司馬遷にとっては、ヒストリアとコスモスの対立は、「天道は是か非か」（無限の変化のなかでなにが善であり悪であるのか）という言葉によって示される。「天道」とは、「変化しつつ無限に連続する」世界のありようを指し、「是非善悪」は文明を根底から支える価値体系をいう。つまり、一切を押し流す時間の推移のなかで、押し流されてはならない価値を明らかにして、その価値に生きることこそが司馬遷のめざした世界だというのである。

そのために、人間の行為の一切が正確に記録されねばならない。「無価値な時の流れに価値と意味を与えつづけた人間の行為」は、それがどんなに瑣末なものであっても「人間存在の証し」なのであり、そうした記録を集積し、そこに体系を見出す営みが、ヒストリアの恐怖、虚無を超える方法だというのである。だからこそ、中国人たちは、歴史に名を残すことを最高の名誉としてきたのであろう。

中国文明は、巨大である。司馬遷の道だけが、ヒストリアを超える道ではなかった。老子や荘子が試みた、「虚無」の時間に自ら同化することによって、ヒストリアを超える伝統もある。だが、ここではふれない。川勝の論文や、福永光司の啓蒙書（『荘子』（中国古典選）ほか）を見てほしい。

ところで、川勝の紹介する中国人の歴史観は、意外にE・H・カーの考え方にも通じるように思われる。カーは、歴史の意味は歴史の外のどこかにあるという考え方を「神秘主義」とよび、歴史にはなんの意味もなく、せいぜい、いくつかのエピソードがあるだけだという考え方を「シニシズム」とよんだ。そして、カー自身はそのいずれでもなく、人間の可能性を漸進的に信じるという

「理性的進歩主義」を選んだ（E・H・カー『歴史とは何か』）。カーから見れば、中国人の歴史意識は進歩史観とはいえないが、人間の善意を信じる点では共通すると映ったのかもしれない。

ひるがえって、日本人の歴史観を見てみると、ヒストリアへの恐怖が弱いという印象をもたざるをえない。時間の虚無を見据える力が弱いといってもよい。無常も、無常「観」でなく無常「感」として受け止めがちなのであるから。もっともなかには、『愚管抄《ぐかんしよう》』のように、末法の世にあって、道理が失われるなかでも、「神仏の冥助をあおいで遮悪持善の努力を積むことによって、破滅を将来におしやることができる」（『愚管抄』巻第三、黒田俊雄『日本中世の国家と宗教』）という、人間の作為を認める立場もある。

だが、どうやらそれは例外的で、のちには伊藤仁斎《じんさい》に典型的に見られるように、人間にとって真に存在しているのは毎日の生活の営みだけだという、「日常卑近の聖化」が支配的となり（詳細は拙著『宗教は国家を超えられるか』）、なぜ善人が滅びて悪人が栄えるのかといった矛盾を歴史に問う、という営みも弱くなる。他方では、すべては「夢」だとする「浮き世」の人生観が優勢となり（橋本峰雄『「うき世」の思想』）、過去の記録から未来のための意味を探り当てるという行為は、人気があるとはいえない。

私は、中国的歴史意識や、カーのいう「理性的進歩主義」がすぐれているというつもりはない。だが、過去の経験を簡単に忘却して、いつでも一から始めるという姿勢には賛成できない。まして、同じ過ちをくり返すという愚かさからだけはまぬがれたい、と強く願う一人である。

「問いの科学」と「精神史」

敗戦の翌年(一九四六年)、柳田國男《くにお》は日本の敗戦について、つぎのような感慨を吐露している。「日本人の予言力は既に試験せられ、全部が落第といふことにもう決定したのである。是からは蝸牛の匐《は》ふほどな速力を以て、まづ其予言力を育て、行かねばならぬのだが、私などはたゞ学問より以外には、人を賢くする途は無いと思つて居る。即ち到底急場の間に合はないのである」(「窓の燈」)。

この一文について、益田勝実《かつみ》は、これは柳田の学問の破産を意味するものではなく、彼のめざしてきた学問をあらたな「問いの科学」として甦らす営みだ、と解釈している(「炭焼日記」存疑」)。その上で、柳田が今までの問いの立て方をふりかえり、これからの「問いの科学」のあり方に新たな提言を試みたとして、つぎのようにのべている。

一つは、敗戦以前の「民俗学」の「問い」の立て方が拙劣で、その上、「きれぎれの小さな難問」ばかりで、したがってその答えなるものも「随筆的」に終わらざるをえなかった、という反省である。そしてこれからは、「国民共同の大きな疑ひ」に答えなければならないとして、まず、二つの問題を提起したことを評価している。その一つは、「どうしてかうも浅ましく国は敗れてしまったか」であり、二つは「是からはどういふ風に進んで行けばよからうか」である。柳田は、この二つの問題を説く前提として、「どうして日本人は斯ういつまでも、僅かな人たちの言ひなり放題に任せて、黙々として附いてあるくのであらうか?」という疑問を発しているが、益田はここに「問いの科学」の重要なテーマがあると強調している。

その上で、益田は柳田の「問いの科学」を継承するために、それぞれが発する「問い」を自分一人の「問い」にとどめておくのではなく、多くの人々と共有することが不可欠だと提言する。戦前の柳田の「民俗学」が、「好事家」の寄り集まりであるかのような誤解を生んだのも、「国民とのつながり」を軽んじてきたからだ。「疑いの友を発見していけなかったところに、柳田の問題がある」、と。

益田によれば、新しい「問いの科学」は、柳田國男が一九二三年に国際連盟の委任統治委員会委員を辞して日本へ戻り、今後の日本民俗学のあり方を「前代に志向させるか、現代に志向させるか」という選択を迫られるなかで生まれた。一言でいえば「現代史学としての民俗の学」、つまり、「現代を対象とし、今日の問題を進んで荷おうとする学問」の誕生なのであった。

その具体的成果が『明治大正史世相篇』(一九三一年刊行)であり、同じ年に刊行された『日本農民史』なのである。さらに四年後に刊行された『郷土生活の研究法』では、『日本農民史』に言及して、これからは「何故に農民は貧なりや」を根本の「問い」として、その現実の解決をめざすところに目標を設定して、最終的には「学問救世」をめざさなければならない、と決意の程を披瀝《ひれき》している(『明治大正史世相篇』東洋文庫版「解説」)。つまり、目前の疑問を解くために過去にさかのぼるということであり、文献史学が古代から現代へ下ってくるのとは逆の視点である。「問いの科学」

ということは、現代の「問い」の解決のために過去へさかのぼるということだ。

同じことを日本史学者で民俗学者の高取正男《たかとりまさお》は、つぎのようにのべている。「民俗学とは（中略）私たち日本人が日常無意識のうちに行っている生活習慣や、それと密着して存在している各種の伝承など、およそ民俗（民間習俗のこと）の名で総括されているもの全般について、そのありようを究明し、歴史的由来を明らかにしようという学問である」といって、それは「現在を明らかにするために、現在から過去へ遡ろうとする」「現在学」だとのべている。それに対して、いわゆる歴史学は、「現在に生きるものの立場からする過去の究明を目標とする」のであり、その手段は「文献」が中心となる。民間習俗は、その性格上成立の時期や変遷が明確な時間系列で説明ができないために、歴史学からは正当に取り扱われることはきわめて稀ということになる。

そのために、高取は日本史学者から冷遇されてきたのであるが、だからこそ、高取はますます歴史研究のために「民俗学」が不可欠であることを主張しつづけてきた。高取はいう。「歴史を変革するとか、変革の主体といった表現が用いられるが、その主体自身が流動し、転位してやまないのが真相といえよう。私たちの日常にはある種の磁場のようなものがあって、それがしらずしらずのあいだに、私たちの行動を規制し、変質させている」、と。そうなると、どうしても「問い」を立てる私自身がどのような「磁場」にいるのかを吟味しなくてはならなくなる。その吟味こそが、「民俗学」の役割なのである。このような意味において、「民俗学」は文字どおり、研究者個人にとって「現在学」である以上に、「内省の学」にならざるをえない（「日本史研究と民俗学」）。

高取はまた、「民俗学」を広義の「文化史学」ともよぶ。政治経済を中心とする歴史学と、人の心意や信仰、無意識の行動をとりあつかう「文化史」とでは、時間の波長が異なる。前者は一年単位で変化するのに対して、後者は五百年や、場合によれば千年単位での変遷となる。現在の「問い」から過去に答えを求めて時間をさかのぼる営みも、「問い」を発する本人自身がどのような「文化史」的磁場にいるのかを、まず確かめる必要がある。あるいは、政治経済的な営みも、その背後にどのような心意がはたらいているのかを考察する必要があろう。

つまり、「問い」を発する本人自身に「内省の学」があってはじめて、「文献」史料の解釈も生きたものとなってくる。私が意識する歴史学とは、益田と高取がいう意味での「問いの科学」であり、「内省」に支えられた「現在学」なのである（詳細は『高取正男著作集』3の「解説」を見ていただきたい）。

ところで、益田は、敗戦後の柳田の「新国学」とよばれる著述活動に対して、「精神史」という呼称を与えている。柳田は一九四六年には『祭日考』を公刊して、年末には『山宮考』の執筆に入っている。『祭日考』は、日本全国の祭りの期日の変遷を調べたもので、その結果、二月と十月、あるいは四月と十一月を祭りの月とするのがもっとも古いとして、それらが稲作と関係しているところから、日本の祭りの根本は氏神信仰にあることを明らかにしている。

また、『山宮考』では、里宮と山宮をもつ神社があるが、それはなにを意味しているのかを探究している。そこでは、神は山から里へ下りてくるのが古形で、山は霊魂の安らいでいるところだとして、さきの書と同じように、日本の神の原型が祖先神にあることを実証している。

益田は、こうした柳田の試みを「日本人精神史のまるで未開拓の野への鍬入れ」だと評価する。そして、「日本の神をどうするか。ファシズムとともに葬ってしまうだけで事がすむか」と問題を提起して、これに答える作業が「精神史の第一ページ」だとのべている。このはかの箇所でも、益田が「精神史」という言葉を用いるのは、きまって日本の神々にかかわる事柄の場合なのである。

このことから推測できることは、神を議論する営みこそが「精神史」の中心にある、ということだろう。従来、「精神史」とよばれる分野は、ドイツの哲学者・ディルタイ(一八三三―一九一一)や和辻哲郎《わつじてつろう》(一八八九―一九六〇)の影響もあって、なんらかの時代思潮を設定した上で、その変遷をたずねる傾向が強かった。たとえば、和辻哲郎は自らの「日本の精神史」の研究についてつぎのような説明をしている。「日本における諸種の文化産物を通路としてそこに己れを表現せるそれぞれの時代の日本人の「生」を把握しようとする」(「日本精神」)ことだ、と。だが、私は、益田がこだわっているように、時代思潮(和辻の言葉でいえば「それぞれの時代の日本人の「生」」)という大きな枠組みよりも、神をはじめ人間のもつ根源的な宗教的要求の構造や歴史を考察することが「精神史」の名にふさわしい営みだ、と考える。

4「感」から「観」へ

親鸞

『方丈記私記』にもどれば、堀田はさきに紹介したように、唐突に親鸞の名をもちだして『方丈記私記』を閉じる。「長明かくれて親鸞出《い》づ」、と。堀田によれば、親鸞は、長明とは対極に存在する同時代人だ、という。ちなみに、二人の生存時期をならべておこう。長明は一一五五年（？）から一二一六年であり、親鸞は一一七三年から一二六二年まで、である。

それにしても、なぜ親鸞なのか。なぜ、親鸞は長明の対極に位置するというのか。念仏を拒否した長明に歴史意識の芽生えを発見して、そこにアキラメ主義を克服する可能性を見出そうとしながら、同時に、念仏に生きた親鸞にも期待するのは、一見すると矛盾ではないのか。

しかし、堀田の思考をたどってみると、かならずしも矛盾とはいえない。なんとなれば、長明流の歴史意識に期待したとはいいながら、その歴史意識は、なんら堀田が期待するような成果を生んでいないからだ。つまり、長明没後から現代にいたるまでの日本の歴史において、アキラメ主義を克服するための運動がどれほど生まれ、どれほど持続して、どれほどの成果をあげたというのか。答えは、いうまでもなくゼロである。

そこで、堀田はいう。少なくとも長明没後から『方丈記私記』執筆当時の現代まで、およそ七百五十年間の「全歴史」は放擲《ほうてき》されなくてはならないのではないか、と。そして、その「全歴史」の「強力な否定者」こそが親鸞にほかならない、というのだ。堀田は続ける。「歴史の根石《ねいし》もろともに投げ捨てるにひとしい強力な否定者というものも、「主上臣下、法にそむき義に違し、いかりをなしうらみをむすぶ」と、叩きつけるように言った親鸞以外には、なかなかに見出しがたいのである」、と。

「全歴史」を放擲するとは、どういうことか。私の見るところ、常識的な時間の流れのなかで人間の言動を評価するのではなく、非日常的で、破天荒な時間の流れを用いて人間のすべての営みを観察する、ということなのではないか。親鸞に即していえば、「末法《まっぽう》」という時間認識がそれに相当する。

のちにもふれるが、「末法」は、仏教が用いる時間軸の一つで諸説があるが、一つはつぎのとおり。釈尊《しゃくそん》が在世した時代から、五百年を「正法《しょうぼう》」といい、その後の千年を「像法《ぞうぼう》」、そのあとの一万年を「末法」とする。その時間の区別は、修行者が「悟り」を実現できるかどうか、にある。「正法」の時代は、釈尊の教えのとおり実践したものはすべて「悟り」を手にできる時代であり、「像法」の時代では、「悟り」を手にできるものがきわめて少なくなる。「末法」にいたっては、仏教という教えはあるが、それを実践するものがいなくなり、また実践しても「悟り」を手にするものは皆無だという。

長明に期待した歴史意識では、アキラメ主義を克服する可能性が生まれないとすれば、人間のすべての営みを「末法」という歴史意識に投げ入れて、あらたにアキラメ主義を克服できる主体を見出すしかないではないか、ということなのであろう。それが、堀田の親鸞への期待の内容ではないか。

では、親鸞は堀田の期待に十分に応えたのであろうか。この問いに答えることは、本書のテーマに大いに関係する。そのためには、法然の新仏教の誕生にまでさかのぼる必要がある。それは第五章以降にのべるとして、ここでは、堀田が引用した「主上臣下云々」の言説にふれておくにとどめたい。

堀田が右に引用した「主上臣下云々」は、親鸞の『教行信証《きょうぎょうしんしょう》』の「後序」にある言葉である。その意味は、「天皇も臣下も、ともに真実の法に背き、人の道に逆らって怒りを生じ、怨みを結ぶにいたった」というものだが、それには前段がある。その内容は、およそつぎのとおり。

一二〇七（承元《じょうげん》元）年春、興福寺の学僧たちが法然の教えを誹謗《ひぼう》するあまり、後鳥羽上皇に対して、その取締りを上奏した。天皇ならびに臣下は、ともに真実の法に背き、人の道に逆らって怒りを生じ、怨《うら》みを結ぶにいたった。そして、その結果、法然とその門弟たち数人は、罪の当否を吟味されることもなく、無法にも死刑に処せられて、あるものは僧侶の身分を奪われて俗人の姓名を与えられ、遠国に流罪となった。私（親鸞）もその一人だが、以後、私は僧侶でもなく俗人でもないから、禿《とく》の字をもって姓《しょう》とする、と（原文は漢文。星野元豊・石田充之・家永三郎『親鸞』）。

法然の門弟のうち四人が死罪となり、法然や親鸞など八人が流刑に処せられた事件は、日本の宗教史において画期的な事件であった。そのために、数多くの研究がなされ、その成果も著しい。とりわけ、この事件の原因をめぐって、研究者の間には議論が集中している。一つは、法然の門弟の一部が後鳥羽上皇の後宮の風紀の乱れに巻き込まれた事件だという見方であり、他は、旧仏教からする法然の新仏教への弾圧という思想弾圧事件という見方である。最近では、この事件は、後鳥羽上皇の後宮の密通事件を、法然の専修念仏禁止へとすり替えられた事件であり、「老獪な後鳥羽上皇の真骨頂を示す」事件だとも評されている（平松令三『親鸞』）。

なかでも、僧侶が四名も斬首刑に処せられたことは、当時まで三百五十年間、死刑執行がなかったことを思うと、その異常さが目立つのであり、またこうした処刑に関しては、「明法博士の量刑勘申」などの手続きが必要であるのに、いわばそうした司法手続きなしに刑が執行されたことも明らかになっている。親鸞が「罪科を考えず、みだりがわしく死罪に坐《つみ》す」（原漢文）と記したゆえんであろう（前掲書）。

このように、親鸞が書き残した、後鳥羽上皇を対象として記された文章のもつ強烈な批判力こそ、堀田が全面的に期待するものであった、といえよう。ちなみに、一九四〇（昭和十五）年に発行された真宗聖教全書編纂所編集の『教行信証』では、右の「主上臣下」の「主上」が削り取られていて空白となっている（松野純孝『親鸞――その行動と思想』）。それは、現人神・天皇が猛威を振るっている時代の、親鸞教末徒の哀しい生き様であった。堀田は、その事実を知っていたのかどうか。知っていてなお、親鸞に期待したのであろうか。

それはそれとして、堀田の『方丈記』の末文の解釈には、いささか早とちりがあるように思われるので、堀田の親鸞への期待という課題もふくめて、検討しておこう。

不請の念仏

それは、「不請《ふしょう》の念仏」の解釈である。「不請（の）阿弥陀仏」の「不請」とは、通常の古典の解釈では、そして堀田も、「心に請い望まぬ」という意味で、いわば「しぶしぶ」と解している（佐竹昭広・久保田淳校注『方丈記 徒然草』）。しかし、これは『無量寿経』に由来する言葉で、「諸々の庶類のために、不請の友となり、群生を荷負して、これをおのれが重担となす」（原漢文）とある「不請の友」のことであろう。

つまり、『無量寿経《むりょうじゅきょう》』によれば、その意味は、「請われざる友、すなわち他人が求めないのに進んで大いなる慈しみをもってその親友となる人」（中村元『三部経』上）ということだ。慈悲の活動相を示す言葉だ、といってよい。日常語の「不承（請）、不承（請）」（いやいやながら）の意味ではない（拙著『無量寿経』を参照されたい）。

つまり、「不請の阿弥陀仏」とは阿弥陀仏の慈悲に満ちた念仏、という意味なのだ。そうすると、鴨長明が最後に念仏をしたのは、しぶしぶ、とか、仕方なく、という消極的な意味からではなく、阿弥陀仏はこんな私であっても私を捨てたまわないであろうし、その阿弥陀仏が人間に約束した念仏しか頼むところはない、という思いからだと分かる。

長明は記している。「すがたは聖人《ひじり》にて、心は濁りに染《し》めり」（私のすがたは形こそ行いすました遁世者であるが、内実は仏の教えからははるかに遠い）、と。そういう自己認識があってはじめて、聖人であろうが俗人であろうが、善人であろうが悪人であろうが、努力をしていようと怠け者であろうが、こうしたこの世の区別・差別にかかわりなく、一切を仏とすると誓う阿弥陀仏の慈悲心が了解されるのである。堀田の解釈とは異なり、長明は、（親鸞もそうしたように）こころをこめて念仏をしたのではないか。

思えば、「無常」はそれが「苦」の源泉であるがゆえに、仏教では問題とされたのである。無常なるものを無常として認識できずに、常在するものとして執着する心と、さらに肥大化した自我が「苦」を生み出す。だからこそ、仏教では「無常」を入り口として、執着心と肥大化した自我が凝視の対象となる。だが、真摯に阿弥陀仏を信じた長明は、実際にはその対象にどこまで切り込めたのか。あるいは、堀田流にいえば、その対象に正面から挑んで無常が生み出す苦を見事に克服する道を見出したのが親鸞、ということになるが、親鸞は本当にそれをなしえたのか。堀田ならずとも、期待は膨れるといわねばならない。だが、その期待は裏切られずにすむのであろうか。

しかし、この親鸞をめぐる問いの検討に移るにはまだ尚早である。それは、本書の後半に譲ることとしよう。そのまえに、堀田のいう「アキラメ主義」や「無常観の政治化」といった性質が、これほど根深くわれわれ日本人の精神に巣食っているとするならば、その背景にはなにがあるのか。この問題を、第二章と第三章で考えてみたい。

第二章　人間宣言——日本人と天皇

1　天皇とはなにか

精神の土壌

二〇〇九年にフランスで公開された、ドキュメンタリー映画『天皇と軍隊』（監督・渡辺謙一）のラストシーンには、天皇が広島を訪ねた際の映像が流される。一九四七年十二月七日のことであった。二万人の広島市民を前に天皇が手を振るのだが、天皇の目線の先には、原爆ドームがある！　原爆の惨禍を蒙りながら、その原因を作った人物を前にして、その非を追及するのではなく、万歳を叫ぶ市民。

このシーンは、さきにふれた、『方丈記私記』にある深川での状況を髣髴《ほうふつ》とさせるではないか。東京大空襲で焼け野原となった深川の湿った地に手をついて、自分たちの非力ゆえにこの惨禍を招いたとして、天皇に命をささげて詫びようとする人々！

いうまでもなく、深川と広島の二つのシーンの間には、敗戦があり、一九四六年元旦に公布された、俗に「天皇の人間宣言」とよばれる「詔書」がある。つまり、「東京大空襲」で焼け野原になった深川で、人々がひれ伏したのは、「神」とされた「天皇」であり、広島の原爆ドームを背景に万歳を叫んだ人々が向きあっていたのは、「人間」天皇であった。

「神」としての「天皇」という考えは、明治憲法が規定する天皇のあり方である。第一条には、日本は万世一系の天皇が統治する、とあり、第三条では、天皇は神聖にして侵すべからず、とあった。つまり、日本国の主権は天皇にあり、その地位は世襲制とされ、さらに、『日本書紀』の「神代の巻」にある、天上の神が地上に下って「天皇」の先祖になったという神話の記述を根拠に、天皇統治の正統性が主張され、神の子孫なるがゆえに神聖な存在だとされ、また、現実の人間世界が引き起こす諸問題については責任をもたない、という「無答責」が保障されていた。

このような「神」としての天皇が、敗戦の責任をとることなく、一片の詔書によって、普通の人間となり、普通の人間でありながら、なお「天皇」であり続けたのである。

その天皇に対して、多くの国民は、「神」の時代の天皇に対すると同じようにひれ伏す。「神」であろうが「人間」であろうが、そうした属性に関わりなく。いったい、天皇とは、日本国民にとっていかなる存在なのか。日本国民をして、天皇に特別の感情を抱かせる精神とはなになのか。

堀田善衛は「無常観」や「本歌取りの文化」をあげて、その秘密に迫ろうとした。私も、そうし

昭和天皇による広島巡幸（写真提供：共同通信社）

た堀田の試みに、作田啓一のニヒリズム論を補助線として利用しながら参加しようとした。

だが、どうやら、そうした方向とは別に、天皇信仰を生み出す部厚い土壌が日本人の精神には堆積しているのではないか。その部厚い土壌を明らかにしないと、いつまでたっても、天皇信仰は存続し、のちにふれるが、「事大主義」（「長いものには巻かれろ」）は生きながらえ、主体性の確立など夢のまた夢といわざるをえないであろう。まずは、天皇の「人間宣言」を見てみよう。

「人間宣言」

「人間宣言」の正確な内容は、およそつぎのとおり（詳細は47頁に掲載した資料を見てほしい）。

一つは、明治天皇が発布したという「五箇条の誓文」を示して、これからの日本の再建は、この精神によって進められるべきだ、ということ。二つは、日本人の「家」と「国家」を愛する精神をこの際「拡充」して、「人類愛」の完成にむけて進むべきであること。三つは、敗戦による思想的混乱を乗り越えるために、自分と国民との間にある、ゆるぎない紐帯《ちゅうたい》を生かし、一致団結して国家の繁栄をめざしたい。ついては、改めて自分と国民との紐帯が、神話にもとづくものではなく、「信頼と敬愛」によることを確認する、ということ。

この段落で、天皇は自分の地位が「神話と伝説」によって生まれたものではなく、ましてや天皇をもって「現御神《あきつみかみ》」（人の形をした神）とし、日本国民をもって「他の民族に優越する」として、世界支配を使命とするようなことは「架空なる観念」であって、これを放棄する、とのべている。

この詔書は、はじめから「人間宣言」とよばれていたのではない。発表された当時の新聞では、「新日本建設の詔書」あるいは「国運振興の詔書」とよばれている。それがいつのまにか「人間宣言」となった。「人間宣言」という俗称がどのように生まれたのか、明らかではない。

同じ年の二月に発表された、当時の東大総長・南原繁《なんばらしげる》の新聞記事では、この詔書は「人間性確立の宣言」と名づけられ、見出しには、「起て、人間性確立へ　現状に止れば民族滅亡」とあり、記事には、「今年々頭の詔書は極めて重大な歴史的意義を持つ即ち天皇は現御神《あきつみかみ》としての神格を自ら否定された、この詔書は人間性確立の宣言の証左」（一九四六年二月十二日付朝日新聞）とある。

また、地方巡幸をする天皇について、「軽快な背広姿、お供もウンと減員された。これらはすべて敢然「神性の揚棄」を実行する意図を実際にお示しになったたいはば陛下の「人間・宣言」であるのだ」（藤樫準二『陛下の〝人間〟宣言』）、ともある。

●資料

茲ニ新年ヲ迎フ。顧ミレバ明治天皇明治ノ初國是トシテ五箇條ノ御誓文ヲ下シ給ヘリ。曰ク、

一、廣ク會議ヲ興シ萬機公論ニ決スヘシ

一、上下心ヲ一ニシテ盛ニ經綸ヲ行フヘシ

一、官武一途庶民ニ至ル迄各其志ヲ遂ケ人心ヲシテ倦マサラシメン事ヲ要ス

一、舊來ノ陋習ヲ破リ天地ノ公道ニ基クヘシ

一、智識ヲ世界ニ求メ大ニ皇基ヲ振起スヘシ

叡旨公明正大、又何ヲカ加ヘン。朕ハ茲ニ誓ヲ新ニシテ國運ヲ開カント欲ス。須ラク此ノ御趣旨ニ則リ、舊來ノ陋習ヲ去リ、民意ヲ暢達シ、官民擧ゲテ平和主義ニ徹シ、教養豊カニ文化ヲ築キ、以テ民生ノ向上ヲ圖リ、新日本ヲ建設スベシ。

大小都市ノ蒙リタル戰禍、罹災者ノ艱苦、產業ノ停頓、食糧ノ不足、失業者增加ノ趨勢等ハ眞ニ心ヲ痛マシムルモノナリ。然リト雖モ、我國民ガ現在ノ試煉ニ直面シ、且徹頭徹尾文明ヲ平和ニ求ムルノ決意固ク、克ク其ノ結束ヲ全ウセバ、獨リ我國ノミナラズ全人類ノ爲ニ輝カシキ前途ノ展開セラルルコトヲ疑ハズ。

夫レ家ヲ愛スル心ト國ヲ愛スル心トハ我國ニ於テ特ニ熱烈ナルヲ見ル。今ヤ實ニ此ノ心ヲ擴充シ、人類愛ガ完成ニ向ヒ、獻身的努力ヲ效スベキノ秋ナリ。

惟フニ長キニ亘レル戰爭ノ敗北ニ終リタル結果、我國民ハ動モスレバ焦躁ニ流レ、失意ノ淵ニ沈淪セントスルノ傾キアリ。詭激ノ風漸ヲ長ジテ道義ノ念頗ル衰ヘ、爲ニ思想混亂ノ兆アルハ洵ニ深憂ニ堪ヘズ。

然レドモ朕ハ爾等國民ト共ニ在リ、當ニ利害ヲ同ジクシ休戚ヲ分タント欲ス。朕ト爾等國民トノ間ノ紐帶ハ、終止相互ノ信賴ト敬愛ニ依リテ結バレ、單ナル神話ト傳說トニ依リテ生ゼルモノニ非ズ。天皇ヲ以テ現御神（アキツミカミ）トシ且日本國民ヲ以テ他ノ民族ニ優越セル民族ニシテ、延テ世界ヲ支配スベキ運命ヲ有ストノ架空ナル觀念ニ基クモノニ非ズ。

朕ノ政府ハ國民ノ試煉ト苦難トヲ緩和センガ爲、アラユル施策ト經營トニ萬全ノ方途ヲ講ズベシ。同時ニ朕ハ我國民ガ時艱ニ蹶起シ、當面ノ困苦克服ノ爲ニ、又產業及文運振興ノ爲ニ勇往センコトヲ希念ス。我國民ガ其ノ公民生活ニ於テ團結シ、相倚リ相扶ケ、寛容相許スノ氣風ヲ作興スルニ於テハ能ク我至高ノ傳統ニ恥ヂザル眞價ヲ發揮スルニ至ラン。斯ノ如キハ實ニ我國民ガ人類ノ福祉ト向上トノ爲、絕大ナル貢獻ヲ爲ス所以ナルヲ疑ハザルナリ。

一年ノ計ハ年頭ニ在リ。朕ハ朕ノ信賴スル國民ガ朕ト其ノ心ヲ一ニシテ自ラ奮ヒ自ラ勵マシ、以テ此ノ大業ヲ成就センコトヲ庶幾フ。

御名　御璽

昭和二十一年一月一日

おそらく、こうした言説が広がって、年頭の詔書を、「人間宣言」とよぶようになったのであろう。

当時の、この「詔書」に対する率直な反応は、つぎの一文によく現れている。「新聞のトップに「詔書」と出ていたので、おれはこれはてっきり天皇が区切りのいい年頭にあたって、ようやく戦争の責任をとって退位することになり、そのための詔書かもしれない、と思ったが、とんでもない居直り宣言だった。狡智佞弁《こうちねいべん》、よくも今になってこんな詔書が出せたものだ。卒読、おれは吐き捨てたいような怒りを感じた。頭がくらくらして、足の裏から冷たい血がのぼってくるような思いだった」（渡辺清『砕かれた神　ある復員兵の手記』）。

だが、こうした反応は少数にとどまり、また長続きしなかった。

棄てられた「政治神話」

そもそも、天皇の「人間宣言」とはなんであったのか。その中身は、どれだけ正確に理解されていたのであろうか。この「人間宣言」によって、「神」であった天皇が、今度は「人間」として存続できるようになったとすれば、「人間天皇」を可能とする根拠は、どこに求められていたのであろうか。

驚くべきことに、「詔書」のなかではもちろん、関係者によっても、その説明はなされなかった。敗戦を決断した際の天皇の意志は、「聖断」と特別の言葉でよばれるが、「人間宣言」においても、天皇が自ら「人間」と宣言しただけで「人間」となったのであり、そこには、敗戦時の天皇の決断を「聖断」とするいわば神秘主義が持続していたのである。

このことに関して丸山眞男は、つぎのように批判している。「聖断内容にたいする価値判断を棚上げして、ただ聖断は聖断なるがゆえに絶対である、という承詔必謹の立場（天皇のいうことは絶対なものとして受け入れる）、いいかえれば「神道ニ我国ノ道ハ君徳ノ是非ヲ論ゼズトアルガ難有事ナリ」という理由によるのか、という問いをつきつけずにはおかないであろう」（「闇斎学と闇斎学派」）、と。要するに、神道では、天皇という絶対者の統治を認めているから、今さらのように統治者に徳があるかどうかを論じる必要がないのがありがたい点だ、という主張に対して、疑問を発する必要がないというのか、というのだ。しかも、丸山の危惧したとおり、その後、そうした問いを引き継いだものはどれほどいたのであろうか。

ところで、識者たちは、年頭の詔書の主眼がどこにあると考えていたのであろうか。私の見るところ、二つに大別される。

一つは、ＧＨＱ（「連合国最高司令官総司令部」。一九四五年から一九五二年四月まで、日本国を統治した組織）の民主化構想に対抗して、日本にも、独自の「民主主義」がすでに存在していたことを「五箇条の誓文」によって示し、天皇制のもとでも許容できる「民主主義」路線を敷くことにねらいがあった、とする見方である。

事実、「人間宣言」の原案を当時の文部大臣から見せられた天皇は、詔書の冒頭に「五箇条の誓文」をおくことを強く主張したという。そのねらいは、三十一年後に天皇自身が記者会見で、およそつぎのようにのべたことからも分かる。「詔書の目的は五箇条の誓文にあり、神格は二の次であった……民主主義の採用は明治天皇の思召しであり、それがもとで明治憲法ができたのであり、民主主義はけっして輸入のものではない、ということを示す必要があった」（中村政則『戦後史と象徴天皇』）、と。

このように、詔書の意図が天皇制の許容できる民主主義の主張にあったとする論者は、ほかにも、Herbert P. Bix（*Hirohito and the making of modern Japan*）や大原康男（『現御神考試論——現代天皇制への視座』）らがいる。

二つ目の解釈は、天皇の「神性」否定にあるというものである。詔書の言葉でいえば、「現御神」の否定だ。いわく、「天皇と人民を結ぶ紐帯は、相互信頼と敬愛にあり、神話と伝説によるものではない。天皇を以て現御神とし、日本民族を世界に優越する民族として世界支配の運命を担うという架空なる観念に基づくものでもない」（原文参照）。

この一節に対して、英字新聞の「ニッポン・タイムズ」は、「新年の詔書に対する反応」と題して、およそつぎのような解説を施している。「天皇の新年の詔書は、日本よりは外国で関心がもたれている。それは、天皇の地位が「天皇は神聖なり」という誤った観念に基づくものではない、とのべている点にある」（一九四六年一月五日付。原文は英文）、と。

とりわけ、詔書のこの部分は、ＧＨＱなど西欧列強、ならびに日本のキリスト教徒に強い印象、時には感動をもたらした。というのも、天皇がその神聖性を放棄したことにより、狂信的な祭政一致体制が崩壊したばかりか、この宣言により、天皇制のもとでもキリスト教を信じる自由が確保された、と考えられたからである。

しかしながら、ことはそれほど単純ではない。天皇は、この詔書のなかで「現御神」の否定を宣言したが、それによって、天皇制が崩壊するという危機感は、まったく有していなかった、といってよい。つまり、天皇は自ら、「現御神」という術語を否定することによって、明治維新以後の「神権天皇制」の根拠となった「政治神話」を、全面的に否定したかのようなポーズをとっただけなのである。

もっといえば、天皇を神とする「政治神話」が戦勝国によって目の敵とされているのならば、それを放棄して見せよう、という積極的な意図さえあったといわねばならない。

だからこそ、あるクリスチャンは、つぎのような苦渋に満ちた感慨をのべざるをえなかったのであろう。「天皇の人間宣言とはキリスト教的神観念と天皇＝神観念の同居を可能にする為の作業であり、これが象徴天皇制における天皇と国民の紐帯の基本構造になった……日本の天皇制は基督教的絶対神とも同居しうる神観念を手中に収め、象徴天皇制の基本構造はイギリス王室の地位（注、「信仰の擁護者」）に近づく形（となった。しかしながら）キリスト教の立場からいえば、天皇を支える、天皇＝神という伝統的な観念を切断できず、キリスト教社会で樹立されてきた信教の自由は、神である天皇とすれ違いながら同居するという曖昧さにとどまった」、と（野毛一起「戦後国家儀礼の断絶と連続」)。

凡俗的天皇

もう少し、この点についてふれておきたい。GHQは、天皇崇拝を消滅させるためには、天皇自身をして「自分は神ではない」と宣言せしめることで十分だ、と考えたといわれる(岸本英夫『戦後宗教回想録』)。それは、今から思えば、「政治神話」のみが天皇制を支えてきたのだという、甘い判断であったといわねばならないだろう。

この点、一九四六年一月十日の毎日新聞に掲載された、若山淳四郎の論説「神秘の衣をはぐ――先ず凡俗化の必要」(「天皇制の解明」シリーズ)は、問題の核心を衝《つ》いていた。

若山の主張は二点。一つは「政治の神秘化」が「政治を国民の監視、批判、監督の埒外におくにいたる」こと、二つは「政治の国民の意思による訂正、変革を不可能にする」こと。この二つの不幸を避けるために、いま急がねばならないことは、「天皇の地位」の変更よりは、「日本国民の天皇観念の徹底的改革」だと主張した。そして、まずは「宗教的天皇」から「凡俗的天皇へ」という天皇像の変革をなした後に、「かかる凡俗の天皇が国家の機関として、また政治の道具として必要か否か」を問うべきだ、とのべている。

若山の論説は、天皇の「人間」宣言が今後の日本の政治体制の出発点(!)でしかないことを明らかにしている。しかし、その後の歴史を見ると、年頭の詔書を「人間宣言」と称することによって、天皇制をめぐる議論は、封じ込められたというべきであろう。

皇国史観の立場から日本人にとっての天皇の意味を真剣に考えた三島由紀夫は、こうした背景があって、「人間宣言」から二十年後に『英霊の聲』を著し、「などてすめろぎは人間となりたまひし」と、「人間」となった天皇を激しく批判したのである。だが、これもアナクロニズムとして受け流されて終わった。

もとより、敗戦後に「天皇制」が存続できたのは、米ソ対決などの国際政治の力学によろう。なによりも、戦後の「象徴天皇制」は政治的妥協の産物であり、日本国民の総意によって作られたものではない。それは、政治史的に見ても明らかなことだ。つまり、今もなお、若山の言葉でいえば、「日本国民の天皇観念」の検討は、課題でありつづけているのである。

「カミ」にあらず、「カミ」である

天皇が自ら「現御神」ではないと宣言したことは、天皇が「現御神」だと教え込まれてきた多くの国民にとって、青天の霹靂《へきれき》であったはずである。

しかし、あにはからんや、多くの国民は、この詔書を目にしても、天皇が神でないことは昔から知っていた、と答えるばかりであった。たとえば、アメリカの雑誌『タイムズ』は、つぎのような記事を掲載している。街をゆく日本人にインタビューすると、「私は天皇が神だとは全然信じていなかった」と答える、と（一九四六年一月十四日号）。

また、当の天皇も、「自分は戦前も戦後も何ら変化していない。いつも憲法に忠実であっただけだと思う」（I don't think there has been any change, spiritually, in my prewar and postwar roles. I feel I have always acted in strict observance of the constitution）と明言している（『ニューズウィーク』一九七五年九月二十九日号）。

あるいは、戦中につぎのようにも発言している。「（本庄だったか、宇佐美だったか）私を神だと云ふから、私は普通の人間と人体の構造が同じだから神ではない。さういふ事を云はれては迷惑だと云つた事がある」（『昭和天皇独白録』）、と。

これは、天皇自身、その存在が『日本書紀』の「神代の巻」によって正当化されているというイデオロギーに、かならずしも強い関心をもっていたとはいえない証左でもあろう。つまり、天皇を神とする「政治神話」には、天皇自身も興味がなかったのであり、だからこそ、容易に「現御神」を否定できたといえる。

問題は、大部分の国民は、天皇が「神」であろうが「人間」であろうが、そういうことにはお構いなく、依然として崇拝の対象として受け入れている点にある。再度問わねばならない、なにが天皇制を支えているのであろうか、と。

年頭の詔書の作成に関わった一人である前田多門は、その回想録のなかで、つぎのようなエピソードを紹介している。

それは、臨時国会の予算委員会で、ある議員が前田に、「いったい天皇は神であるのか、神ではないのか」、と詰問したときのことである。前田は、「天皇はカミであり、またカミでない。なぜならば、神という日本の言葉と、ゴッドという意味をもった神との間には非常な違いがある。私は無学でよくわからんが、日本の神というのは、キリスト教でいうような全知全能の神とか、造物主とかいう意味でなく、至上至高の地位に居られる方という意味ではないか。つまり、ゴッドのような神でないという点では、天皇はカミではないけれども、「至上至高の地位」にある人間を神という古来の用法からいえば、天皇はカミなのである」、と(「「人間宣言」のうちそと」)。

前田のいうとおり、日本人の伝統的な心情では、神と人の間に断絶はなく、神は人間の延長線上に想像され、優れた人格は神が人間の姿をとった例であるとか、また、常人以上の振る舞いをした人を神ということは、普通のことであった(堀一郎「神を創作する日本人」)。

同じ人間でありながら、自分たちの日常とは隔絶した世界に生きる人間を、神ないしは特別の存在として崇拝する心情の背景には、自分たちの生に究極的な意味を与える存在を、現世とは別の世界に求めるのではなく、自分たちが暮らす日常世界と同じ時間と空間のなかに求めたい、という願望が存在するからなのであろう。

そのような願望を、かりに現世主義的な願望とよぶとすると、日本の社会と文化には、そうした願望が強く作用しているように思われる。のちに、もう一度考えてみたい。

天皇は、「現御神」ではなくなっても、日常世界の延長線上に非日常的な存在を保持しておきたいという、現世主義的願望に支えられて、いわば「生き神」（宮田登）であり続けているのである。そしていつのまにか、「人間宣言」以後、天皇の戦争責任の問題は、占領軍やアメリカの支配者の意向によって棚上げされ、「神権天皇制」（「神話」に根拠をもつ天皇制）は「象徴天皇制」に容易に移行した。天皇制を支える根拠は、不問に付されたまま。

昭和天皇のあとを受けた明仁天皇も、父・昭和天皇の戦争責任に言及することはなかっただけでなく、現行皇室典範に規定された即位式以外に、すでに廃止された「登極令」などによる「剣璽等承継の儀」、「即位後朝見の儀」、「大嘗祭」を採用した。これらは、戦前の神権天皇制下での儀礼である。しかも、それらは国費によってなされたために、憲法が規定する「政教分離」の原則に反するのではないか、という違憲論が出された。しかし、最高裁は違憲ではないという判断を下して今にいたっている（二〇〇二年七月十一日「鹿児島大嘗祭訴訟」の上告審判決など）。

思えば、日本社会では、戦前も戦後も、そして敗戦後七十年を経過した今も、あらゆる組織において、無責任体制が蔓延する。二〇一一年三月に発生した福島原子力発電所の事故をめぐる、国家権力と東京電力の無責任ぶりは、かつての第二次世界大戦をめぐる無責任ぶりを髣髴《ほうふつ》とさせるほどにひどい。その根本には、責任を取らないという「天皇制」のあり方が深く関わっている、といってよいだろう。

世界の耳目を集めたオウム真理教事件もまた、その背景に、こうした無責任体制があったといわれている。つまり、十五年戦争中の日本軍の残虐行為をはじめ、天皇の戦争責任を不問に付し、原爆投下とソ連抑留による「犠牲者意識」ばかりが強調されて、本来、個々人が引き受けるべき「罪責感」と向き合わないということによって生じる「不健全機制」は、すべての葛藤を一挙に解決し、集団の栄光を回復できるという「黙示録的主張」(キリストの再来、神の国の到来、地上の王国の滅亡)や、すべての悪を洗い流すという「浄化」の主張を受け入れやすくする、というのである(ロバート・リフトン、渡辺学訳『終末と救済の幻想――オウム真理教とはなにか』)。

日本社会に蔓延する「無責任体制」の根本に、天皇の無責任があることを思い知るべきではないのか。

2 天皇を支える国民感情

天覧試合

二〇一六年六月、日本とスコットランドのラグビー試合があり、天皇らが観戦した。新聞は、「ラグビー代表戦両陛下が観戦」(東京新聞)と見出しをつけていたが、当日のテレビ中継では「天覧試合」という文字が流され、アナウンサーはこの言葉をくり返し絶叫していた。

かつて、大相撲やプロ野球でも、「天覧試合」があったし今もある。不思議なことに、試合がこのようによばれると特異な雰囲気が生じる。それは、試合の中身もさることながら、その競技場自体が特別の「場」となり、その「場」の中心に天皇が存在するという構図が生まれる。

戦後の天皇の大きな役割の一つは、儀式に出席することだ。国会の開会や国体などの催しもの、慰霊祭、植樹祭などの年中行事等々。なぜ天皇はこれほど多くの儀式や儀礼に出席するのか。それらは「公務」と称せられているが、その意図はどこにあるのか。

さきに「天覧試合」のことにふれたが、そうした行事や儀式でも、特異な「場」が形成されて、その中心に天皇が存在するという図式にはかわりはない。問題は、その「場」の形成にあるのではないか。

天皇が出席してつくられる「場」には、共通した特徴がみられる。一つは、出席者なり参加者が互いに同質の存在だということを確認する（確認させられる）。二つは、その同質な参加者は、天皇という中心に向かって一斉にまなざしを注いで、「場」にいるものの結束が確認される（確認させられる）。

このような特異な「場」が形成されることについて、文化人類学者はつぎのようにのべている。「儀礼は常に一つの中心をつくり出す。中心をつくり出すという儀礼の性質が、人間の集団を絶え間なく「中心化」へと向かわせ、中心化による特殊化を行わせてゆく」（青木保『儀礼の象徴性』）、と。

歴史学者の安丸良夫は、この青木の文章を引用した後で、つぎのように記す。「儀礼のこのような性格は、天皇という権威についての曖昧で多義的な意味づけを可能にするとともに、異なった意味づけから唯一の中心化を実現してゆくことを可能にする」(『近代天皇像の形成』)、と。「唯一の中心化」とは、天皇を中心とする国家、ということであろう。国家のあり方をさまざまに議論していても、ひとたび天皇という存在をもちだすと、日本国家は天皇を中心とする国家に凝固してしまい、ほかの議論を受け付けなくなってしまう、ということだろう。安丸の別の表現によれば、つぎのようになる。「近代日本のような社会では、社会的全体性にかかわる言説や象徴操作において、国家は圧倒的に優位にたち、人々の内面性にそれに抗うほどの自律性をもつことが困難なのである」、と。「国家の圧倒的優位」は、天皇を中心とする「場」の形成によって成立するのである。

思えば、明治の天皇制を支える精神的支柱として、いわゆる「国家神道」が模索されたとき、西洋先進国での「信教の自由」に鑑みて、新たに創出する「国家神道」が、ほかの諸宗教の「信教の自由」を侵すことなく、しかも、諸宗教の上位にあって全国民に君臨できる方策として、教義なき祭祀中心主義が採用されたことの意味は深い。当時の言葉でいえば、天皇の行う祭祀は、「朝憲」(朝廷の掟)であって「教憲」(宗教)ではない、ということだ(詳細は、拙著『宗教は国家を超えられるか』を参照されたい)。

つまり、祭祀は教義ではなく儀礼である以上、「信教の自由」を楯に参加を拒むことを許さない、という道が敷かれたのである。しかも、その祭祀は、日本人ならば親しい村祭りの祭祀儀礼となんら変わりはなかったのである。

天皇が公式に口にする「お言葉」には、中身のないことが普通である。そこには、特別の政治的主張はない。だから、人々は油断するのであろう。天皇は飾りものにしか過ぎない、と。だが実際は、天皇が出席しているということ自体のなかに、国家統合の「場」があらたに再確認されているのである。国家の経営者たちは、儀礼の役割を巧妙に利用していたのだ。そして、こうした経営を可能としている精神的背景こそが、「自然宗教」的心情にほかならない。宮中の神事がおどろくほど村祭りに似ているのも、今となれば意味のあることであったといわねばならないだろう。

なお、「国家神道」という用語について注をつけておきたい。この言葉は、GHQが発した「神道指令」のなかにある。その文章はつぎのとおり。「本指令の中にて意味する国家神道なる用語は日本政府の法令に依つて宗派神道或は教派神道と区別せられたる神道の一派即ち国家神道乃至神社神道として一般に知られたる非宗教的なる国家的祭祀として類別せられたる神道の一派（国家神道或は神社神道）を指すものである」（『靖国神社問題資料集』、原文は片仮名表記）。

また「神道指令」は、正式には「国家神道、神社神道に対する政府の保証、支援、保全、監督並に弘布の廃止に関する件」という。

自然宗教

近代天皇制は、「人間宣言」などではびくともしなかった。天皇は「現御神」でなくとも、依然として強大な天皇崇拝を維持している。それはなぜなのか。

思えば、明治維新という日本の近代国家のありようを模索する時期に、民間において発表された多数の「私擬憲法草案」においてさえ、その第一条に万世一系の皇統が帝位を継ぐべし、と記していたという（色川大吉『明治の文化』）。政体の選択という点では、明治維新は、一九四五年の敗戦時にも比すべき混乱の時期であった。そのなかで、民権派を自称する人たちが、天皇制をもって日本国家のあるべき姿だと主張していたのである。たとえば、千葉卓三郎案は、日本国家のありようは、社会契約的思想ではなく、皇室と国民の間に「自然に」できあがった「国体」をもってすべきであり、「国体」と「政体」は峻別されねばならない、とのべている（「王道論」）。

民権派は、どうしてこのような国体論を主張したのか。色川は、民衆に深く浸透していた「国体」に正面から挑戦することを避けて、立憲君主制の確立のなかで徐々に共和制をめざす、という政治的戦略のなせるところではなかったか、と解釈している。つまりは、それくらいの迂路を選ばせるほどに、天皇制が国民に支持されていた、ということなのであろう。

さきの続きでいえば、それは天皇制が「政治神話」のレベルではなく、さらに深い国民感情に根ざしていた証左であろう。その国民感情こそ、これから説明するように、日本の「自然宗教」に深く根ざしたものなのである。問題は、日本の「自然宗教」にある、といってよいのではないか。

では、「自然宗教」とはなにか。それは、「創唱宗教」と対《つい》になる宗教学の概念（学術用語）である。「創唱宗教」とは、教祖と、その教え（聖書や聖典としてまとめられていることが多い）、そして自覚的に教祖と教義を信じる信者組織がある宗教のこと。これに対して、「自然宗教」は、教祖も判明せず、その教えも体系的ではなくむしろ曖昧で一貫せず、自覚的な「信者」もいない宗教のことである。「自然宗教」の「自然」とは、「自然発生的」という意味である。

どの社会にも、このような「自然発生的」な宗教は存在している。ただ、普遍的性向をもつ「創唱宗教」の伝播にしたがい、「自然宗教」はそれらに包含され、否定され、変質させられていったが、多くの社会では、こうした「創唱宗教」と「自然宗教」とは共存している。とくに民衆レベルの宗教心は、依然として固有の「自然宗教」に根ざしている要素が少なくない。

そして注目すべきことは、現代では、宗教といえば「創唱宗教」を意味する場合が圧倒的に多くなり、「自然宗教」は、しばしば「アニミズム」とか「シャーマニズム」、「原始宗教」、あるいは「迷信」と貶称《へんしょう》されがちである。だが、世界宗教となった「創唱宗教」といえども、「自然宗教」をまったく駆逐して伝播したわけではなく、なんらかの折り合いをつけて受容されていることは、今日となれば明らかである。

日本は、ほかの文化圏に比して、仏教やキリスト教といった「創唱宗教」が浸透する過程で、「自然宗教」の優位が際立った国である。とくに、仏教の場合、その包摂的な性格にもよるのであろうが、「自然宗教」が温存されて、「神道」とか「村の宗教」として、仏教と共存しながら維持され続けてきた。日本語の「神」や「仏」が、しばしば「神仏」と併記されることにも、そうした共存の心理がよくうかがわれるであろう。

だが、「共存」といったが、それぞれが自己の立場を明瞭にした上で、互いに互いを認めるという意味なのかどうか。堀一郎の『日本のシャーマニズム』によると、日本宗教の研究家であるロバート・ベラは、日本の諸宗教は、異なっているよりも同質の要素が強くて、どの宗教も「日本宗教」として一括できるのではないか、とのべている。その上で、「日本宗教」には二つの特徴が見られるという。

一つは、神、君主、領主、首長、家長、両親などに対する、尊敬と感謝と報恩の思想が強いこと。二つはこれらの神や君主、領主、首長、家長、両親などに対する「自己委譲、合一同化」が見られる、と。その結果、神の人間化（化身、権化）と人間の神化（人神）が自由に行われ、「社会的上位者は下位者に対して一種のカリスマをもつだけではなく、宗教的カリスマの性格を帯びてくる」とも指摘している。

カリスマは、周知のように、マックス・ウェーバーによって喧伝されるようになった術語だが、それによると、カリスマとは、ある個人のもつ「非日常的資質」をいう（大塚久雄・生松敬三訳『宗教社会学論選』）。その資質は、当人が実際身につけていても、あるいは、もっていると自称しているだけであろうと、また、もっていると誤って考えられている場合でも該当するという。問題はそのカリスマが、その権威をもって人々を支配することにある。その際の支配の特徴は、被支配者がみずから進んでその人物に服従する点にある。

ウェーバーは、このような支配のあり方を「カリスマ的支配」と名づけ、身分制による「伝統的支配」や、法に基づく官僚による「合法的支配」と区別した。そして、「カリスマ的支配」では、右にのべたように、人民の自発的帰依が優越していることであり、それは隷属と区別することがむつかしい状況を生み出す。

堀一郎は、こうしたベラの見解を紹介した上で、「政治的カリスマと宗教的カリスマとの同一視は、(中略)日本の社会のいたるところに存在するさまざまな小天皇制とそのシンボルとしての国家的天皇制の問題の基底」に通じている、と指摘している(『日本のシャーマニズム』)。

ベラのいう「日本宗教」こそは、私がいう「自然宗教」の優位にほかならない。「優位」というのは、これからのべるように、日本で成立した普遍的「創唱宗教」から普遍性を奪うということである。そして、その中核にあるものこそ、独自の「神」観念にほかならない。以下、日本の「自然宗教」にある「神」観念、とくに人を神と見る傾向(宗教学ではシャーマニズムという)について考察をすすめたい。

なお、日本の「自然宗教」について、あらかじめいっておきたいことがある。一つは、「自然宗教」の内容は、「民間信仰」とか「俗信」、広い意味での「神道」という言葉によって表現されることも多い、ということ。二つは、「自然宗教」には「創唱宗教」のような精緻《せいち》な教義は存在しない。「自然宗教」は、種々の儀礼や祭祀を通じて伝承される心意・行動様式であり、簡単に抽象化をゆるすものではない。いきおい、諸々の伝統的な祭儀や生活習慣、年中行事などから、研究者が観察して言語化する以外に探究の方法はない。そうした方法を重視したのが「民俗学」であるが、以下に紹介する内容も、そうした民俗学の成果をふまえている。

三つは、「自然宗教」は、個人の宗教ではなく、集団のための宗教である。多くは、「ムラ」によって維持・伝承されてきた。そして、近代化のなかで「ムラ」が崩壊したのちは、それらが断片化して、一層習俗化しながら、本来の意味も不明となって、かろうじて年中行事の一部となって、形式だけ生きていることが多い。

もっとも、政治の反動化や、ナショナリズムが病的に高揚するとき、「自然宗教」を支えてきた、「村のお祭り」や「神社」の諸儀礼が「日本古来の淳風美俗」として、声高に復活が叫ばれるようになる（丸山眞男『現代政治の思想と行動』）。そういえば、近年のテレビニュースの「ひまネタ」として、各地の祭りの様子が、今まで以上に放映されているように思われるのは杞憂《きゆう》であろうか。

日本人の間に広く浸透してきた、「自然宗教」の神祇《じんぎ》信仰や先祖崇拝が、天皇崇拝を支える基盤となっていたのである。そして、アマテラスの子孫が日本国の正統な支配者だとする「政治神話」は、天皇崇拝を支える表面的な理由でしかなかった。

第三章　自然宗教——日本人の精神の基層になにがあるのか

事大主義

堀田善衞が『方丈記私記』のなかでとりあげた「無常観の政治化」＝「アキラメ主義」の克服は、敗戦後に日本の将来を考えた知識人たちにとっては、共通の課題でもあったといえる。とくに、西洋直輸入の「思想」ではなく、近世以来の日本の村々によって伝承されてきた民間習俗や民間信仰の膨大な蓄積をふまえながら、日本の未来を考えようとした柳田國男（一八七五―一九六二）の提言は、今もなお聞くべき意味を失っていない。

それは、一九五四年に自らが編纂した『日本人』（毎日新聞社）のなかで、つぎのようにのべられている。

日本では島国でなければ起こらない現象がいくつかあった。いつまでもあの人たちにまかせておけば、われわれのために悪いようなことはしてくれないだろうということから出発して、それとなく世の中の大勢をながめておって、皆が進む方向についていきさえすれば安全だという考え方が非常に強かった。いってみれば、魚や鳥のように、群れに従う性質の非常に強い国なのである。そのために相手が理解しようがすまいがむとんじゃくに、自分の偉大さを誇示するために難解なことばをもって、ややすぐれた者が、ややすぐれない者を率いる形になっておったのでは、真の民主政治がいつまでたってもできる気づかいはないのである。

巻末の座談会では、「群れに従う性質」を「事大主義」といいかえて、日本人が列島に移住してきた、三千年、五千年前にすでに「癖」として「事大主義」をもっていたのではないか、とまでのべている。ちなみに、「事大主義」の「事」は「つかえる」という意味であり、「事大」とは、勢力のあるもの、力の強いものに仕える、という意味である。

しかも、厄介なことに、こうした「事大主義」は、どうやら私がいう「自然宗教」によって涵養《かんよう》され、増幅されてきたきらいがある。つまり、「事大主義」の大方の根っこは、これからのべるように、「自然宗教」にあるのではないか、と思わざるをえない。

「自然宗教」は、柳田國男の言葉でいえば、「民間信仰」であり「民間習俗」、「村の信仰」だから、そうした分野の内容を明らかにし、またその機能に期待するところのあった柳田國男が、このような感慨をもらしたということは、ある意味では当然であろうが、また大きなアイロニーともいえる。

1　神の「原型」

祖霊——柳田國男の場合

日本の「自然宗教」の中心は、いうまでもなく、独自の「神」観念にある。だが、日本の神々ほど「定義」のしにくいものはない。いや、およそ「定義」とははるかに隔たった現象なのである。そうしたなかで、いわば、日本の神の原型を明らかにしようとする試みも、数多くなされてきた。なかでも、柳田國男と折口信夫《おりくちしのぶ》の業績は、今では古典といってよい。その業績の全体や評価については、すでに先学による優れた多数の論考があるから、ここでは詳述しない。もっぱら、「事大主義」の形成という点からだけの言及にとどめる。

柳田國男

まず、柳田國男の神観念の検討からはじめよう。柳田は、日本の神は「祖霊」に還元できる、と考えた。「祖霊」とは、それぞれの「家」に属する死者たちが、「家」の子孫によって、一定期間（多くの場合は三十三年間）の祭祀を受けて、死のケガレが清まり、同時に個性を失い、「ご先祖」という霊融合体となったものをさす。「祖霊」は、「氏神」ともみなされる。

「ご先祖」＝「祖霊」＝「氏神」は、氏子の居住地から遠くないところ、たとえば、近くの小高い丘等に鎮《しず》まる。そして、一年のうち、正月や盆などに、子孫たちのもとへやってくる一方、「田の神」、「水の神」となって、氏子たちの生業《なりわい》を見守り、その繁栄を守護する。

また、「ご先祖」＝「祖霊」＝「氏神」は、ときに子孫として、ふたたびそれぞれの「家」に生まれ変わってくることもある。かつて、子どもが生まれると、祖父母の名をつけることが多かったのも、先祖の生まれ変わりが信じられていたからだ。いずれにしても、「先祖崇拝」と一括される習俗である。

単純化しすぎであるが、これが柳田國男の明らかにした、日本の神の原型である。とくに、「氏神」と「氏子」との間に血縁関係を認める点が特徴といえる。

問題

だが、この原型論の成立には、難問がある。その一つ、村々で「氏神」とよばれてきた神格と、それぞれの「家」の祖霊とを同一視している点だ。たとえば、村の「氏神」は、「氏子」全体の守護神を意味するが、その「氏子」には、血縁関係にとどまらず、地縁関係もふくんでいるという指摘がある。とくに、稲作においては、血縁よりも地縁の人間関係が重要な役割をもっていたのであり、そうした地縁の人々もふくめて「氏子」というのであるから、「氏神」と「氏子」の関係は、

「祖霊」とその子孫という血縁に限られるものではない（原田敏明「人間神について」）。

このほか、私が見聞した例でも、村の神は「天から落ちてきた」のであり、村人の「先祖」ではないと明言する地域（沖縄・大神島）もある。やはり、神の原型を「祖霊」＝「先祖」に還元するのは無理があるといわざるをえないだろう。

つまり、このような無理が生じるのは、柳田が日本人の神の起源論を、眼前にある家々の祖先崇拝から出発しようとした点にあるからなのであろう。一般に宗教の起源を論じようとする際には、人間生活を左右すると考えられた太陽神などの自然神を想定するのが普通である。その意味では、柳田の祖霊＝神という考え方は、日本人が「家」を中心に暮らすようになってから生じた、比較的新しい考え方といえるのではないか。この点は、つぎにのべる折口信夫の神観念と決定的に異なる。

では、その「家」はいつごろ成立したのか。そもそも、「家」の意識は、近世初頭、武士階級が居住地から主君のいる城下に移住させられてから強化されたのであり、その後、江戸幕府の檀家制度によって、一般の民衆にも「家」意識がひろまった。だが、民衆のレベルでは、数代前の肉親でさえ名前もわからないのが普通であり、加えて、代々守らねばならない家産がどれだけあったのか、またそのような家産をもつ人々が民衆の間にどれだけいたのか、という点からいえば、民衆にとって「家」は、実体の欠けた空疎な観念であったといえる。

そうとなれば、「家」の先祖という「祖霊」をもって日本人全体の神の原型とする考え方は、民衆のすべてが受け入れるには無理があった、といわねばならないだろう。これが、難点の第二である。

こうしてみると、厳格な史実を重視する柳田が、どうして「祖霊」をもって、日本人の神の原型と考えたのであろうか、疑問が生じる。柳田自身の初期の研究では、盆の行事についても、「先祖崇拝」というよりも、村から死者の穢《けが》れを一斉に駆逐するのが本来の役割だ、とのべている。また、「家」や「先祖」を重視する農民の文化よりも、山に生きる人々や、「漂泊」民、さらには被差別部落についても強い関心を示す時期があった。それが、一九一二年の「塚と森の話」では、「家」永続の願いが日本人の生活の中核にあると力説し、「先祖」の一員となって死後も生きることが、日本人にとっては最高の幸福だ、とのべるにいたる。

日本列島には、多様な神観念を示す民俗が多く存在していたのに、そしてそれらについても十分な見聞をもっていたにもかかわらず、それらを無視するかのごとく、なぜ柳田は、「祖霊」をもって神の原型とし、「祖先崇拝」をもって日本人のよりどころとするべきだと主張したのか。

このことについては、すでに多くの研究がなされてきた。たとえば、中村哲はつぎのようにのべている。柳田の「祖先崇拝」の強調は、「家長制に結びつく祖先崇拝を過去にさかのぼって理由づけようという柳田のイデオロギー的な作為とみられる」、と。そうした作為は、つまるところ、「柳田自身の祖霊に対する敬心」と、後世の者もまた祖先崇拝を継続してほしいという、柳田の願望に基づいている、と分析している（『柳田國男の思想』）。

問題は、明治国家がその神権天皇制を維持発展させるために、「家族国家」論を展開したことに関係する。つまり、皇室を「宗家」とし、天皇を「家長」とし、国民を家族＝「臣民」とする、というまやかしを宣揚したのである。このまやかしに、柳田の「祖霊」＝「神」という考え方が、大いに貢献することになったということである。あるいは、明治国家のイデオロギー操作に、柳田國男もまたのみこまれた、のかもしれない（もちろん、柳田は明治国家の政策にけっして賛成はしていないし、神道国教化にも抵抗していることは承知の上でいうのだが）。

明治国家は、まやかしをもっともらしく見せるために、国民をすべて、居住地の「氏神」の「氏子」とし、もとは「鎮守さん」とか「明神さん」というだけで、特別の名をもたない「氏神」に記紀神話の神々を割り当てて、アマテラスを首長とする神統譜に組み込む。その結果、「氏子」は「氏神」の奉斎《ほうさい》を通じて、アマテラスの子孫である天皇に帰伏する、という図式がつくられることになった。

こうした天皇支配を正当化する「神話」は、人々の「祖先崇拝」を支える心情のなかに溶け込むことによって、徐々にまやかしの度合いをうすめてくる。「祖先崇拝」があればこそ、その「祖先」のはるかな先に、アマテラスに帰伏する祖先の神を見出して、結果的に天皇崇拝が有効性をもつにいたったのである。この天皇崇拝こそ、「事大主義」の直接の源泉にほかならない。

私が残念に思うのは、膨大な民俗調査に従事してきた柳田であればこそ、天皇支配を正当化するまやかしを相対化できる民俗事象を、もっと積極的に紹介することもできたのではないか、ということだ。もっとも、そうであったならば、貴族院書記官長という肩書はありえなかったであろうが。

ところで、「祖先崇拝」という、民衆が伝承してきた心情だけでは、「家族国家論」は十分に機能しえなかった。というのも、民衆がなんらかの契機のなかで、亡き両親をはじめとする先祖の系譜に自分を位置づけたいという、切実な要求が生まれないかぎり、「家族国家論」は、まやかしの域を出ないからだ。

そのまやかしを逆転させて、本当だと信じ込ませる事件が生まれる。それが一九〇四年にはじまった日露戦争である。民衆が「家」を意識し、「家族国家」に意味を見出したのは、戦争の従軍体験にあった。

「ここはお国を何百里、離れて遠き満州の」ではじまる軍歌から、兵士たちの従軍体験が、虚構にすぎなかった「家」意識をよびさまし、果ては靖国神社に祀られることをよりどころとする過程を分析してみせたのは、色川大吉である(『明治の文化』)。

色川によれば、兵士たちは「戦友」意識を通して、日本という国家の同胞としての一体感を味わう一方、「ふるさと」と「家」への慕情を募らせる。いわば国家と「家」という二極化した「幻想」をさまよったあげく、靖国神社に祀《まつ》られることをもっていわば安心を見出すという構図が、「家族国家」成立の「象徴的叙事詩」となっている、と。まことに、専制国家にとって、戦争はその維持のために不可欠の要素であることをよく示している、といえるであろう。

マレビト――折口信夫の場合

柳田國男の、日本の神の原型を「祖霊」に求める考え方について、痛烈に批判したのは、弟子であり、柳田國男をもっとも尊敬していた折口信夫（一八八七―一九五三）である。

折口によれば、神を祖霊に限定する考え方は、「近代の民俗的信仰」に過ぎず、古代の神観念の解説とはならない、という。そして、柳田の考え方では、宗教心を「先祖と子孫」、あるいは、「生者と死者」に限定することになる、とも批判している（『民族史観における他界観念』）。要するに、神の原型を人に求めることに賛成していないのである。

折口信夫

柳田は人が神になることを重視したのに対して、折口は、「たま」から出発する。「たま」は、「抽象的なもの、時あつて姿を現すもの」（「霊魂の話」）であり、「他界」に存在している。折口によれば、「たま」は人類学などでいう「マナ」と同類であり、「外来魂」ともよばれる。

その「たま」は、「他界」から折りあってこの世に飛来してきて「もの」に入り込み、「もの」に命を吹き込む。「たましひ」とは「たま」がはたらくすがたをいう。そして、「たま」が離脱すると、「もの」のはたらきはなくなる。死ぬとは、身体という

「もの」から「たま」が遊離することにほかならない。

したがって、古代人は、いかにすぐれた「たま」を身につけるかに腐心した。天皇もまた、「天皇霊」を身につけることによって天皇になる。この場合の「霊」は、天皇としての「威力の根元の魂」を意味するという。「天皇魂」だけではなく、各地の「国魂」をも身につける。そうしないと、全国の支配者にはなれないからだ（「大嘗祭の本義」）。

神もまた、「他界」からこの世に訪れる「たま」の一種なのである。折口の言葉でいえば、神は「他界から訪れるマレビト」である。「マレビト」の「マレ」は、たまに、ということ、「ヒト」は、「人間」ではなく、「神」や「神の継承者」という古い言葉であり、とくに「人に扮する神」を意味する、とした。したがって、「マレビト」とは、「他界」から時を定めて訪れる神（「国文学の発生」第三稿）となる。

それにしても、折口は、「神」といわずになぜ「マレビト」というのか。それは、折口が「神以前の神」を探究していたからだ（岡野弘彦「まれびと論」）。「神以前の神」とは、大和朝廷によって神話化され、宮廷神道の体系に組み込まれる以前の「古代の村々の神」である。

折口は、どうして「神以前の神」を明らかにしようとしたのか。一つには、日本古代文学の研究家であると同時に歌人として、古代文学に親しむなかで、日本の近代の「神」をめぐる議論が、「記紀」に限定されがちであったことに対する批判からである。とくに、近世の国学によって、新しい展開を見せはじめた日本の古代研究が、明治以後、急速に衰えて、西洋発の人類学や比較文学といった学問によって、「無機的に比較研究」(「古代生活の研究」)の対象とされてしまったことに対する強い不満があった。

折口が「マレビト」という発想を具体化する直接のきっかけは、一九二一年と、一九二三年の沖縄旅行にある。そこで、折口は、とくに宮古・八重山の先島で、「アンガマ」など島々に伝わる神々の祭りを見ることができたのだが、いずれも祭りの主人公の神々は、「グショウ」や「ナビンドウ」、「ニーラスク」という「他界」から訪れる神々であった。しかも、彼らの正体は、「アンガマ」のように「先祖」を表明するものもあるが、ほとんどは「他界」からの来訪者という以上に、正体を明らかにすることはできない。となれば、柳田の「祖霊」をもって神の原型とするのは、日本の神の一面に過ぎないことが判明する。

要するに、柳田の神観念は、人間が「祖霊」になり「神」になってゆくという、人間との連続性がきわめて濃厚であるのに対して、折口の神観念は、「他界」という外の世界からやって来る、超自然的で非人格的な「威霊」であり、人間との断絶性がたいへん強い。それは、柳田においては、現世が中心となるのに対して、折口では、「他界」という現世を超越した世界が中心となることとも関係している。二人の神観念の違いをどのように理解すればよいのか、諸説があるゆえんである。

私は、折口説がより古代的で柳田説がより近世的だという、時代の違いも考慮したいが、また、折口が真宗に深い共感をもっていたことに比べると、柳田が真宗に強い忌避感をもっていたことも関係しているのではないか、と推測している(詳細は、拙著『親鸞・普遍への道』、『宗教の深層』にゆずりたい）。

待つ

「マレビト」は、「他界」から来る。その「他界」とはなにか。それは、「現世」とはどこまでも対立するが、どこかでつながりをもっている「あの世」のことである。さきにふれたように、「他界」は「たま」の充満しているところであり、「神の国」であると同時に「死者の国」であり、「楽土」であるとともに、「地獄」でもある、という両義性に満ちている、ともいう。

「マレビト」は、この「他界」から時あって人に扮し、「形代《かたしろ》」（神霊の代わりになるもの）を使ってすがたをあらわす。あらわれると、「マレビト」は盛大に歓待されるが、その歓待の主が「あるじ」（主人）とよばれる。「饗応」の主、の意味である。古代では、「氏」の長者が「あるじ」であり、「あるじ」のシンボルとして、藤原氏の場合は、「朱器」や「台盤」が継承されており、長者の代替わりの際に使用された。天皇家の「三種の神器」も、その種のものと考えられる。

「マレビト」は、先島の祭りでも、村の青年たちが「神」に扮していたように、もともと「ヒト」なのである。本土では、古い時代には、定着民とは別に、独自の神々を奉斎する漂泊・放浪の暮しを営む人々がいて、彼らが時を定め、あるいは不意に定着民の村々を訪れて、村人を祝福し生業の無事を祈ったという。

折口は、こうした人々を「ホガイビト」とよび、「マレビト」の原像と考えていたようだ。戦前には、村人に祝い事があるときに、祝言を唱えるために訪れる特別の人々がいたし、渡りの職人や、芸人、巫女など、放浪遍歴する人々が少なくなかった。彼らは、古代以来の「ホガイビト」の後裔《こうえい》といってよいのであろう。

では、「他界」から訪れた人を「神」と意識したのはどうしてなのか。それは、古代の村々の地理的孤絶性による。昔の村々は、いわば海に浮かぶ島のように、それぞれの地域で孤立していた。そのために、村を訪ねる人、とくに異形の人には、特別の感情を抱き、はるかな「あの世」から訪れた、普通の人ではない「神」だとして歓待したのである。それは、人類学者らによって「異人歓待」(ホスピタリティ)とよばれる。

「異人歓待」も過度になると、他者認識の客観性が失われて、他者の言いなりになるか、あるいは、自己の価値観を他者に強制するという非合理な言動が生じる。日本社会では、こうした危険性がいつの時代にもまとわりついているが、一つの原因は、こうした「マレビト」信仰にあるともいえる。のちにもう一度考えたい。

それにしても、「マレビト」論によれば、「マレビト」=「神」の出現は、ただひたすら待つしかなかった。問題は、その「待つ」という受け身の心情にある。折口も、そうした「マレビト」の来訪を待ち受ける心情について、特別に考察を加えている。「他界」から、いつあらわれるとも分からない「マレビト」を待ち受ける気持ちが深ければ深いほど、「マレビト」が出現したときの感激もまた深く大きいのであるから。折口は、つぎのように記している。

ほうとするほど長い白浜の先は、また目も届かぬ海が揺れている。その波の青色の末が、自ずとのし上がるようになって、頭の上まで広がってきている空である。（中略）目にはいるものは、ただこれだけである。日が照るほど、風が吹くほど寂しい天地であった。そうした無聊の目を見張らせるものは、忘れた時分にひょっくり波と空との間からうまれてくる島とまぎれそうな刳り船の影である。（「ほうとするはなし」）

こうした「マレビト」を待ち受ける心情は、ロマンティックで美しいが、「マレビト」に対する過度の待望論となってしまうと、現実のさまざまな課題の解決を、みずからの力ではかるのではなく、「マレビト」に期待する、という風潮を生むことになる。それも、本書で問題にしているカリスマ崇拝や「事大主義」につながる精神と無関係とはいえないだろう。

2　神を所有する人々

捕えられた神々

柳田國男の「祖霊」論にしろ、折口信夫の「マレビト」論にしても、論者たちは、それぞれの原型でもって、日本人の神意識の全体を説明しようとする傾向が強い。そうした議論の進め方に疑問をもち、神々は、もとはそれを所有する人たちがいて、その所有形態から、日本の神の特質を探るべきではないか、と提案したのが益田勝実である。益田はいう。

神は誰れにとってもの神とはかぎらない。そして、祭る者の祭る技能の優劣が祭られる神の優劣をも決して行くような、人対神の問題として、日本の神を考える必要が広汎にあるのではなかろうか。神の問題を祭る人間の方から考えていき、そこから、それぞれの神の個性をも、だんだんと突きとめていくべきではないのか。(「廃王伝説」)

「人対神」という視点から、神の特質を求める試みがなされた結果、まず、つぎのような二点が明白となった。一つは、日本の神は自ら立ち現れず、神を祭る者に神の態《わざ》をさせる、ということ。二つは、祭られる神と、神のふるまいを代行する者との区別がつきにくくなる、ということ。とくに後者は、神を祭る者が神を「僭称」する理由となった、とする(「廃王伝説」)。

はじめの特徴は、人が神とコミュニケーションできるのは、司祭者を通路としてのみ可能だ、ということであろう。益田は、その状態を神が司祭者によって「捕えられている」と表現する。この神の「捕囚」状態、あるいは、「神聖家族による独占」から神が解放されなかったこと、それが古代の司祭者の地方豪族化を促し、さらにもっと強大な権力の保持者とする歴史を生んだという。

しかも、神を「捕える」といっても、それは「神懸り《かみがか》」によるのであり、そこには「感じとった神を客観化できない」という、見方によってはきわめて深刻な問題をかかえることになる。

こうした点をふくめて、益田は日本の神の特色を「非常在」から説明している。

神の非常在性

「非常在」とは文字通り、常に存在しない、ということだ。益田はいう。

日本の神の特質は、多くの主要な神々に常在性がない、と言うことだろう。神と人との常住不変的な緊張関係が人々の生活を律しない。神は祭りの日々に訪れ、招《お》ぎ降ろす斎《いわ》いの庭に下りたもう。それが、日本人の宗教性・倫理性・思想性、さらに生活態度の全般とかかわっており、民族性の形成に甚大な影響をおよぼしていることは意外に根深い。(「火山列島の思想——日本的固有神の性格」)

今日では、神々は神社の本殿や、神社の森、その背後にある山々に存在していると想像しがちだが、日本の神々は、特定の場所に鎮座しているのではない。神社形式を採用して、あたかもそこに神がいますかのごとくに教えるのは、古代において、仏教寺院が成立してからのことである。仏教では、仏教の真理は仏像というシンボルの形で寺院に実在している、と教えているから、その模倣を試みたのであろう。しかし、神社がつくられるようになっても、かならず神を迎えるための行事を実施する。神を迎える行事をもたない神社は、存在しない。神は、時々の祭りを通じてのみ人間世界に顕れる、と考えられて久しいのである。

つまり、神は特定の日に、特定の人々によって、特定の儀礼を通じて、祭りの場に「招《お》ぎ降ろされる」ということなのである。「招《お》ぎ降ろす」とは、ムラの集団から選ばれた祀り手が神懸《かみがか》りをして、祭りの場に神を招き寄せる行為をいう。神は、その祭りの場において、祀り手の口を借りて、その意志を示すのだ。

そして、「招《お》ぎ降ろされた」神は、祭りの期間がすむと、また送り返されてゆく。人々の暮らしからいえば、神が人間と関係をもつのは、この一定期間しかない。神は「非常在」なのである。神社の本殿に、常在しているわけではない。

常在しない神が、人間の暮らしを律することはむつかしいであろう。「(神の非常在性が) 日本人の宗教性・倫理性・思想性、さらに生活態度の全般とかかわっており、民族性の形成に甚大な影響をおよぼしている」というゆえんである。

神が「常在しない」がゆえに生じてくる傾向として、益田が注目するのは二点である。一つはさきにもふれたが、「神の客体化」の弱さであり、二つは、それに比例するかのように、祭りに関わる人々の精神的なあり方(精進潔斎《しょうじんけっさい》という言葉で一括される)が強調される、という点だ。益田はのべる。

日本の神道は恐れと慎《つつし》みの宗教であり、客体として対象化されるべき神の面よりも、禊《みそ》ぎ、祓い、物忌みして斎《いつ》く人の側に重心がかけられている、いわば主体性の宗教である。（同前）

「客体として対象化されるべき神」の面が弱いとは、キリスト教文化圏の知識人たち、とりわけ神学者にみられるように、神とはなにかを正面切って論じるようなことは、日本人にはなじみがない、ということだろう。

実際、日本の神についての定義も、本居宣長《もとおりのりなが》のそれを超えるものは、生まれていない。宣長も、神とは尋常ならざる優れた力をもつもの、というだけだ。優れたとは、善いというだけではなく、悪いこと、異常なこともふくむ、とする。

凡《すべ》て迦微《かみ》（神）とは、古、御典等（記紀等）に見えたる天地の諸の神たちを始めて、其を祀れる社に坐《まし》ス御霊をも申し、又人はさらにも云ハず、鳥獣木草のたぐひ海山など、其餘何にまれ（そのほかなんであれ）、尋常ならずすぐれたる徳（力）のありて、可畏《かしこ》き物を迦微とは云なり……すぐれたるとは、尊きこと善きこと、功《いさを》しきことなどの、優《すぐ》れたるのみを云に非ず、悪《あし》きもの奇《くす》しきものなども、よにすぐれて可畏きをば、神と云なり。（『古事記伝』）

このように神を説明する宣長だが、同時に、それ以上の詮索が無効であることも、はっきりとのべている。たとえば、世界はすべて「神の御所為」によるもので、それは人間には測り知ることができない。にもかかわらず、「凡人の常の理に強て当むとするは、返々も謬《あやま》れることぞかし」、と(『古事記伝』七之巻)。あるいは、神に対しては、「ひたぶるに畏み敬ひ奉仕《まつろふ》ぞ、まことの道にはありける」(「直毘霊《なおびのみたま》」)とも強調している。

ここでも、神を客観的に知ろうとする姿勢よりは、神意にしたがうことが優先されている。そこから、益田のいうとおり、神を迎える人々の心のあり方が、神祭りの中心を占めるようになり、氏子などの精進潔斎、忌《い》み籠《こも》りが強調される。

私の見聞した例でも、島根県の三保神社の祭りでは、頭屋《とうや》とよばれる祀り手の一人は、神を迎えるために、あしかけ三年の精進潔斎の日々を送る。そこでは、頭屋の「物忌《ものい》み」の手続きや経過に、人々の関心は集中する。決められた通りに「物忌み」がなされたどうか、もしその経過に「きまり」と違背する点があれば、祀り手が神を感じることがむつかしくなり、結果的に神の来臨は失敗に終わることになる。

また、かつて島根県の大元神楽《おおもとかぐら》を取材したときの苦い経験も思い起こす。そこでは、三保神社の祭りのように、特定の祀り手が神懸るのではなく、氏子のなかでも、とくに決意の固いものが神懸るとされており、それぞれが決意を秘めて、祭りに参加しているのだが、私は撮影の都合のために、氏子総代にいつもと違う道を歩いて祭場へ来てもらうように頼んだ。しかし、その道の途中に墓地があったのだ。総代もそのことに気づいて、密かに私にこぼした。途中、不浄の場所に近づいたから、これで私が神懸ることはないかもしれない、しかし、ぜひとも神さまを招きたいと思っている、どうなるか、と。結果的には、いつも神懸りが生じる時間よりもはるかに遅く、暁近くになってからだが、彼が神懸った。彼は祭りの何カ月も前から、人に知られることなく精進潔斎を重ねて、自らが神懸ることを待ち望んでいたという。私はホッとした。

こうした傾向は、しかしながら、ムラ共同体が十分に機能しなくなると、時に、祭りの参加者の精進潔斎の不足が糾弾され、過度な潔斎が祀り手に要求されるという、歪んだ現象も生じやすくなる。益田が、神祭りを「主体性の宗教」というときの「主体性」の保持は、ムラビトの神への信仰心がゆるぎない場合においてのみ発揮される心情であり、信仰心がゆらぐと、たちまち形骸化するという危うさと裏腹なのであろう。

余談ついでが、さきの大元神楽の場合、神懸りした当の人物について、後日、村人たちの一部には、彼を精神異常者とよぶものがあったという。今後も、祭りは存続するであろうが、神を迎える気持ちの面で、村人はもはやバラバラになってしまったのではないだろうか、案じられる。今から、四十年ほども前のことである。

3 神を「僭称」する

益田は、日本の神の祀り方からすると、祀り手が神を「僭称」する機会が増えやすい、と指摘する。どういうことなのか。

日本の神は、ムラ集団のなかで、特定の人（あらかじめ決まっているか、祭りの経過のなかで選ばれるかのちがいはあるとしても）に神懸ることによって、自らを顕してくる。つまり、日本の祭りにおいては、神の意志を神懸りという形式によって、ムラビトに伝達する祀り手が、重要な役割を果たす。しかし、それゆえに、いくつかの問題が生まれもする。

神懸ったものが、神の真意をムラビトに伝達するには、自らが神の言葉を発する場合もあるが、多くは、祀り手の一人が神懸った者から神意を聞き出して、人々に伝達することが多い。私がかつて大元神楽で見聞したのは、その典型であろう。

大元神楽では、神の言葉を伝える「託太夫《たくだゆう》」が、村人たちがくり広げる神楽の舞台の真ん中で、神懸る。すると、数人の主だったものが彼を抱え込み、衣装を衣冠束帯に着替えさせた上で、「抱き役」と称するものが、「託太夫」に神意を聞く。今年一年の村の作付けの具合はどうか、天災地変が起こるかどうか等々。そのたびに、「託太夫」は答えるが、実際は叫び声を発するだけで、なにをいっているのか分からない。にもかかわらず、「抱き役」は、今年は豊作である云々と、「託太夫」に代わって答える。

「抱き役」は、神と一体になっている「託太夫」が発する神の言葉を村人たちに伝える、いわば通訳にすぎないのであるが、実際には、「抱き役」が神意を代弁しているともいえる。そこに、「抱き役」に類した関係者が、神を「僭称する」という余地があることは、十分に見て取れる。

大元神楽の場合は、祭りの場がムラビトに公開されている。だが、神懸る現場が、村人の目からは見えない秘密の場になっていることも少なくない。そうなると、神懸った者の言葉も、都合のよいように捏造《ねつぞう》されることが一層容易となろう。もっといえば、神よりも神を祀る者の意向が、優先されるということにもなりかねない。

実際、日本の神祭りにおける最大の問題点は、神懸るという祭りの本質にかかわる部分が、密室性を帯びているという点であろう。益田はいう。

（日本の神がかりの形態は）神を祭る者当人以外には、祭る者の神との交通について目撃しうる者はほとんどいない。あっても極端にかぎられたごく少人数である。それにもかかわらず、祭る者が神となる事実は多くの人々に信じられていく。これが日本の神がかりの特性である……（その結果）有力な神の管理権は特定の人間に所有され、しかも、その人間たちは、他から隔絶したところで神がかる。その間人々はひたすら心身を潔め、忌み籠っている。そういう信仰形態が民族の思想に対してだけでなく、社会構造にも強力に影響をおよぼしていく。（「廃王伝説」）

つまり、日本の祭りでは、祭祀権を独占する一部のエリートと、神祭りに参加しながら、神の言葉に一方的にしたがってゆく大衆という、二極分化があるということであろう。益田は、そうした祭祀構造が、社会のあり方にまで反映されている点に大きな危惧をいだいている。

さきにも紹介しておいたが、柳田國男は、日本人はどうしてこんなにも簡単に一部の人間の言葉にしたがってゆくのであろうか、と長嘆息したが、その原因の一つに、祭りにおいて神意を自由にできるエリートと、ひたすら忌み籠って神の言葉を待つ大衆という二極化が作用しているのではないだろうか。

捏造

ところで、さきに、益田は日本の神の「非常在」に関して、日本の神々は、時あって「招《お》ぎ降ろされてくる」、とのべている。「招《お》ぎ降ろされる」、とは、「生《あ》れ来る」、「生れる」(生まれてくる)ともいわれる。「神はそのたびごとに新しい神として生まれくるのが原則」であり、「不断の新生」が神の性格なのである(「神道」)。そして、「生れ来る」という様子は、つぎのように模式的に説明される。

神は年に一度人間界を訪れるのだが、その神を迎えるために、特別の女性(「神の妻」となる女性で「タナバタツメ」という)が、人里離れた海岸や川岸で特別の小屋をつくり、神のための衣装を織って待つ。

やがて、天空から神が船に乗ってきて、目印の山頂に降り立つ。そして中腹を経て山麓に来ると、特別の樹木（「御蔭木」）に寄りつく。その樹木を川のそばまで引いてくる（「御蔭引き」）。神は、樹木から離れて川のなかに姿をあらわす。これを神の誕生（「幽現」）、「ミアレ」という。「タナバタツメ」は川の流れのなかに身を潜らせて、「ミアレ」した神をすくいあげて一夜妻となる（筑紫申真『アマテラスの誕生』。益田勝実「神話の生態」、「久遠の童形神」）。

しかしながら、新しく生まれてきた神を見顕すことができるのは、特定の一人、ないしは少数者であって、他のものは、見顕された新しい神を承認するだけである。

しかも、神を見顕すというが、内容的には「神懸り」なのであるから、その内容を明らかにするのは、神懸った当人か、そばで神懸りに立ち会った祀り手だけになる。そこには、神を「捏造」する機会がはらまれていることになる。つまり、神を見顕すという行為に、政治性が加わることになる。

「捏造」の最大の例は、吉田兼倶《かねとも》（一四三五―一五一一）による「唯一宗源神道《ゆいいつそうげんしんとう》」であろう。彼は、日本国中の諸神を羅網して、その上に「大元尊神」という、新たに創出された神をおいたのである（益田勝実「神道」）。

しかし、こうした神の「捏造」が可能なのも、民衆の方に、たえず新しい神威をあらわす神の出現を待ち望む、という期待があるからにほかならない。もっといえば、「日本人は必要とあれば、神に新しい機能を付与し、時には安易に神を創作できる特異な民族」（堀一郎「神を創作する日本人」）なのである。

ちなみに、堀によれば、一九六五年にアメリカで開かれた第一回国際神道会議の後、参加した神道家たちが会場に招き迎えた神は、「ジョウジ・ワシントンのみこと」と「ブレイズデルのみこと」（クレアモント宗教研究所の創始者）であったという（前掲書）。日本でも、プロ野球の投手が横浜駅の構内で「大魔神」として祭られたこともあった。

「捏造」という言葉は、誤解をよぶであろうが、くり返せば、民衆の側に新しい神の誕生を受け入れる心情がある、という点が問題なのである。だからこそ、明治国家の「神道国教化」政策によって、明治天皇が明治神宮の祭神に、乃木将軍が乃木神社の祭神になり、戦死者が靖国神社の祭神となる、という現象が容易に生じたのであろう

4 共同体のための神々

神信仰の「空隙」

ところで、益田は、柳田と折口の神の原型については、どのように考えているのであろうか。

結論的には、柳田のいう「祖霊」（祖先の霊）を、「祖神《みおやのかみ》」（先祖が奉じた神々、祖先と血のつながりはない）と解釈をしなおした上で、こうした「祖神」のほかに、血縁・地縁と関係なく、非周期的に共同体を訪れるのが「常世《とこよ》の神」（折口のいう「マレビト」）だ、とのべている（「古代の想像力」）。

その際、「常世の神」の来訪について、共同体のメンバーが「切実に必要を感じて（中略）、その神

を思い崇めている」ということが必須になるとわざわざ説明をしている。私は、そこに益田の深い意図を感じる。

その意図にふれる前に、「祖神」の役割について紹介しておこう。益田は、つぎのようにのべている。「祖神」は常在神ではないから、村人たちは、祭りと祭りの間の、「祖神」の不在の長い期間、さまざまな脅威や災いをもたらす、四囲の自然神たちとたたかい、あるいは、祈り和めて過ごす必要が生じる。こうした、生活を妨げる多数のたたり神が、世間でいう「八百万《やおよろず》の神」なのである。なぜ「八百万の神」というのか。それは、氏族やムラ、豪族などが奉じる守り神の総数なのではない。自然の脅威の種類の多さ、その絶え間のなさのゆえに、「八百万」として神格化されたのである。ただし、「〈たたり〉を恐れるあまりの祀りなごめかたの鄭重さを、祖神への信仰とごちゃまぜ」にした結果、「祖神」もふくめた神々の総数が「八百万の神々」というイメージを生むことになったのだ、という（「古代人の心情」）。

益田の日本の神のあり方は、遠くにいる「祖神」と、身辺にいる多数のたたり神、という複合スタイルなのであり、その上に「常世からの神」（「マレビト」）が加わるのである。

では、どうして「常世からの神」が加わる必要があるのか。それは、「神々の国へ上っていく通路は、はやくから断たれていて、受け身でしか神の庇護を蒙りえない、という不足感」が人々にあり、さらに、「自分という個に執着して福寿を願う気持は、この祖神の信仰では満たしえない」からであった。ここに、古代の神の信仰の「空隙」があったのであり、だからこそ「個人の懊悩《おうのう》を出発点にすえた仏教信仰への急角度の傾斜」が生じたのである、と益田はのべている（同前）。

さきに、「常世の神」を迎えるにあたって、益田の深い意図を感じる一節がある、とのべたが、それは、「常世の神」の出現のためには、村人の、深くて切実な宗教的要求が前提になっている、ということなのだ。

そして、こうした個人の深くて切実な宗教的要求に、日本の神々は応じることができなかったことを、益田は率直に認める。

日本の神の信仰が、近代においても消滅することなく、後来の仏教やキリスト教と決定的な二者択一の決闘を経ずに共存しているのは、それが関与するレベルが個人でなく、共同体的なもの、生活基盤的なものであることと深くかかわっている。（同前）

私の言葉遣いでいえば、「自然宗教」は「共同体」の宗教なのであり、その内容に満足できない人間が出てくるのは当然であって、そこに「創唱宗教」の役割がある、ということになろう。だが、こうした求道心の「レベル」の差に気づく前に、「無宗教」の風潮に流されてしまいがちとなるのが、明治以来の、日本人の大方の精神状況なのである。

それにしても、益田のこうした結論を知ると、高取正男のつぎのような発言を思い起こす。それは、明治政府が一八六八年三月に「神仏分離令」を発して、神社から神宮寺を破却してしまったことについての批判である。高取は、神社の境内に寺院が建てられたのは、人間の心の構造を空間化したもので、人には神道がいう明るく、直《なお》き心がある一方で、仏教が説くように、暗く、ねじまがった心もあるから、こうした二面性に対処するための施設が必要であったのに、ということである(『高取正男著作集』2「解説」)。

「神仏分離令」は、文字どおり、神と仏とを分離せよ、という命令であるが、維新政府がどうしてこのような指令を発したのか。それは、維新政府によって発足する新しい政体が、神道を国教とした天皇独裁の体制をめざしていたからである。神道を国教とする以上は、今までのような、仏教の優位のもとで仏教に包摂されている神道のあり方は許されず、神道の純化が求められた。まず、寺院に神社があり、神社に神宮寺がある状態の廃止である。また、皇室の菩提寺は京都の泉涌寺《せんにゅうじ》であったが、それも廃止されて、宮中に皇室の先祖が祀られる専用の宮殿が設置された。

「神仏分離令」は、このように、もともとは仏教と分離して神道の純化はかることを目的としたが、それを指導した神道学派によって「分離」の状況は大きく変わっている。一つは平田篤胤《あつたね》の学派であり、他は水戸学派である。平田篤胤(一七七六—一八四三)は、本居宣長の没後の門人と称し、復古神道を提唱し、尊王運動に多大の影響を及ぼした人物であり、水戸学は、水戸藩で盛んとなった学派で、とくに会沢正志斎《あいざわせいしさい》（一七八二―一八六三）が中心となってからは、幕末の尊王攘夷運動の中核を担うことになる。本居宣長については第六章を、水戸学については第七章を見ていただきたい。

平田派が主導した場合には、その分離は徹底しており、廃仏は同時に神道への転宗を意味した。たとえば、薩摩では、一千六十六の寺院が廃止され、二千九百六十四人の僧侶が還俗《げんぞく》させられ、藩民のすべてが神道を奉じるように強制された。その結果、薩摩では外形的には仏教はまったく廃絶した。ただし、薩摩藩の廃仏毀釈は国防体制の確立など、藩政改革の要素も濃厚で、平田学派の影響と同時に、以下にのべるような水戸学派の影響もこうむっている。このような、徹底した仏教の破壊と神道の強制は、ほかにも伊勢、美濃（苗木藩）、土佐、隠岐の諸藩に見られた。

一方、水戸学の影響下で実施された神仏分離は、廃仏がかならずしも神道の強制を意味せず、広大な寺院の所有地を整理し、遊民と見られた僧侶たちを淘汰して、藩政改革に役立てようという社会経済的な意図が優先されていた。富山や、松本、佐渡などに顕著な現象である。

富山藩の場合、仏教の各宗派は一寺に合寺し、他はすべて廃寺すべきことが命じられた。その結果、藩内の一千七百三十余りの寺院はなんらの予告もなく、わずか七寺のみが存続を許された。しかも、廃仏は藩兵の武力をもってきわめて迅速に実施された。廃仏を指導した人物は、水戸学の影響を深く受けており、寺院の跡地には兵器工場を新設し、梵鐘や仏具類をもって兵器の鋳造をはじめた。しかし、富山藩は真宗の盛んな土地であり、こうした過酷な廃仏に対して激しい抵抗運動が生まれた（岸本英夫編『明治文化史』6）。

また、「神仏分離令」によって寺院だけが被害をこうむったのではなく、神社の統廃合も行われたために、氏神がなくなる村も出てきた。ちなみに、「神仏分離令」に発した神社合祀によって、郷里の神社の森が破壊されることに激しく抵抗したのが南方熊楠《みなかたくまぐす》（一八六七―一九四一）であった。

ただ、このような仏教排斥は、真宗地帯をのぞいて意外にスムーズに進行する。なぜ、スムーズに運んだのか。神島二郎によると、もともと日本人には、仏教を忌避する心情が存在していて、表面上は仏教化していても、実際は「自然宗教」（神道）的な意識が優位にあることも少なくなかったから、「神仏分離令」を機会に、積極的に仏教寺院の廃止や、日常の習慣から仏教色を払拭する運動が歓迎されたというのである（『近代日本の精神構造』）。

高取正男もまた、神仏分離が民衆の側から望まれていたふしがある、とつぎのようにのべている。たとえば、記念写真などを撮るときに、三人の真ん中になると寿命を縮めるといって、わざと人形などを手にする風習があるが、これは、仏像の三尊形式を念頭においていて、両脇は菩薩だが真ん中は仏で「ホトケ」とよばれて縁起が悪い、ということから来ているという。結婚式も、キリスト教や神道での式は一般的だが、仏教式の結婚式は僧籍にある人か、よほどの篤信者でないと、今でも一般的とはいえない。これも、仏教が葬式や死者祭祀に関わる宗教だという意識があるからだろう。つまり、日本人は早くから仏教を受容してきたにもかかわらず、「抹香くさい」という言葉があるように、どこかで仏教忌避の心情があり、それが「神仏分離令」に触発されて、「廃仏毀釈」

にまでいたった、と推察している（『仏教土着』）。

いずれにしても、「廃仏毀釈」によって日本人の間に、神と仏を一対とする宗教心が破壊され、あるいは、うすらいだのはたしかであろう。その結果、現代の人々は、神仏の区別もあやふやで、神社でも寺院でも、同じように「無病息災」を祈り、神社も「先祖供養が大事」と看板を立てて不思議とはしていない、ということになった。

血筋崇拝

「他界」から訪れる「マレビト」崇拝は、別の用語でいえば「人神」崇拝である。「人神」崇拝とは、「人を神に祀る習俗、人が神の言行を代理する」ことであり、宗教学や人類学では、man=godとよばれる（堀一郎『民間信仰』）。折口も「マレビト」の説明として、「人に扮する神」とのべていた。人でありながら「神性」をもつものが、「マレビト」として崇拝されたのである。

その「神性」は、神懸りという方法によって身につける場合もあれば、特別の「神話」やイデオロギーによって、当人が「神」であるか、「神」の代理人であるかを説明する場合もある。

こうした「神人」を、日本では昔から「アラヒトガミ」ともよんできた。古典では、一言主神《ひとことぬしのかみ》とか住吉明神、八幡神などであったが、天皇もその顕著な「アラヒトガミ」である。

天皇は「天皇霊」を保持するゆえに「神人」とみなされてきたが、また「貴種」とも仰がれてきた。「貴種」とは、身分をさす言葉で、具体的には「天皇家とそれに連なる権門勢家の者、武家一門の棟梁、高僧・名僧の類」（宮田登『民俗宗教の課題』）といわれる。

「貴種」崇拝はまた、「血筋」信仰でもある。「神人」が、特定の個人に生じる一回的現象ではなく、「神性」が世襲されて保持されるときには、世襲する「家」が「血筋」の家として、人々から特別扱いを受けてきた。その代表が、天皇家や出雲大社の宮司を務める千家《せんげ》家であろう。

「血筋」というのは、「スジ」から生まれてきた言葉だという。「スジ」とは、柳田國男が明らかにしたように、もとは、稲の種子に由来する。柳田によれば、翌年の春に播く種籾《たねもみ》を「スジ」といい、地域によっては、その種籾の入った俵を「スジ俵」とよんで正月の祭りの対象にする。そしてつぎのようにのべている。「この種神の信仰と、人間の血筋家筋の考え方とは、多分は並行し、且つ互ひに助け合つて、この稲作民族の間にも成長して来た」（「稲の産屋」）。

この柳田の「スジ」に注目して、農耕社会にひそむ差別構造に言及したのが高取正男である。高取によれば、村に定住すること久しく、代々種籾を伝えてきた家が「筋目」の家とよばれ、一方、こうした累代の「筋目」の家から種籾を分けてもらって、代わりに「筋目」の家の農作業に労力を提供する、いわば「筋目」のない人々、という二極分化が、水田耕作を主とする村には存在していた、と想定している（「米作りの幻想」）。

今でも、「血筋」がいいとか悪いとかという差別的言辞が生きているし、「毛並み」や「名門」、「氏素性」という言葉も、ときに羨望、ときに差別、軽蔑の意味を込めて使われる。どうしていつまでも、このような「血筋」意識、さらには「貴種」意識が生き続けているのか。

一つの見解は、「貴種」という血筋を維持してきた背景には、日本社会には派閥抗争や諸矛盾を、徹底的に腕力や財力で解決するよりも、最後は特定の調整力によって解決しようという傾向があり、そうした「社会分裂調整力」の要求が「貴種」という観念の存続をもたらしている、というものだ(和歌森太郎『天皇制の歴史心理』)。

いずれにしても、日本社会には、堀一郎がいうように、あらゆるところで「人神」崇拝の匂いがたちこめている。この問題は、のちにもう一度考えてみたい。

靖国神社

さきに、日本の「自然宗教」は共同体の宗教であり、個人の宗教的要求に応じる契機がなかったから、仏教などの「創唱宗教」の浸透する余地が生まれた、という益田勝実の説を紹介しておいた。

しかし、このような日本の「自然宗教」のいわば弱みを逆に利用して誕生したのが、靖国神社(一八六九年創建時は「東京招魂社」)であったといえる。

「自然宗教」のなかでも、柳田國男が定式化した先祖崇拝は、家のためにはたらいた先祖たちがその子孫によって祀られることを内容としている。そして、家の代々のメンバーは、最近に亡くなった親族が無事に「ご先祖」の仲間入りができるように、少なくとも三十三年の間、その祭祀を務めることが義務であった。つまり、自分の任務は、さきに逝った親族の祭祀にあり、自分が死後「ご先祖」になることは、子孫に期待した。いってみれば、死後の救済は、代々の順送りの祭祀によってなされることになっていたことになろう。そこでは、自分の死後の運命を自分が決めるという、自己決定権は不在なのである。この問題は、大きい。

こうした、「家」のためにはたらいた先祖たちを子孫が祭祀する、という定式を利用して、明治の国家主義者たちは、国事、とくに戦争に殉じたものを、国家の経営する神社で国家が特別に祭祀することによって、その名誉と安心を保証する道を発明したのである。それが靖国神社にほかならない。神社という名がついているから、普通の神社だと思うと間違う。靖国神社は、敗戦以前は、れっきとした国家の施設であった。

とくに、国家管理主義者(エタティスト)たちが目をつけたのは、従来の先祖崇拝では、死者は三十三年ののちには個性を失って「ご先祖」という霊融合体になるが、民衆の間には、死後も久しく個人性を保持しておきたいという念願がある、という点であった。この念願を利用して、個人性を保持したまま、しかも、死後も「カミ」として国家によって祀られるという靖国神社が生まれたのである(神島二郎『近代日本の精神構造』)。

本来ならば、こうした個人的な死後の保証は、創唱宗教によって満たされるはずのものであったが、多くの民衆がそうした選択を放棄している状態に、政治がいち早く目をつけたことになる。つまり、靖国神社は、日本の「自然宗教」の先祖崇拝のなかに胚胎してきた、個人の「永生の願い」(神島二郎)を利用して生まれた国家による「創唱宗教」であった、といえる。

それは、個人の自発的求道心の上に成立する、普通の「創唱宗教」と比べると、おそろしく他律的である。そこには、主体的選択など期待のしようもない。民衆は、ひたすら戦争に駆り出されて、戦死するだけのこと。せっかく、「創唱宗教」への踏切板になるはずの、個人の「永生の願い」も、国家が民衆を戦争に駆り立てるための装置のなかで踏みにじられていったのである。

しかも、民衆自らもそれをのぞんだ形跡がある。「自然宗教」から「創唱宗教」へのチャンネルの切り替えは、もっと真剣に扱われるべき問題だといえる。なによりも、「自然宗教」もまた、れっきとした宗教意識であり、近代国家においては「政教分離」の原則の対象となる。しかし、明治政府の「自然宗教」の国家利用が浸透したために、「自然宗教」の「信者」である大多数の民衆は、祭祀に政治がからむことに違和感をもたないという現象が生じて、今もそれが続いている。

たとえば、京都の祇園祭の神事の一部が、京都市の議場で執り行われて、あたかも五百年来の慣行であるかのように報じられているが、市会の議場を利用するのは一九五三年からだという。また、さきの伊勢志摩で行われた「伊勢志摩サミット」の会議でも、各国の首脳たちの記念植樹がどうして伊勢神宮という宗教施設のなかでなされる必要があったのか。ことほどさように、日本社会では、とくに「自然宗教」と政治との分離は意識されることが少ないし、そもそも「政教分離」そのものの理解もきわめて低い。なによりも一般の人々の「宗教」への関心が低いばかりか、宗教関係者もことあるごとに政治権力にすり寄ろうとする風潮が強い。このような状況のなかでは、「政教分離」の原則もむなしいことになる。

慰霊の政治性

毎年敗戦記念日が近づくと、東京はもとより各地で、戦没者の慰霊祭が盛大に催される。二〇一六年は、天皇が海外への慰霊に出向くなど、とくに「戦没者慰霊」がニュースになることが多い年であった。だが、私は「慰霊」という行事が麗々しく執り行われる風潮に、久しく疑問を持ち続けてきた。その理由は、慰霊祭では、一度として、彼らがなぜ戦地へ赴かねばならなかったのか、という戦争の原因を究明する言辞が表明されたことがないからだ。敗戦記念日という、戦争の原因を究明する上で絶好の日を、慰霊祭一色で済ませてしまう。

なぜそれほどまでに、戦没者の鎮魂慰霊に熱心なのか。それは、死者に幸・不幸があるとすれば、それを決めるのは生き残った子孫の祭祀だ、と考えられているからであろう。死者に対して鄭重《ていちょう》に祭祀をすれば、死者も「浮かばれる」が、いい加減な祭祀であれば、死者はいつまでも浮かばれず、場合によれば生きている者に祟りをなすという恐れもある、だから、懸命に慰霊をするのである。そこでは、死者がなぜ死なねばならなかったのか、という原因究明の作業は棚上げになる。

こうした慰霊の仕組みを熟知しているがゆえに、政治家たちはことがあるたびに、自らの責任を明らかにすることなく慰霊で済まそうとする。苦しみを受けた人々も、慰霊祭が執行されれば、それ以上に不幸の原因を追求することもない。慰霊は為政者にとっては、まことに都合のよい行事といえる。

加えていえば、かつては「三界万霊《さんがいばんれい》」という言葉があった。人々は、この言葉によって、死者のすべて、味方も敵も、人間ではなく動物や草木にいたるまで、人間の悪業《あくごう》が招いた罪悪のすべてを万物に懺悔《ざんげ》し、過ちをくり返さないことを誓おうとした。それがいつの間にか、慰霊祭で祀られる対象は「戦没者之霊」に限定されるようになった。

高取正男は、村人の信仰には、「共同体内部の信仰」と「共同体の外部の神性への信仰」が並存していたと指摘している。「共同体内部の信仰」とは、村の日常生活のなかで、具体的にイメージができる人物や動物、物事に対して生まれる信仰のことであり、生前かわいがってくれた祖父母への思いや、死んだ愛犬や愛猫への思いのことである。それに比べると、「共同体の外部の神性への信仰」とは、村の外からくる、日常の生活とは遊離しているがゆえに、いっそう神聖感が増す神性に対する信仰である。

つまり、前者が日常の暮らしと密着した霊格への信仰であるのに対して、後者は、村を超えた世界からくるために、より普遍的だと意識される神性だということができる。そして、村人はこうした外部の神性への信仰を不可欠としていたのであり、だからこそ仏教も受け入れてきたのである。さきにもふれたが、仏教の受容は、仏教側の一方的な布教によってなされたのではなく、村人の信仰心の二重性に基づいているのであった。前代の村人たちは、特殊は特殊にとどまらず、より普遍的世界へのつながりがあってはじめて、安心して特殊にとどまることができる、ということを知っていたのである（『仏教土着』）。

私がいいたいことは、「戦没者之霊」は、今所属している共同体内部だけにしか通用しない「霊格」を対象としているのであり、かつての「三界万霊」の思想を受け入れたような、より普遍的な救済をめざす契機が失われている、という点にある。現在の慰霊祭は、まことにナショナリズムに都合のよい政治行事となっている。

なお、つけ加えておけば、慰霊祭では、遺族による戦死者の遺骨収集がかならず話題になるが、益田勝実はあるインタビューのなかで、「日本人の精神史をどんなに調べていっても、有離魂（タマシイが抜けた肉体は「ヌケガラ」にすぎない）の思想をもつ日本人がながらの遺骨に執着したっていう話はないんですよ」と断言し、日清・日露の戦争のあとに、遺骨収集はしていないことを明らかにしている（「天皇・昭和　そして私」）。そこには「靖国神社」の機能も透けて見えるが、まさしく遺骨収集は、一九四五年の敗戦後に生まれた擬似伝統にほかならないだろう。

第四章　「自然宗教」のはたらき――仏教と日本人

1　他国神

先送り

日本の「自然宗教」が「創唱宗教」と出遇ったのは、『日本書紀』によれば、朝鮮半島の百済国の聖明王《せいめいおう》が、当時の天皇・欽明《きんめい》に、「釈迦仏《しやかぶつ》の金銅の像」などを送ったことからはじまる。その時期は、五三八年とする。ただし、このとき、僧侶は来日しなかったというから、「仏教」が「創唱宗教」としてまとまった形で、日本に伝来したわけではない。僧侶の到着が遅れたことは、その後の日本仏教のあり方に、大きな影を落とすことになる。

つまり、「仏教」の中核をなす教義への関心ではなく、仏像をどのようにあつかうのか、という関心が優先されることになったからである。というのも、それまでの日本の「自然宗教」では、仏像という形式のシンボルは、存在しなかったからである。そのために、仏像を「仏神」、「他国神」、「蛮神」、「他神」、「隣国客神」とよんで、自分たちに親しい「神」の一種として理解しようとした。

欽明天皇は、送られた仏像を祀《まつ》るべきかどうか、臣下に判断させたところ、多くは、新しい神を祀ることは、従来の神々の怒りをかうことになるから、賛成できないと答えた。そのなかで、蘇我稲目《いなめ》だけが仏像を祀ることに賛成したので、彼に仏像を祀らせることにして、みずからが仏像を祀ることは先送りとした。

以後、天災地変や政治的事件がおこるたびに、それは「他国神」を祀るからだという攻撃が生まれ、一方では、「他国神」を鄭重に祀らないから、こうした災難が生じるのだ、という反論が生まれた。仏像を祀る可否をめぐる争いは、天皇と臣下を巻き込んで、およそ百年間続いた。そして、欽明天皇から六代目の舒明《じょめい》天皇のとき、仏教は正式に皇室祭祀の一部として認められるにいたった。

この間、日本の「自然宗教」が、仏教という新しい「創唱宗教」を、どのように受け止めようとしてきたのかについては、すでに拙著でも紹介しているので、それにゆずりたい（『法然の衝撃』、『仏教と日本人』）。つけ加えていえば、その理解の仕方には、自分たちに親しい「自然宗教」の考え方を、仏教の考え方や事物に当てはめるという傾向が強く、自分たちにないものを仏教から学び取ろうとする試みは、少なかったといえる。

律令制のなかの仏教

仏教が朝廷の祭祀に深くかかわりはじめるようになる一方で、従来の神祇祭祀・儀礼の整備も進むようになる。このような歩みを完成させたのが、天武天皇《てんむ》（?―六八六）であった。天武は、伊勢神宮を創設し、式年遷宮もはじめ、大嘗祭や大祓の制、天社・国社の制を定めるなど、朝廷における神祇祭式の整備に努めるとともに、官寺を造作し、金光明経・仁王経などの講説といった仏教行事の振興にも力を注ぐ。

とりわけ、天武は中国から律令制度を学んでこれを実施するよう命じ、古代国家の枠組みを強固なものとした。仏教もまた、「僧尼令」に見られるように、そうした国家制度の一部として位置づけられ、その範囲内でのみ存在が保障されるようになった。

のちにふれるが、専修念仏弾圧の際の法的根拠も「僧尼令」が中心となるので、「僧尼令」の一端を紹介しておこう。

たとえば、その第五条にはつぎのように規定されている。「およそ僧尼、寺の院に在るにあらずして、別に道場を立てて、衆を聚《あつ》めて教化し、あわせてみだりに罪福《ざいふく》を説き、および長宿を殴《う》ち撃《う》てらば、皆還俗《げんぞく》（以下略）」（『律令』、表記は一部変えた）。

僧・尼はいずれも決められた寺院内に住むことになっていて、それ以外のところに道場をつくり、人々を集めて好き勝手に「罪福」（罪悪と福徳）を説くことは、禁止されていた。また、「長宿」は上位の僧侶のことで、そのような人を殴ることも禁止。違反すると、出家の身分を剝奪されて在家に戻される。

このほか、第八条では、僧侶や尼僧が政治に口だしをすることや、役人の許可なく「表啓」（上申書）を出すこと、あるいは、「官家」（政府の機関）に意見を述べることも禁止されている。違反すると五十日の間苦役を科せられる。

また第二十三条には、「およそ僧尼等、俗人をしてその経像をさずけて、門を歴《へ》て教化せしめたらば、百日苦役（以下略）」とあるように、僧侶たちが俗人に経典や仏像を授けて、家々をまわって布教させることも禁止されていた。

また第十九条には、僧侶や尼僧は道で「三位」以上の人間に出会ったときは、目にふれないように身を隠せとあり、僧尼の社会的地位が低かったこともうかがわれる。

このように、朝廷における仏教受容は、あくまでも伝来の神祇祭祀と並んで、あるいはその足らざるところを補う形で、しかも強力な監視下で進行したが、称徳《しょうとく》天皇（在位、七六四―七七〇）の代には、仏教を最優先させる政策も登場するにいたった。道鏡《どうきょう》による、いわゆる仏教政治である。

2 仏教と政治

道鏡

道鏡（七〇〇?―七七二）は法相《ほっそう》宗の僧侶であったが、瞑想や医療にも長じていたために、「禅《ぜん》師《じ》」に列せられて、宮中の仏殿に入ることが許されるようになった。とくに、称徳が重祚《ちょうそ》（一度、位《くらい》を退いた天皇がふたたび天皇になること）する以前の孝謙《こうけん》のころに、その病を治療したことが契機になって、孝謙の寵愛を受けるようになったともいわれている。

孝謙は七五八年に、藤原仲麻呂《なかまろ》の推す淳仁《じゅんにん》に天皇位を譲り上皇となるが、上皇が道鏡を寵愛することに関して、淳仁と仲麻呂に敵対することになる。その後、仲麻呂が反乱を企てて敗死したために、道鏡が大臣禅師となった。さらに、淳仁が廃位となったあと、孝謙が重祚して称徳天皇になり、道鏡を太政大臣禅師に任じ、さらに皇位を譲ろうとさえしたといわれている。このように、道鏡が大臣禅師、太政大臣禅師、法王となり、権勢をふるったのは六年間である。ただし、その仏教政治なるものの実態はよく分からない。

朕は仏弟子

道鏡を寵愛した称徳天皇が、重祚する大嘗祭の際に発した「宣命《せんみょう》」（天皇の命令書）が残されている。その内容の要点は、つぎのとおり。

「今日は大嘗祭も終えた記念の祝宴の日であるが、恒例とは異なり、自分（重祚した称徳）が仏教徒であるので、特別の言葉を発しておきたい」。原文でいうと、「朕は仏の御弟子として菩薩の戒を受け賜ひてあり」と、明確に天皇が「仏弟子」だと名乗りを上げている。したがって、続けていう。「上はまず三宝（仏・法・僧）につかえ、つぎに天つ社、国つ社の神々を敬い、つぎに臣下たち、官僚たち、それから天下の人民たちを憐れみ恵むために、ここにふたたび天皇位に就いた」、と。

つまり、称徳天皇は、まずなによりも仏教徒のしるしとして、「三宝」に仕えることを宣言し、そののちに諸神に敬意を表する、というのである。

さらに、つぎのようにつけ加えている。「人々は、神々を三宝から遠ざけて触れないようにするべきだ、と思っているようだが、経典によれば、神々は仏法を守護するために存在するのであるから、僧侶も在俗の者も、共に神事に参加しても支障はない。かつて（仏教を）忌んだようには忌まないで、僧俗が一緒になって、この大嘗祭をとりおこなったのである」、と。引用のはじめの部分は、原文ではつぎのようになっている。「神等をば三宝《ほとけ》より離《さ》けて不触物《ふれぬ》ぞとなも人の念《おも》ひてある」、と。「仏教を忌む」とは、死者供養を行う仏教は、死穢《しえ》を帯びているがゆえに、死穢をもっとも忌避する神から遠ざけねばならない、という意味である。

この「宣命」は、大嘗祭全体の終了時に発せられたものではなく、そのもっとも中心的な祭祀である「悠紀《ゆき》・主基《すき》」殿の儀式が終了した、いわば大嘗祭の半ばで出されている。この点について、高取正男は、「宣命」にのべられている天皇の主張が朝廷では必ずしも多数派のものではなかった、という状況の反映ではないか、とのべている。とくに、大嘗祭の中心的な行事において、道鏡が僧侶の服装のまま神事に参加した上に、「八開手《やひらで》」という、四度手を打つことを八遍くり返す、神々に対する特殊な儀礼を実行したことも、参加した諸親王、大臣、高位の官僚たちの心証に好ましからざる影響を与えたのではないか。だからこそ、大嘗祭の半ばであっても、このような「宣命」が出されたのではないか、とも推測している（『神道の成立』）。

この際、高取が強調したのは、「僧侶の拍手」という儀礼が生む違和感である。「拍手」は、もともと神や神に等しい人に対する礼拝の儀礼である。饗宴のことを「うたげ」というが、それも「拍《う》ち上げ」がもとで、饗宴が行われるに先立ち、参加者が一斉に神の代理人である主人に対して拍手をし、共食の意義を確認する意味があった。日本人の多くは、神前では拍手をして拝礼し、仏前では合掌礼拝する。そして、人間同士ではおじぎをしたり、握手をする。

このように、相手によって作法を変えることが当然とされているのだが、それはなぜなのか。高取によれば、そこには「生活文化をひとしくするなんらかの共同体に対する根源的な帰属意識」があり、作法や儀礼は、その「帰属意識の発露」にほかならない。だからこそ、神前で合掌したり、仏前で拍手をすることに強い違和感を覚えるのである。称徳天皇の大嘗祭の場合、法体の道鏡が群臣の先頭に立ち、大嘗宮の庭前で「八開手」の拍手をうったのである。だとしたら、貴族、群臣たちがどれほどの衝撃を受けたことか。

つまり、日本に仏教が伝来して、ようやく朝廷の祭祀に加えられるようになったが、依然として、神事と仏事の混淆《こんこう》は好ましいとは考えられていなかったのである。そこには、関係者でないと分からないような「すみわけ」があったといえる。称徳天皇は仏教徒を自認していた以上は、大嘗祭の諸儀礼を合掌で押し通せばよいのであり、道鏡も僧侶の姿で神祇儀礼である拍手などせずに、僧侶として合掌という形式を押し通せばよいはずのことであった。しかし、現実にはそうはならず、道鏡は僧侶でありながら拍手をして、参加者の顰蹙《ひんしゅく》をかうにいたったのである。

だからこそ、たとえ自ら仏教徒だと名乗る天皇であっても、朝廷の祭祀の一切を仏式に切り替えることは不可能であった。また道鏡がいかに高位に登っても、朝廷の祭祀を仏教式に変更することは不可能であった。

はっきりいえば、もっとも枢要な宮中の祭祀においては、仏教は忌避されていたのであり、称徳天皇の思想や行為が特殊でありすぎたのであろう。ましてや、道鏡の太政大臣任用や、「法王」という処遇は、埒外《らちがい》と考えられたのである。

このように、天皇が仏教徒を名のるようになっても、仏教の受容は、伝来の神祇信仰（自然宗教）が許容できる範囲のことでしかなかったのである。だからこそ、道鏡の失脚と称徳天皇の没後から、朝廷を中心として、急速に仏教色の払拭と神祇祭祀の整備がすすむのである。

「神道」の成立

高取正男は、右の称徳天皇と道鏡による「仏教政治」の反動として生まれてくる、奈良末平安時代初めの、伝来の神祇信仰のあらたな「自覚過程」をもって、「神道の成立」とみなす（前掲書）。高取の所論で注意を要するのは、「神道の成立」といっても、伝統的な神祇信仰の「自覚過程」に力点があるのであり、特別な教義が考案されたということではないし、ましてや、あらたな教祖や布教者集団が誕生した、という意味ではない。しかし、天皇や貴族、官僚たちには、従来とは異なる神祇意識が明白になったのであり、とくに、仏教との対抗意識が明白となった。

一般的にいえば、人が危機的状況に陥らないために講じる手だてには、積極的な方法と消極的な方策とがある。積極的というのは、自らに実力を蓄えて、危機にも動じないようにすることである。他方、消極的手段というのは、危機を招くような要因をあらかじめ避けておくというやり方である。

神への信仰にも、こうした二面があり、積極的方法は「斎」とよばれ、後者が「忌」とよばれた。いずれも発音は「いみ」である。つまり、「斎」は種々の苦行を実践することによって、積極的に自らの清浄性を確保する立場であり、後者は、神の神聖さを損なう恐れのある行為をあらかじめ避けておく、ということである。

しかし、天皇とその側近の貴族たちは、自らがすでに神の子孫として神聖な存在だと仮定されているから、危機的状況を招いても、あえて積極的に「斎」の活動を行うよりは、神聖性を損なう恐れのある行為を慎み、排除することに力点をおくようになる。

こうして、まず宮廷を中心に、「忌」の観念が強調されるようになり、神聖性を損なう恐れのある行為がなんであるか、いかにそれらを忌避するかについて、中国の陰陽道や道教、仏教の一部を積極的に利用して、「吉・凶」や「浄・穢」の体系がつくられてゆく。

こうした「禁忌」の肥大化現象が、道鏡の「仏教政治」という、それまでの神権天皇制をおびやかそうとした事件の反動として生まれてきたのである。それが、後々には、村々の長たちや村人たちの神祇意識にも影響を及ぼすにいたる。彼らの多くが口にする「神道」の中身の大半は、この時代の産物なのである。

「神道」という言葉の文献上の所見は、『日本書紀』の用明《ようめい》天皇と孝徳《こうとく》天皇の即位前紀にあるが、それらは、教義や教祖、信者組織をもつ「神道」の意味ではない。ただし、仏教との対比で、従来の神祇信仰の「自立性」を意識している点は、「神道」という言葉を用いることによって生まれた効果といえるのであり、高取はこうした自立的意識もふくめて「自覚過程」とみなしている。そして、その「自覚過程」が名実ともに明確になったのが、道鏡の「仏教政治」を経た後になる、とする。

「神道」を、「浄穢・吉凶」の概念や「禁忌」だけで規定することには、反対論もあるが、穢れと凶事を避けて、禁忌を守り、清浄で吉事を求める営みが後の神祇信仰の本質となっていることには異論はないであろう。高取の業績は、それがいかに歴史的につくられてきたかを、文献と民俗事象をもとに実証してみせた点にある。

ちなみに、現代の私たちがいだく「神道」のイメージは、明治政府によってつくられた「国家神道」のなかで生まれたものであり、それ以前に、仏教と無関係に「神道」の名のもとで、体系的な教説が説かれた例はかぎられている。とくに、中世で「神道」という場合は、「神の権威、神である状態、力、はたらき」を意味しているのであり、「神道」の「道」も、「ふるまい・あり方」を意味するにすぎない。たとえば、「神道不測」(神道のこと測り難し)という有名な言葉があるが、これも、神道の教義があいまいだということではなく、神のふるまいや意向などは人智では測りがたい、という意味なのである(黒田俊雄「日本宗教史上の「神道」」)。

ただ、「神道」は、自然に成立するというよりは、道鏡の「仏教政治」への反発にみられたように、神祇信仰への圧迫感や、中世の元寇などの「国難」、あるいは、明治維新における西洋列強の圧迫という民族のアイデンティティにかかわる事件などを契機として生まれる点に、共通性がある。そういう意味では、後に論じる法然の専修念仏も、十三世紀、十四世紀の日本社会へ強烈なインパクトを与えたので、それに対する反発として、新しい「神道」が生まれる条件をつくった、といえよう。本書では論じないが、「伊勢神道」がそれに相当する。

高取正男の「神道の成立」論を紹介したことを機会に、やや図式的になるが、「神道」をめぐるイメージを整理しておこう。第一は、村々で伝承されてきた素朴な神祇信仰であり、第二に、そうした人々の神祇信仰の上に、神権天皇制を保障するために体系化された神祇祭祀と諸儀礼をもつ、政治的役割の濃厚な神道で、折口信夫の言葉をかりていえば、「宮廷神道」がそれである。第三は、教祖や教義、信者組織をもつ「創唱宗教」としての「神道」(たとえば金光《こんこう》教や天理教など)という三層が考えられるであろう。そして、本書で問題にしている「自然宗教」には、第一と第二の「神道」がふくまれている。問題は、第一と第二の区別があいまいなまま経過してきているという点にある。

最澄のこころみ

高取正男が明らかにした「神道の成立」の時期は、また、最澄《さいちょう》(七六七—八二二)と空海《くうかい》(七七四

―八三五）による新しい仏教がもたらされた時期でもある。

教科書的にいえば、古代では僧侶になるためには、国家が経営する「戒壇」（仏教の戒律を授ける場所）で戒律を受けねばならなかった。その国立の「戒壇」は、奈良の東大寺と九州太宰府の観世音寺、それに下野（現在の栃木県）の薬師寺の三箇所にかぎられていた。仏教教団は、僧侶という教団を存続させる上で不可欠の人材を確保することについても、律令国家の管理下にあったから、教団が折を見て国家の掣肘《せいちゅう》から自由になることをのぞむのは当然であり、また国家はそれをいかに防ぐかに関心があった。

そうした背景があって、南都で修行し僧侶となった最澄は、南都の当時の法相宗や三論《さんろん》宗が、仏になることができる人は限られているという立場にあったことに疑問をもち、中国留学で天台宗を学び、すべての人が仏になることができるという天台宗の教えを、日本にも広めようとした。

その際、「戒壇」が問題となった。従来の南都の法相宗等が主導している「戒壇」でしか、僧侶になる道がないとすれば、最澄の希望は叶えられないことになる。そこで、最澄は、平安遷都を断行した桓武《かんむ》天皇に、あらたな「戒壇」の設置を申請することになる。もっとも、それが認められるのは最澄の死後のことであった。

こうして、比叡山に延暦寺が設けられることになるが、そこには、本書の文脈からいうと、二つの問題がふくまれていたことになる。一つは、仏教教団の国家からの自立性の確保、二つは、平安時代初頭には、ますます明確になってきた神祇信仰の自立傾向に対する対処の仕方、という問題である。

俗別当

最澄は、教団の国家管理からの独立を願っていたが、国家はそれを許すはずもなく、最澄は苦肉の策として、唐の制度にあった「俗別当」という役職を受け入れることで、相対的な自立を得ようとした（高取正男・橋本峰雄『宗教以前』）。

高取によれば、「俗別当」の「別当」は、「専当」（本職）に対する言葉で、公務にある官僚が延暦寺の事務を兼ねることをいう。なんのために、このような役職が朝廷から延暦寺に派遣されたのか。一つは、比叡山の「戒壇」で正式に僧侶となった人間に対する手続きの簡素化にあったとされる（同前）。というのも、律令制下では、国家によって認められた出家者は、課税を免れることになっていたから、戸籍上の手続きをしなければならず、それが煩瑣だったといわれている。

しかし、それ以上に、「俗別当」には国家の側からする、教団への掣肘に存在意義があったと考えられる。最澄の『山家学生式』には、最澄が天皇に対して、「俗別当」の派遣を要請している文章があるが、それを見ると、「俗別当」の派遣によって、教団における「盗賊酒女」といった破戒を監視し、仏法を住持し（正しく保ち）、国家を守護することが願われている（「勧奨天台宗年分学生式」『最澄』）。「仏法住持」とは、要するに、国家にとって都合のよいようにコントロールするということであろう。

「俗別当」の制度は、最澄の側から願い出たように記されているが、橋本峰雄は、最澄が天台宗教団を相対的に政権から自立させるために、やむをえず政権側と行った「取引」ではなかったのか、と推測している（『宗教以前』）。その上で、最澄の役割をヨーロッパ中世のグレゴリウス七世（在位、一〇七三―一〇八五）の役割と比べ、日本仏教における、教団の政治からの自立度を問題にする。

ローマ教皇・グレゴリウス七世とは、カトリックにおける高級聖職者たちの叙任権をめぐって神聖ローマ皇帝・ハインリヒ四世（一〇五〇―一一〇六）と争い、皇帝を破門して教皇権力の全盛時代をつくった人物のことである。破門されたハインリヒ四世は、教皇が滞在していたイタリアのカノッサ城をたずねて悔悛し、破門を許された。「カノッサの屈辱」として知られる事件であった。ことほどさように、教皇の権力が皇帝をうわまわったのである。

最澄も、その初志を貫き、朝廷から教団の独立を勝ちえていたならば、場合によれば、教権が政権の上位となり、政権のあり方を左右する力を発揮できたかもしれない。しかし、現実はそうならず、教権が政権に屈する歴史があらたに始まることになった。橋本は、こうした事態を「カトリシズムの流産」とよんでいる（同前）。もっとも私の見るところ、最澄が朝廷から独立した教団を形成できたとしても、現実の政治をどれほど仏教の理想に近づけることができたかは分からない。というのも、その後の蓮如《れんにょ》による本願寺教団の歴史をふりかえると（第六章参照）、教団という組織自体を、仏教の理念のもとに統率しつづけることの至難さが思い起こされるからである。

橋本は、最澄がグレゴリウス七世の役割に及ばなかった原因の一つに、日本の場合には、つぎにふれるが、「王法仏法両輪」（政治と仏教は車の両輪の関係にある）というイデオロギーが存在していたことをあげている。カトリック史においても、神のものとカエサルのものを分離するという主張はあった。しかし、それはあくまでも教権と政権の分離を進める方向にあったが、「王法仏法両輪」は、相互に融和するばかりか依存しあう関係をめざした。このようなイデオロギーが優勢な状況のなかで、教権の政権からの独立を主張することは、至難のことであったといわねばならないだろう。

加えて、橋本は、つぎのようにものべている。日本の俗（政）権は、「神話の権威を背負う」ところの「多分に教権的なもの」をもっていたために、仏教に親和性をもつことがむつかしく、そのために、ヨーロッパのように、教会と皇帝がともに同一の神をいただいて、地上に神の国を建設するという「精神共同体」をつくることができなかった。むしろ日本では、「地上の国は神的俗権が支配し、仏教はもっぱら世外のことがらへ追放されていったのである」、と。

高取は、奈良末平安時代初頭に明確になる、朝廷の祭祀を中心とする、新しい神祇信仰の内容について、堀一郎の「本来的な世俗宗教」という呼称がふさわしいとしている。堀は、この言葉によって、人間が自らを礼拝する儀式をもつ宗教意識を意味している。祖先崇拝や死者崇拝、人間にして神である天皇崇拝など、「人神」信仰の諸相をさすが、それにとどまらず、この世における一切の人間の営みを「聖化」するはたらきをもさす（『聖と俗の葛藤』）。

私見を加えるならば、「本来的な世俗宗教」の本質は、宗教というよりも呪術性にあるのではないか。呪術とは、人間の現世的欲望の反映であるから、「世俗宗教」といっても、彼岸《ひがん》性よりも此《し》岸《がん》にとどまり、欲望とのかかわりで政治と密接な関係をもつ。キリスト教や仏教という「創唱宗教」から見れば、普遍的というよりは特殊的要素が濃厚だといわねばならないであろう。

橋本もまた、日本の天皇を中心とする政治権力は、「神的俗権」だと断じている。つまり、日本の天皇制は、いつの時代においても、きわめて濃厚な宗教性を帯びているのであり、その存在自体が、「創唱宗教」の自立を阻止する要素をもっている、ということであろう。

さきほどの私の分類でいえば、政治性の濃厚な宮廷神道は、れっきとした「自然宗教」であり、宗教としての機能をもっている。しかし、のちにのべるように、「自然宗教」の限界は、人間に対する内省が欠けている点にある。平安貴族たちが、身の神聖性を保つために、諸種の禁忌を守ろうとしたが、そこには自身に対する内省はない。なぜならば、はじめから自己を神々の子孫につながる神聖な存在だと決めてかかっているから、そういう自己に深刻な問題を認めることがなかったのである。

こうした「自然宗教」における、人間に対する内省の欠如こそ、「自然宗教」が差別や排除に無関心であることの理由なのであろう。ここに、日本の「自然宗教」が「創唱宗教」を必要とする契機があったのであり、またこれから見るように、それなりの成果もあったが、その後の歴史の大筋では、「自然宗教」のもつ差別や排除意識の克服は、成功したとはいえないであろう。

さきに、橋本峰雄の所論に関係して、「王法仏法両輪」という術語が出てきたが、この言葉が一般化するのは十一世紀の、摂関政治期から院政期にかけてである。というのも、政治権力と仏教教団の勢力とは、すでにのべてきたように、仏教伝来のはじめから緊張関係にあったが、このころになると、南都の諸大寺院はもとより、比叡山の天台宗や高野山の真言宗《しんごん》も、広大な荘園を有し、多数の末寺と、ときに「僧兵」ともなる「大衆」とよばれた多数の僧侶たちを擁する巨大集団にまで成長していた。つまり、巨大化した仏教教団は、天皇や貴族、公家たちの政治集団とも十分に拮抗《きっこう》するだけの、世俗的にも強大な権力を保持するにいたったのである。その結果、天皇・院・摂関家、それに源平の武家集団という世俗の諸権門と、巨大化した寺社勢力が、国家の支配権を分け持つことになる。つまり、「権門体制」が中世国家の特色となった（黒田俊雄『日本中世の国家と宗教』）。

このような権力構図のなかで、仏教側からもち出されてきたのが「王法仏法両輪」論である。教団は、仏教から見た理想的な天皇権力のあり方をさして「王法」とよんだ。そして、そのような「王法」は「仏法」の祈願なくしては存在しえないのであり、一方では、「仏法」が興隆するのは「王法」の支えがあってのこと、とする。

たとえば『平家物語』では、平清盛が南都北嶺の教団と争って攻め込もうとするとき、教団側は「王法を守るのが仏法のつとめであり、その仏法を攻めるとはなにごとか」といって対峙する。「仏法の殊勝なる事は、王法をまぼらんため、王法又長久なる事は、すなはち仏法による」（「南都牒状」『平家物語』巻第四）、と。

現実の国土支配が権門によって分割されている状況では、天皇と貴族・官僚が全国支配を貫徹できず、権門間でのヘゲモニー争いが絶えないことになるなかで、教団勢力が自己の権益を守るために、こうした「両輪論」を強調したのである。教団側からすれば、ここにも、世俗権力との妥協があった。

「王法・仏法」論は、その後の鎌倉・室町政権下でも生き延び、その根が断たれるのは、信長・秀吉らの比叡山・根来などの焼打ちと大殺戮を経てからとなる。ちなみに、徳川の幕藩体制は、すべての「仏法」を「王法」の下に屈服させた。そして、明治維新の「廃仏毀釈」と「国家神道」の創出により、「仏法」はあらためて「王法」に屈服させられることになる（黒田俊雄『王法と仏法』）。つまり、仏教は、日本の「自然宗教」との関係おいて、また国家権力との関係において、これから紹介する鎌倉新仏教の一時期をのぞいて、いずれからも完全に自立したことは皆無であり、黒田のいうとおり、仏教側からすれば「屈服」の歴史であったというしかないだろう。

こういう歴史を踏まえて、なお、鎌倉新仏教の、とくに法然の「専修念仏」の可能性に言及する本書の立場は、やや狂気の沙汰に近いのかもしれない。

本地垂迹説

律令国家の基礎をつくっている神祇信仰と仏教の関係にもどれば、最澄の開いた天台宗では、とくに、教団としての自主性を可能なかぎり保ちながら、伝来の神祇をどのようにとりこめばよいのか、腐心が続く。

そのなかで生まれてきたのが、「本地垂迹説《ほんじすいじやくせつ》」であった。それまでにも、神仏関係は紆余曲折を経ている。とくに、仏教が伝来してしばらくは、神々も衆生と同じように「迷い」の存在とみなされ、神前読経などの功徳により、神身を離脱して「悟り」に達するように願われた。だが、その後、天武朝になり、アマテラスを頂点とする神統譜が作成され、神々自体がいわば格上げされるようになってくる。仏教もそうした神々の格上げを認めて、たとえば八幡神に対して菩薩の称号を与えるようになるが、さらにのちには、ついに神と仏は同等だとみなされるようになってくる（堀一郎『我が国民間信仰史の研究』（二））。

こうした神仏関係の進んだ段階で、天台宗から提唱されたのが「本地垂迹説」であった。「本地」とは、経典に説かれている仏を意味し、「垂迹」とは、その仏が一切衆生を救済するために、日本へ神々のすがたをとって現れたことをさす。「本・迹」という考え方は、もとは天台宗の教学に発し、「本」は仏の悟りを、「迹」は教化のための方便、手段を意味した（硲慈光『日本仏教の開展とその基調』）。

このような教説が当時の日本で広く行き渡ってくる背景には、さきの「王法・仏法」論も力あってのことであった。

神の「本地」が「仏」であるという考えが進んでくると、仏教的真理と出遇うためには、神々を拝することを通じてのみ可能となる、という逆転的な発想も生まれてくる。無住《むじゅう》の『沙石集《しやせきしゅう》』のなかには、そうした実情を示す、三井寺の公顕僧正のような話もある。

公顕僧正は、僧坊の一室に、知るかぎりの神々を勧請《かんじょう》して祀り、毎朝、『般若心経』と「神呪」を誦していたという。そのわけは、日本のような、文明の中心から遠い辺鄙《へんぴ》な土地で、しかも自分のような愚かな人間が自らの力で仏になることはできないから、神々の力を借りて、成仏できるようにしたい、ということであった（巻第一（三））。ここには、隔絶した辺地には、神々のすがたをとった仏をたのむしかない、という切羽詰まった心境がよくあらわれている。

このような本迹関係の深まりは、神祇信仰が仏教の影響を蒙って変化することを意味する。神々も、忌み穢れよりも慈悲を重視するようになってくる。たとえば、「承久《じょうきゅう》の乱」（一二二一年）における尾張の熱田神宮の託宣が典型であろう。氏子たちが戦火を逃れて社前に集まったが、なかには親に死に別れたばかりで死穢のある者や、子どもを生んだばかりで産穢のあるものもいた。こうした緊急の状況のなかで、神が託宣を発した。「自分が日本国に現れるのは、万人を助けるためであり、穢れも時に忌むことはない」、と。集まった人民は、神の慈悲に随喜渇仰したという（『沙石集』巻第一（四））。

しかし、本地垂迹説がもたらした変化という点では、仏教側の変質の方がはかりしれないという指摘もある。つまり、仏教が著しく現世的になり、現世利益《げんぜりやく》を説くのに忙しくなったということである（村山修一『神仏習合思潮』）。人々が神祇に求めたのは、現世利益であったが、同じ要求を仏教にも求めるようになり、僧侶たちは「悟り」を求めることよりも、人々の現世利益という要求に応じるための修法に精を出すようになった。その結果、仏教は生者の加持祈禱《かじきとう》と死者の鎮魂慰霊をもっぱらとするようになった、ということである。とりわけ、行者が仏と一体になるという加持は、神祇信仰における神懸りや霊力の保持と同じ意味に受け止められるようになった。

このような神仏習合による仏教の変化について、堀一郎は、「(本地垂迹説は）自然宗教による仏教淘汰の運動」（『我が国民間信仰史の研究』（二））だとまでのべている。仏教側からすると、仏教のアイデンティティが問われる、きわめてきびしい指摘といわねばならない。

特殊と普遍

ここで、日本の「自然宗教」が仏教という「創唱宗教」をどのように受け入れてきたのか、図式的になるがまとめておきたい。まずその手がかりとして、高取正男の「後戸《ごと》の護法神」という論文を紹介する。

「後戸」とは、仏教寺院で本尊を祀る壇の背後の部分を指す。多くの寺院では（真宗は除くが）、この「後戸」に寺の守護神を祀っている。奈良東大寺三月堂の「後戸」には、有名な執金剛神像が祀られている。天台宗系の寺院では、摩多羅神や赤山明神が祀られている。また、神社でも、「後戸」に当たる部分が特別に神聖視されていることが少なくない。そして、特別の祈願がある者は、その背後に参詣して、ときに大きな物音をたてることが習わしになっているところもある。

では、どうして、社寺の背後にこのような場所があるのか。高取は、一般の住居にも似た構造があるという。人間の住まいは、もともと人間だけではなく、神々の住まいでもあった。神々といっても、有名大社の神ではなく、竈の神、井戸の神、厩の神といった、精霊に近い神々が人の住居には住みついていたのである。彼らは、家に共に住んでいる人間を守護するのが役目だという。

そして、「こうした神々は、座敷や板の間の神棚に祭られている広い外部世界の神々を迎えて神威を増し、外からの勧請神は家のなかの土着神を統摂することでより強く一家の繁栄を保証する」。同じように「後戸」の「護法神」も、当該の社寺を守護し、特別の祈願のあるものに恩恵を施してきた。

このような現象をふまえて、高取は、寺院の本尊が万人に救済を約束する普遍的シンボルだとすれば、「後戸」の神は、特別の人にだけ恩恵を与える特殊なはたらきをする神といえる、と結論づけている。

私が高取の所論から注目するのは、日本人の信仰心には、「後戸」の神を通じて本尊の救済につながろうとする、いわば特殊を経て普遍へという道筋がある、という点だ。

一軒の家にも、竈の神、井戸の神、厠の神といった、その家にのみ霊力を発揮する特殊な神と、中央大社や村の鎮守から勧請されて家の神棚に鎮まる、より普遍的な神という二重構造がある。そして、神仏の間にも、すでに『沙石集』で見たように、神を通じて仏にいたるという二重構造が存している。

私が見聞したなかで興味深かったのは、九州の霧島地方にある「カヤカベ教」の話である。「カヤカベ教」は、近世の薩摩藩の真宗禁制によって地下組織となった念仏講のことで、現地では「霧島講」とよばれている。彼らによると、浄土からの通信が阿弥陀仏から発せられると、まず「御伊勢様」に伝えられて、つぎに「霧島六社権現様」へ、そして権現様から「カヤカベ教」の中興の祖といわれている人物に伝わり、それから一般の人々へ、という道筋があるという。信者から阿弥陀仏への道筋はこの逆となる。このように、身に親しい神々を経て、普遍的な仏につながるという道筋が見られる。つまり、神仏の関係も、一家のなかの神の二重構造と同じように、神を特殊として仏が普遍的救済を受け持つという相補関係となっているのである。

このことからも分かるように、日本の「自然宗教」は、仏教と出会うことによって、従来の祭祀や慣習を維持したまま、それを仏教の教えにつなげる工夫をしてきたともいえる。そしてなによりも、従来の祭祀や慣習を外面的には維持していても、そうした祭祀や慣習が、特定の人間や地域に限定されている特殊なものであることを十分に自覚していた、ということが大事な点ではないだろうか。

神仏習合といっても、神と仏がいい加減に妥協し融合しているのではなく、自分たちに親しい神々の限界を自覚し、より普遍的な救済として仏教を受け入れていた、ということなのである。このことは、さきに紹介した「村落内の霊格に対する信仰」と「村外の神性への信仰」という二重性ともかかわることであろう。

しかし、結論を先取りしていえば、こうした特殊と普遍という二元的な信仰の自覚は、近世に入ってからは形式化し、明治維新の「廃仏毀釈」によって空洞化したのであり、今の日本人は、神に対しても仏に対しても、正確な知識を持ち合わせていない。それどころか、宮廷神道が伝えてきた「神道」に、さらに手を加えた「国家神道」の神々が、昔からの伝統的な神の姿だと信じて疑わない風潮も広まっている。そこでは、自らの神祇信仰を特殊として、普遍的な宗教に敬意を払うということも、とっくの昔に忘れ去られている。極端ないい方をすれば、普遍という手足をもがれた、特殊だけの「自然宗教」の残骸が目前にころがっているだけ、ということになろう。

第五章　普遍宗教の誕生——平等な救済原理

1　普遍的「創唱宗教」とは

人間観の浅深

宗教の普遍性とは、救済の対象に例外を認めない、ということである。だれであっても、どこに暮らしていても、男・女の性差にかかわらず、民族の違いも問題にせず、生まれや育ちも問わず、世間的差別の一切を超えて、すべての人が救済されること、それが普遍的救済の内容である。

しかし、宗教がすべて普遍性をもっているとはかぎらない。特定の民族だけを対象とする「創唱宗教」もある。あるいは、性差別を前提とする「創唱宗教」もある。あるいは、世界中に信者をもつ、いわゆる普遍的「創唱宗教」であっても、戦争を肯定し貧富の差を認めるときには、その普遍性が維持されているとはいいがたい。

このように、宗教の普遍性とは、救済の対象者に例外を認めないということが第一の定義になるが、そうした定義が成立する前提には、いかなる人間でも平等にあつかうことができる、人間観の深さが不可欠といわねばならない。

この点、日本の自然宗教には、一定の地域を対象とするという地域性の限定がある以上に、大きな課題がある。それは、人には罪や穢れがあるが、それらは「籠《こも》り」や「物忌《ものい》み」、禊《みそぎ》や祓《はら》いによって除去できると考えている点である。すでに見てきたように、日本の自然宗教では、神と交流するために、人はそれにふさわしい清浄な心身になることが求められる。そのために、氏子たちは厳重に「籠る」、あるいは、「物忌み」を実践することが求められた。ちなみに「物忌み」とは、一定期間、食べ物や日常生活に制限を設けて、心身を清浄に保つことをめざす営みをいう。

柳田國男の『日本の祭』によると、昔は、祭りの始まる七、八日前から村人たちは「物忌み」をはじめたという。その後、「籠り」や「物忌み」の期間は短縮されたが、それでも、戦前では、丸二日に及ぶ例も珍しくなかった。村人たちはその間、昼は睡《ねむ》り、夜は起きていて、一切の物音を立てないようにした。下駄は音を立てるというので履かなかった。水を汲む柄杓《ひしやく》の柄にも縄を巻いて水瓶にふれても音が出ないようにした等々。笑い声を出すことも、声高に話すことも禁じられていて、もっぱら慎みを守ったという。

要するに、こうした「籠り」や「物忌み」を通して、村人は神を迎えるにふさわしい心身に変わることができる、と考えていたのである。地域によってはこうした「籠り」を「ミカワリ」ともいった。身が変わる、ということだ。身についた「穢れ」を「籠る」ことによって祓って清浄になるのである。祭りに参加する人々は、最終的には「少しの穢れもない者」になる。だが、なにが穢れなのか、またどのような心身の状態になれば、「物忌み」が完成したことになるのか、一切は言語化されていない。村人たちの「感覚」による伝承というしかない。柳田によれば、ここに「同胞の信仰の、最も大きな特色」がある、という。

だが、「籠り」や「物忌み」によって得られる「清浄な心身」というのは、あまりに楽天的にすぎるのではないのか。おのれのなかの、どうしようもない愚かさや贖《あがな》うことのできない罪に目覚めた者は、「物忌み」で安心が得られるのであろうか。人の罪穢が「籠り」や「物忌み」、さらに禊や祓いで消し去ることができるというのは、人間を一面からしか見ていない、ということになるのではないだろうか。

加えて、こんな話もある。ある地域では、祭りの際に参加を拒まれる人々がいる。その理由は、彼らが穢れているからだ、という。同じ穢れでも、村人たちの穢れは祓うことができるが、その人々の穢れは祓うことができない、というのだ。

このように、「穢れ」や「罪障」を禊によって祓うという考え方は、もともと安易な一面があったが、時代が功利的になり、利便性が求められるようになると、一段と安易化の道を進む。柳田が指摘しているように、近世半ば以降、神社には手水所が設けられ、手を洗い、口を漱《すす》ぐだけで「禊」が成立し、御幣《ごへい》を頭の上で振ってもらえば、それで罪や穢れが除かれるという慣行が生まれた。さすがに柳田も、こうした安直な「祓い」には、「今に祓ってもらうからよいわと言って、祭りの前の晩まで牛肉を食うものなどは、元は決してなかった」とあきれている。

そうしたこともあってか、日常の暮らしにおいても、問題を「水に流す」といった風潮が一般的になる。現代でも、政治家が法令に触れる行為を犯しても、一定期間世間から姿を消して「禊が済んだ」といい、事件を「水に流す」という悪習が生きている。

もとへもどれば、「自然宗教」に生きてきた人々も、益田勝実が指摘したように、「自然宗教」の限界を自覚したからこそ、普遍的「創唱宗教」の受容に向かったのである。その際、人間のいかなる罪障をも許す、あるいは認めるという深い人間観が人々を惹きつけた、といえる。

そのような深い人間観に支えられてこそ、互いの差別感を乗り越えることも可能となり、平等な生活共同体がつくられるのである。人は、平等な人間関係のなかではじめて、安心して生きてゆけるのである。例外のない平等性こそ、普遍的「創唱宗教」によってはじめてもたらされるのではないか。

なぜ法然の専修念仏なのか

本書では、日本における普遍的「創唱宗教」の例として、法然（一一三三—一二一二）の専修念仏をとりあげる。専修念仏の内容については、これからのべるとして、ここでは法然仏教の普遍性について、あらかじめ一言ふれておきたい。というのも、日本仏教の場合にかぎっても、法然以外に道元《どうげん》や日蓮《にちれん》、一遍《いっぺん》や栄西《えいさい》の仏教があり、さかのぼれば最澄や空海の仏教もある。時代をさがれば、一休《いっきゅう》や良寛《りょうかん》、白隠《はくいん》などの仏教もある。すでに、何度もふれている親鸞もいるではないか。そのなかで、どうして法然なのか。

答えは簡単である。法然がはじめて、「凡夫《ぼんぷ》」という人間のありようを明らかにしたからなのである。「凡夫」については、のちに説明するが、あらかじめ一点だけいっておけば、「凡夫」とは自己愛から逃れられない人間のあり方をいう。エゴが優越した存在、といってもよい。つまり、なにごとであれ、エゴの尺度をもって判断し、行動し、思惟するしかない存在のことである。いわばエゴという色眼鏡をかけ続けていることに終生気づかず、「自是他非」に終始するのが、「凡夫」の悲しい一面なのである。法然の功績は、こうした「凡夫」のあり方が、万人に共通する人間の事実だということを明らかにした点にある。

法然　選択相伝御影（岡崎市・妙源寺蔵）

人間の本質が「凡夫」にあることが判明すれば、そのような「凡夫」のための仏道も自ずと明らかになってくる。例外なき救済論は、「凡夫」の認識があってはじめて成立する。前もって例外なき救済論があるのではなく、「凡夫」という人間の事実の発見があってはじめて、専修念仏という例外なき救済論が生まれたのである。

こうした点から、法然以外のいわゆる鎌倉新仏教の創始者たちを見ると、法然仏教の卓越した普遍性が明らかになるであろう。

たとえば、日蓮の仏教もまた、法然の念仏と同じく、「南無妙法蓮華経」という「題目」を称《とな》えるだけで、どのような人間でも仏になることができるという。しかし、日蓮は、人間のあり方よりも、『法華経《ほけきょう》』という真理を説くべき時期が到来しているという、「時」の選択を優先させている。「真実の法は、時が到来すれば、どんな反対がなされようとも説かねばならないのであって、（中略）末法の時期が到来したからには、ちょうど重病の子に、苦い良薬をおしつける親の慈悲のように、衆生に純粋の正法を強引に押し付けるものでなければ、彼らはもはや救われえない」（戸頃重基『日蓮の思想と鎌倉仏教』）という立場であった。

このように日蓮の立場では、一人ひとりのあり方に対する吟味はなされず、かえって、法然のように相手の状況に合わせる説法は、相手に妥協するだけで仏教の真理に忠実なものにはならない、として批判された。法然は「時機相応」（時＝歴史的状況、機＝人間。人間のあり方とその人間が生きている歴史的状況にふさわしい、ということ）の仏教を求めたが、日蓮はあえて「時機相反」（人間のあり方よりも、正法を説くべき時期がいつであるかを優先させる）の宣教をめざしたといえる。だからこそ、『法華経』の真正の信者である証しは、「受難と迫害」（「開目抄」）にあるとするようになるが、その「受難と迫害」に堪えられる人がどれほどいるのであろうか。

あるいは、道元の場合も、「只管打坐《しかんたざ》」という行に注目すると、すべての人が実践可能な行とはいいがたい。とくに生活者にとっては、簡単ではないだろう。例外なくすべての人に実践可能な行《ぎょう》を提唱している祖師は、法然しかいないのではないか。法然がそうした行を提唱できたのは、「凡夫」という人間観を確立していたからにほかならない。ちなみに、親鸞は法然の弟子であることに本領がある。またのちに、ふれたい。

ところで、法然の普遍的仏教は、六世紀に仏教が日本に伝来してから七百年近くの歳月をかけて生まれたものである。それは、日本人の手になるはじめての「普遍宗教」といってよい。そもそも、インドで生まれた仏教は、そうした「普遍宗教」をめざしたが、ひさしく「出家」中心で推移し、在家の救済を全面的に打ち出すことは遅れて成立した。日本に伝来した仏教も、出家主義を維持してきたが、法然にいたって、出家・在家の区別なく、すべての人々の救済を実現する救済原理が、鮮明に説かれるにいたった。しかも、その救済原理は、国家をふくめてすべての世俗的価値から超越する。それは、まさしく人類史上まれにみる「普遍宗教」の成立といっても過言ではない。

現代の日本の知識人の間には、日本に「普遍宗教」が成立していたことを認める人は、きわめて少ない。その理由は、現実に身の回りに存在する教団仏教の中身が、あまりにも「普遍宗教」とは隔たっているからであろう。少数の例外は別にして、第一に、彼らが熱心に取り組んでいるのは「葬式仏教」であって、生きている人間の苦しみに対応しているとはとても思えない。

あるいは、世俗国家からの超越性にいたっては、ほとんど絶望的で、とくに戦前、はっきりと戦争を否定した教団はなかった。なかっただけではなく、政権にすり寄る「お先棒担ぎ」のザマはなんであったのか等々、不信の材料にはこと欠かない。加えて何度もくり返すが、日本の知識人全体には「無宗教」というムードが漂っていて、宗教が「普遍宗教」でなければならないという問題意識もきわめてうすい。

そうしたなかで、法然による専修念仏が「普遍宗教」であったことを、以下のように、わざわざ強調するのは、日本にも「普遍宗教」が存在したことを多くの人に知ってもらいたい、ということもあるが、その存続が百年に満たなかった、という事実を紹介したいからである。つまり、日本史上はじめて成立した「普遍宗教」が、早々に国家権力や「自然宗教」と妥協して変質してしまい、今にいたっているのである。

どうして、日本では、「普遍宗教」の持続ができなかったのか。その原因は、どこにあるのか。この問題をはっきりさせることなくして、本書が問題にしている「事大主義」の克服も、「主体的精神」の確立も、解決の方向さえ見出せないであろう。

以下、法然の専修念仏が生まれてくる状況と、法然仏教の核心を紹介してみよう。

2 末世

教団の俗化

面白い統計がある。それは、延暦寺の天台座主と南都の興福寺別当ら、当時の仏教界の最高の地位に就いたものの出身階層の調査である。それによると、八二四年に初代の天台座主が生まれてから、平安時代末までのおよそ三百七十年の間で、九九〇年を境にして、前半は圧倒的に庶民出身が多く、後半は下層貴族の進出が著しいという（田村圓澄『日本仏教史』3）。これは、なにを物語っているのか。

最澄が天台宗を開創したころ（七八八年）は、国家の体制はまだ律令制を維持しようとしていたが、それでも藤原氏の権力が強大になるにつれて、すでに七四三年の「墾田永年私財法」によって「荘園」が誕生して、「公地公民」という律令体制の根幹が大きく揺らいでいた。そして、世は摂関政治の時代となる。摂政と関白が支配する体制では、貴族たちも華々しい地位に就く機会が大幅に減じて、藤原氏といえども北家以外のものは退屈をかこつことになった。こうした、摂関体制のなかで出世することがむつかしい貴族たちが向かったのは、天台教団であり南都の大寺院である。こうして仏教教団は、第二の出世街道に変じたのである。

そうとなれば、まじめな求道心をもつ僧侶たちには、教団は安心して修行に励む場ではなくなってくる。すでに最澄において、時代が「末法」にきわめて近いという絶望感があったが、教団の露骨な世俗化が進行すると、世は「末法」であり、「末世」だという認識が一般化してくる。

「末法」という言葉は、さきにも紹介しておいたが、「正法・像法・末法」に由来する。期間については諸説があるが、釈迦入滅から五百年間を「正法」の時代とし、その間は釈尊の教えを奉じて悟る人がつぎつぎと現れる。その後千年間は「像法」の時代とよばれて、はじめは戒律を保つ修行者もいるが、だんだんと破戒が増えてくる。そして悟るものはいなくなり、修行者は前途に希望がもてない状態となる。その後にくるのが「末法」の時代で、期間は一万年。「末法」では、仏教という教えは残るが、その目的に達する手段もなく、ましてやそれを実践する人間もいなくなるという。

仏教の歴史を「正・像・末」という三時で示すのは、もっぱら修行者の立場からの自己内省を深めるためであったが、次第に教団外にも受け入れられてくる。それは、貴族たちの間にひろがりはじめた、「澆季《ぎょうき》」という時代感覚とも通じていたからである。

「澆季」（「澆」は軽薄、「季」は末のこと）は、中国の古典に出てくる言葉で、人情の軽薄さや国庫の減収、田畑の荒廃などを意味した。「澆季」の反対は、「聖代」とよばれる。理想的治世が実現した時期を意味する。貴族社会では、「延喜・天暦」の治世が理想であり「聖代」であったのに対して、それ以後の治世は「澆季」そのものと映じていたのである（田村、前掲書）。

こうした時代の変化について、天台座主を務めた慈円《じえん》は、およそつぎのように記している。「なんということか、この世の変わり目に生まれあわせて、世の中が目の前で変わってしまったことを、このように、きわめてはっきりと見ることになったことこそ、ほんとうに、かなしくも嘆かわしいことである。（中略）この五年間に見聞したことはすべて、容赦なく、世の中にすぐれた人がいなくなってしまったことだ」（『愚管抄』巻第七）。そして、それ以前には貴族や官界、仏教界にもどのような人材がいたかを列挙している。人がいなくなる！　ということこそ、いつの時代でも「末世」の思いを強くさせるのであろう。

加えて、荘園制の拡大は、武力によって荘園を守り、また拡大する必要に迫られて、武士団が登場することになり、内乱も増えてくる。

こうした時代の荒廃ぶりは、天災地変によってさらに強化されてくる。一一八一年、養和元年に集中して生じた旱魃《かんばつ》、悪疫、飢饉《ききん》、兵乱は、一挙に「末世」感を強めることになった。

別所の聖

天台宗の巨大教団が、仏道を求める集団であることをやめて、第二の世俗的栄達を求める組織と化してきたとき、真面目な出家者たちは、寺院を出て「別所」に住まいを移し、そこで仏道修行に励もうとした。「別所」とは、大寺院の寺領や貴族の私有地で、「空閑地、山林藪沢、荆棘《けいきょく》の地、無領主の地、田畑なき地」（高木豊『平安時代法華仏教史研究』）に、房舎などをつくって修行する場所のことである。

一説によれば、高野山では千人以上が修行する大別所が存在したという。こうした別所には、もとの修行の場所から逃れてきた出家者ばかりではなく、大寺に寄食できなくなった僧侶や、私的に住みついて在地の人々の法要などに出かける「聖《ひじり》」たちも少なくなかったという。有名な西行《さいぎょう》も出家直後は、鞍馬の奥にあった花背などの別所に住んでいて、その後、三十年は「高野聖」として過ごした（五来重『高野聖』）。法然もまた、比叡山の別所の一つに住む「聖」でもあった。

だが、院政期から中世初頭に全盛をほこった「別所」も、荘園制の進展のなかで本寺や貴族の領地のなかに組み込まれてきて、やがて消滅する。

いわば自由な宗教空間であった「別所」の消滅は、思想史的にみると重大な問題をはらむことになる。そのことに言及した高取正男は、つぎのようにのべている。「この世に生きるための地上のよすがを失えば、人びとは純粋に魂の王国をもとめ、真実に宗教的な意味での救済の論理に身をゆだねることになる」（『仏教以前』）、と。

この指摘は、法然や親鸞の仏教を考える上での大きな前提となるように思われる（詳細は拙著『親鸞・普遍への道』を参照されたい）。

群盗・凶徒

法然らが活躍する前後の都の様子はどうであったか。田村圓澄《えんちょう》によると、一二二七（嘉禄三）年の『明月記』の記述のなかに「群盗」という文字が頻発する。「群盗狼藉」、「群盗放火」、「群盗充満」など「群盗」の記述のある日にちだけでも、つぎのとおり。正月五日に鴨氏宅に「群盗」が入ったことからはじまり、一月だけでも、十日、二十七日、二十八日、二十九日、三十日であり、二月一日、二十七日、三月三日、六日、二十五日、四月二十二日、二十三日、二十七日。

「群盗」とよばれる人々は、逃散《ちょうさん》した農民たちなど、都の下層民たちであるが、彼らが自分たちの生活を守るために蜂起したとき、支配者たちから「群盗」とよばれていたのであり、高利貸しの圧力を排除しようとするときには、「凶徒」とよばれたという（田村、前掲書）。

当時の京の都には、このような「群盗」・「凶徒」にならざるをえない人々が多数存在していた。そして、この事実もまた、貴族階級や上層民たちに「末法」意識を喚起したばかりか、一般の人々にも「末世」の思いをもたせるに十分だったのであろう。

同じころの様子を、別の史料はつぎのように記している。「そもそも諸国土民、課役を逃れんためし、或いは神人と称し、或いは悪僧となり、都内を横行し、国務を対捍《たいかん》す（年貢の徴収に応じないこと）。しかのみならず京中に住む所の浮食大賈（賈＝買）の人、或いは近都において一物を借り、遠国に向かいて三倍を貪り、或いは春時に当たり少分を与え、秋節に及んで大利を取る。もし数廻の寒燠《かんいく》（燠＝暖）を送れば、ほとんど終身の貯資を傾け、窮民その力に堪えず、家を挙げて逃亡し、また永く妻子を売りて、かの奴婢となす」（戸田芳実『中右記』）。

なお、一二二七（嘉禄三）年は、法然滅後十五年目にあたるが、この年、延暦寺の僧侶たちが京都・東山大谷にあった法然の墓を破却し、法然亡き後の指導者であった隆寛《りゅうかん》と空阿弥陀仏《くうあみだぶつ》、幸西《こうさい》の三名が流刑に処せられた。このとき、三名が処せられた理由は、「群盗を支持した嫌疑」にあったという（田村、前掲書）。さきばしるが、法然の専修念仏は、このような都市の下層民たちから強い支持を受けていたことがよく分かる。

3 仏教受容の深化――『今昔物語集』のなかの仏教

『今昔物語集』

法然の仏教をめぐる議論の前に、法然と同時代の説話集である『今昔物語集《こんじやくものがたりしゆう》』の仏教観、つまり、当時の人々が仏教からなにを学んだのか、また、人々の要求に仏教がいかに応えようとしていたのか、にふれておきたい。

なぜならば、法然の革命的な仏教は、突然変異的に生まれたのではなく、時代に共通する深い求道心のなかから生まれてきたことを、明らかにしておきたいからである。十二世紀から十三世紀の日本の精神史は、史上まれにみる深い宗教性を宿していた時期であり、法然の専修念仏は、そのピークであったのである。

研究者によると、『今昔物語集』は千を超える説話から構成されているが、撰者の名前はもとより、撰が一人でなされたのか、複数なのかも分かっていない。どこかの大寺院の書記役の僧侶ではなかったか、という説もある（『日本古典文学大系』所収の「解説」）。作品も、未完に終わっている。収載されている説話は、先行する仏教説話集や経典、論書から素材を得ているが、たんなる引き写しではなく、撰者の独創によって書き直され、新たな解釈が施されている。

撰がはじまったのは、一一二〇年ころからで、その十年から二十年後には今ある形になった、といわれている（池上洵一編『今昔物語集』「解説」）。ちなみに、法然の生年と没年は、一一三三年から一二一二年まで、である。

『今昔物語集』は、天竺（インド）篇と震旦（中国）篇、それに本朝（日本）篇の三部からなっているが、内容は、説話による一大仏教史といってもよいだろう。釈尊伝からはじまり、仏教がどのようにしてインドで生まれ、その後いかに中国で発展して日本に入ってきて、人々の心をとらえるにいたったのか、その道筋が豊富な説話の組み合わせによって綴られてゆく。

世間では、『今昔物語集』といえば、芥川龍之介の『羅生門』などの種本として知られることが普通で、釈尊伝をふくむ仏教史の書だと知る人は多くない。

まず、撰者の仏教理解の諸相を、いくつかの説話を通して見てみよう。

宗教的価値

『今昔物語集』の巻第四第七には、釈尊滅後の話が集められているが、そのなかに、つぎのような話がある。

釈尊が亡くなってから、ほぼ百年を経た世に、一人の僧がいた。彼は、釈尊が生きていたころの様子が知りたくて、そのころのことを覚えている老人を探す。すると、百十余歳になる尼僧がいることが分かり、たずねてゆく。

老尼は、彼女がまだ幼かった頃に、釈尊が自宅を訪問されたときの話を聞かせてくれた。彼女がいうには、その際、不思議なことがあった。それは、釈尊が来宅されたとき、家が光に満ちたのだ。そのために、日ごろ使っていた金の簪《かんざし》が見当たらなくなった。しかし、釈尊がお帰りになって七日後に光が消えた時、簪がいつものところにあるのが分かった、という。

これは、なにを物語っているのであろうか。私の見るところ、少女の金の簪は、世俗の暮らしのなかで珍重される価値のシンボルだったのではないか。それが釈尊の教えのなかでは、価値を失ったのである。そして代わりに、人としてなにをめざして生きるべきであるのかが、見えたのであろう。そこには、宗教とは世俗的価値を超越するものであることが、はっきりと自覚されていたといえる。その自覚は、のちに日本で生まれる「世間虚仮《せけんこけ》、唯仏是真《ゆいぶつぜしん》」（聖徳太子の言葉という。「天寿国繡帳銘」にある）や、親鸞の『歎異抄』にみる「煩悩具足の凡夫、火宅無常の世界は、よろづのこと、みなもてそらごと、たわごと、まことあることなきに、たゞ念仏のみぞまことにておはしますとこそ」という感慨に通じてゆくものであろう。

釈尊の影響力を示す光が七日の間とどまった、ということで、私が思い起こすのは、良寛にまつわるエピソードである。良寛は、晩年、住まいの近くにある人々に招かれて、法事や読経に赴くことがあったという。そうしたときの様子を記録した史料が残っていて、それによると、良寛が立ち寄った家では、彼が立ち去った後も、二、三日は和やかな雰囲気が家に満ちていたという。「和気家に充《み》ち、帰り去るといえども、数日のうち、人おのずから和す」（解良栄重『良寛禅師奇話』）、と。

『今昔物語集』にもどると、七日がすぎると、人々の暮らしは日常に戻り、金の簪もまた珍重されるようになる。つまりは、人はまた日常の欲望におぼれて暮らすのである。こうした人間の悲しい性《さが》をも、『今昔物語集』の撰者は見ぬいたのではないだろうか。

一切衆生

またつぎのような話がある（巻第四第十七）。

インドのある国に、小さな寺院があった。そこに祀られている仏像の眉間には、高価な玉《ぎょく》がはめ込まれていた。その玉を見て、ある貧乏人がそれを盗もうとする。だが、盗もうとすると、仏像の背が伸びて盗ることができない。そこで、貧乏人は足継ぎをして盗もうとするが、仏像はまた高くなって、ついに盗むことができなくなった。そこで彼は、つぎのように仏像に訴えた。

「仏が世に現れたのは、我ら衆生の苦しみを救うためでしょう。伝え聞くと、人を救うために仏は菩薩の時に、一羽の鳩を救うために命を投げ出し、飢えた母虎と七頭の子虎のために身体を投げ出し、目の悪い婆羅門《ばらもん》のために眼を与えるなど、限りない慈悲行を実践されたではありませんか。どうして、その玉を惜しまれるのですか。私が玉を盗もうとするのも、並大抵な理由からではありません。玉を頂けないのなら、ひどい罪を犯すことになるでしょう。期待はずれです」、と。

すると、仏像は頭《かしら》を垂れて、盗人の手が届くようになった。盗人は、盗んでもよいということだろうと思って、玉を取り外した。

一夜が明けて、寺の比丘《びく》たちは玉が盗まれたことに気づいて騒ぎとなる。その後しばらくしてから、貧乏人は玉を売りに出したが、盗品であることが分かって逮捕され、国王の前に引き出された。貧乏人はありのままを話したが、国王はその話を信じない。だが、念のために使者を寺に遣わすと、仏像は頭を垂れてうなだれていた。そこで国王は盗人の話が真実であることを知って、貧乏人から玉を買い取り、もとの仏像に戻した。

この説話のポイントは、貧乏のあまり盗みに手を染めようとする男が、仏が世にあらわれたのは「われら衆生を救うため」ではないのか、と訴えるところにある。撰者がいいたいことは、その「われら衆生」に差別や区別があろうはずがない、盗人であろうと、善人であろうと、仏の慈悲に分け隔てがあろうはずがない、ということなのだ。つまり、仏の慈悲の平等性を教えるのがこの説話の趣旨といってよい。

そういえば、『今昔物語集』の劈頭《へきとう》の説話には、釈尊の出家の目的が自己一人の解脱《げだつ》ではなく、「一切衆生」の苦しみを解脱せしめるところにある、とすでに明白に記されている。こうした「一切衆生」への言及は、『今昔物語集』全篇を貫く基調となっているのであり、世間の常識が差別・区別する営みは、全否定されている。ここにも、仏教とはいかなる宗教であるのかが、明らかになっていたといえよう。

さきばしるが、この「一切衆生」に対する「平等の慈悲」こそ、法然を「阿弥陀仏の本願」へ向かわせた動機でもある。法然の『選択本願念仏集《せんちゃくほんがんねんぶつしゅう》』には、つぎのようにのべられている。「弥陀如来、法蔵比丘の昔、平等の慈悲に催され、普く一切を摂せんがために、(中略)ただ称名念仏の一行を以て、その本願としたまえる」、と。

悲しい性《さが》

また、藤原保昌という貴族の従者の話がある（巻第十九第七）。

保昌は、貴族であったが、弓矢の使い手として知られている人物であった。妻は、かの有名な和泉式部らしい。丹後の守となって任国におもむいたが、日夜狩をして暮らしていたという。この保昌の従者で、弓矢の達者な人物がいた。彼が狩に出る二日前の夜に、夢を見た。死んだ母が、彼につぎのようなことを告げたのである。「自分は悪業のために今は鹿の身となって、この山に生きている。聞けば、二日後に狩があるという。多くの射手の間を逃げるのはむつかしい上に、とりわけ、お前は弓矢の道を極めていると聞く。お前の手から逃れて生き延びることはむつかしかろう。そこで、大きな女鹿があらわれたら、これはわが母だと思って射てくれるな」、と。

従者は、次の日、明日の狩への参加を辞退したい、と保昌に申告したが、保昌は許さない。「今回の狩は、お前の弓の腕を見るためのもの。辞退するならお前の首をとる。絶対に参加せよ」と命じられた。

そこで彼は、仕方なく狩に参加することにしたが、女鹿だけは絶対に射ることがないように決心した。そして当日。鹿の群れに出会った。そのなかに大きな女鹿がいた。男はたちまち弓手にあわせて弓を引いた。この瞬間、男は夢の告げをみな忘れていた。

矢は狙いたがわず、女鹿は射られた瞬間、男を「痛や」といって見返したという。その顔は、母に似ていた。彼はたちまち馬から「躍り落ちて」、弓矢を泣く泣く投げ捨てて、その場で髻《もとどり》を切って法師となった。保昌はそのわけを聞いて、そういうことなら、不参を許したものを、といったが時遅く、従者は、そののち、山寺に入って道心堅固に行い澄ました、という。

この説話を、どのように読めばよいのか。一つは、人の決心など頼りにならないものだ、ということであろう。同時に、一度暮らしのパターンが出来上がってしまうと、結局は、それに縛られて人は生きるものであり、そうしたパターンも、自分の選択とか決意で生み出されたというよりは、なにか宿命的というしかないはたらきによって、決まってしまっていることが多い、ということでもあろう。

大事な決心を裏切るような行為を、自ら犯してしまう。そうした悲しい性が人間にはある、ということに気づいた仏教徒たちが、のちには「宿業《しゅくごう》」という言葉を見出していった。そういう意味では、この説話は、「宿業」という言葉こそ使っていないが、人の生き方には、いわば無意識に突き動かされる一面のあることを教えている、ともいえよう。つまり、人は「宿業」から逃れることはできないのである。

この説話で注目すべき二つ目は、この従者が女鹿を射た直後にとった行動である。彼は馬から「躍り落ちて」、その場で髻を切ったという。自分で自分を裏切ったという痛切な悲しみに襲われるなかで、彼は瞬時に発心《ほっしん》したのである。

この発心の仕方に、今の私たちは感動するのではないか。なぜなら、私たちにはそうした発心という文化が絶えて久しいから。どんな悲劇に襲われても、現代人は発心しない。もちろん、例外はあるだろう。だが、私たちには、人生の不条理に直面したときに、選択するべき道が見えなくなって久しいのではないか。

だが、この時代の人には、こうした選択が可能であり、それを選ぶという意志が実に深く生きていた。つまり、人間の性の恐ろしさを知っていたからこそ、そこから逃れる術もまた知ろうとしていたのであろう。法然の求道心もまた、こうした時代のなかで養成されていったといえる。

煩悩

最後に、つぎの説話を紹介しておこう（巻第十七第三十三）。

今は昔、比叡山に若い僧侶がいた。学問を志しながらも、遊びにうつつを抜かしていたが、あるとき、思い立って、嵐山にある法輪寺の観音に学業達成を祈願するために出かけた。その帰り、日が暮れて、とある家に泊めてもらうことになった。家の女主人は、彼を厚くもてなした。その夜、若僧は、蔀《しとみ》の穴から女主人の姿を覗いて欲情をおこし、女主人が寝入ったのをはかって忍びこみ、ことに及ぼうとした。女主人は目を覚まして、尊い方と思ってお泊めしたのに、なんということ、と非難しながら、もっとも、自分が独身でいるのはしかるべき人がいないだけのことだから、別にあなたを拒絶するつもりはない。ところで、あなたは法華経をお読みになるか、またその読誦の声は美しいか、と確かめて、法華経を暗誦できるようになったら、お付き合いをします、といった。

そこで若僧は、比叡山に戻って二十日余りで暗誦できるようになった。そして、再び法輪寺に詣でて、女性の家に立ち寄る。しかし、女性は今回も許さない。かわりに、三年ばかり山籠もりをして立派な学匠になってほしい。そうなったら今度こそお待ちしています、と。三年たって、僧が訪れると、女主人は法華経について難しい議論を仕掛けてきたが、僧は立派に答えた。その夜、僧は女性のもとに忍んで入り、副《そ》い臥《ふ》した。女性は、しばらくそのまま、といって物語などしているうちに、僧は旅の疲れで寝入ってしまう。目が覚めると、なんと僧がいたのは、暁の月がさす嵯峨の野中であった。仕方なく、僧は法輪寺に戻って仮寝をする。そのうた寝のなかで夢の告げがあり、すべては虚空蔵《こくうぞう》菩薩の計らいであったことが分かる。

仏教では、しばしば色欲を克服した清僧のイメージが宣伝されてきた。しかし、その実現はむつかしく、修行僧はそのために破戒と罪悪感に苛まれることになる。こういう出家仏教のあり方に、『今昔物語集』は正面から挑んでいる。それは、観音菩薩と地蔵菩薩の話を集中的に編んでいる巻々にあらわれているが、そこでは、人間の欲望の克服の困難さと、それゆえに、欲望のままに救われてゆく群像がえがかれている。煩悩のままに救われてゆく！　そこには、法然の教えが間近に迫っている。

4　法然の仏教

「凡夫」という人間の事実

法然の仏教の特色は、「凡夫《ぼんぶ》」という人間観に徹したことが第一。第二は、その「凡夫」が例外なく「仏」になることができる方法を発見したこと。そして、この二つのことが、法然の仏教に普遍性を担保したのである。

はじめの「凡夫」という人間観から説明をしよう。「凡夫」とは、さきに記したように、愚かな人間のことである。その愚かさは、常識をはるかに超えた愚かさをいう。つまり、真理を見出すことができない愚かさのことなのである。このようにいうと、ただちに反論が出されるであろう。人類には、科学的真理の発見というすばらしい成果があるではないか、と。しかし、仏教がいう智慧は、人間を左右する「因・縁・果」のすべてを知る智慧をいうのであり、科学的真理を発見できる能力だけを指すのではない。分かりやすくいえば、原子力を発見する力がありながら、それを原爆として使用したり、戦争を撲滅できないでいること、それが「凡夫」であることの証拠なのだ。

「凡夫」とは、「煩悩」に束縛されている人間のことだと説明されることが多い。たとえば、「身体や心を悩ませ、かき乱し、煩わせ、惑わし汚す精神作用の総称」（中村元『新・仏教辞典』）、とある。そうした「精神作用」をもたらすものこそ、「愚かさ」（仏教では「癡《ち》」という）にほかならない。

もう少し現代風に説明すれば、「煩悩」とはたんなる欲望のことではない。本人にも自覚できない無意識の世界にうごめく、正体不明の欲望の複合体であり、「欲動」といってもよいのかもしれない。大事なことは、そうした「精神作用」がはたらくのは、「自己愛」のためなのである。自己可愛さのあまり、欲望が総動員されるさまが、「煩悩」のすがたといえる。兼好《けんこう》法師が「才能は煩悩の増長せるなり」(『徒然草』第三十八段)といったのは、「煩悩」の本質をふまえた指摘だろう。

要するに、絶えざる自己主張、主我性の確保こそが煩悩の中核をなしている。その「煩悩」から一瞬も解放されることがない人間が、「凡夫」にほかならない。

法然が、どうしてこのような「凡夫」意識をもつようになったのか。それは、法然の修行過程においてである。仏教では、人は未完成な存在だと考えている。未完成とは、人間と世界のありようを知る智慧が十分でない、ということであり、そのために、人間は種々の苦しみからまぬがれることができないのだ。もし、完全なる智慧を得ることができれば、一切の苦しみから解放される。

仏教では、このような完全な智慧を得た存在を「仏」という。そしてそのためには、途方もない修行が要請される。完全な智慧を得るために、戒律によって心身を浄め、つぎに精神を統一し、真理を受け止めることができる状態をつくらねばならない。だが、多くの人間には、欲望が渦巻いていて、そうした精神の統一を得ることは、きわめて困難なことといわねばならない。

法然が経験したのは、このような修行の過程で、仏をめざしながらしかも仏になれないという苦しみであり、その原因が自己の「煩悩」にあることであった。そうした苦しみの自覚過程をよく示しているのは、法然の回心《えしん》にいたる心の動きを記す、つぎのような一節である。大筋を紹介する。「あるとき、上人（法然）は仰せになった。仏になることをめざしていた時、さまざまな教えを信じて、さまざまな行を実践した。それらは、要するに、戒律と瞑想と学問である。しかし、自分は戒律を守ることにおいても、瞑想においても、その成果はなかった。たとえてみれば、私のこころは、物にしたがって移りやすく、猿が枝を伝って動くようなもので、まことに散乱して動きやすく、心が静まることはない。こんなことで仏になる智慧がえられるはずもない。その智慧が得られないのならば、悪業煩悩のきずなを、どうして断つことができるであろうか。実に悲しいことである。どうすればよいのか」（『法然上人行状画図』第六）、と。

こうして、法然は求道の苦しみをさらに吐露する。「わが心に相応する法門ありや、わが身に堪へたる修行やあると、よろづの智者にもとめ、諸の学者にとぶらひ（訪）しに、教うる人もなく、示す輩もなし」（同右）、と。そして、ついに中国の善導《ぜんどう》（六一三―六八一）の著書の一節に出遇い、阿弥陀仏の本願という、凡夫が仏になる道を発見するのである。

この過程で大切なことは、法然が「凡夫」であるという強烈な自覚をもち、「凡夫」にふさわしい仏道を求めて苦闘した、ということであろう。法然の「凡夫」という人間観は、たんなる思索や学問上の検討から生まれたものではなかった。修行という実践のなかで確認した、人間の「事実」にほかならない。

ふりかえれば、従来の仏教は、この人間の「事実」に正直に向き合ってきたとはいい難い。修行に成果が見出せないのは、修行者の努力、精進が不足していたからなのであり、教えや修行が不完全だからなのではない、と信じて疑わなかった。だからこそ、真面目な多くの修行者は、煩悶のまま生涯を終えていったのである。あるいは、偽善が支配することにもなった。

もとへもどれば、法然が発見した「凡夫」という人間の「事実」について、近代の作家たちも似たような認識をもっている。たとえば、夏目漱石もその一人であろう。彼は、自己のなかに巣食う正体不明の欲望について、人の心には「底のない三角形」があるとか、「二辺並行せる三角形」がある、あるいは、大地震はひとり濃尾にあるのみならず、自分の心の底にもある、と指摘している（「人生」）。人間には、自己でもその取扱いに窮する、訳の分からない暗部があるのだ。

しかし、法然の人間認識はさらに一歩進む。それは、「六道輪廻《ろくどうりんね》」というインド発の「大きな物語」を用いて、人間存在の不条理と不安を明らかにするのである。「凡夫」という「事実」の根拠を、さらに探り当てようとする。

「人界」に生まれる

現代の人間にとって「生まれる」ということは、母の胎内から生まれることであり、死ぬまでが人生で、それ以外に人生はない、と考えている。しかし、中世では、人は母親から生まれることには変わりはないが、表現としては「人界」に生まれるといった。

「人界」とは、「六道輪廻」の「六道」の一つである。「六道」とは、「地獄・餓鬼・畜生・阿修羅・人・天」の六つの存在形式のことであり、「輪廻」とは、この六つの存在のいずれかを流浪しつづけることをいう。死後の世界について明確なイメージをもっていなかった古代日本人は、六世紀に仏教が伝わってきたとき、その教説よりも、「六道輪廻」に驚愕《きょうがく》したという。

「六道」は、現代の人間が想像するように、この人生のなかに「地獄」的状況があるという比喩ではなく、「人間」は過去に「地獄」などを経験して、今、たまたま「人間」に生まれてきたのであり、死ねばふたたび「地獄」をはじめとする「六道」のいずれかに生まれ変わる、ということを意味している。

人間が「六道」のいずれに生まれ変わるかは、生前の行為による。「地獄」に堕ちたからといって、いつまでも「地獄」に滞在しているのではなく、「地獄」にいなければならない業が尽きると、また生前の行為の内容によって、「六道」のいずれかに生まれ変わる。こうした流転を永久に続けること、それが「六道輪廻」なのである。

このような話を聞くと、今さらなんとおどろおどろしい迷信か、と思う人が多いであろう。しかし、こうした物語が生まれてきたのは、人間のもつ根本的な愚かさを教えるためなのである。「六道」を幼稚な話として否定しても、人間がもつ根本的な愚かさを否定することはできない。「六道」の物語は、そうした愚かさを教えると同時に、その苦しみの激しさゆえに、「六道」から脱出したいという願いが生まれる点に意味がある。

法然が全面的に依拠した、中国の善導のつぎの文は、法然自身の境涯を告白している一文でもある。いわく、「自身は現にこれ罪悪生死《ざいあくしょうじ》の凡夫、曠劫《こうごう》（はるかな昔）よりこのかた常に没し、常に流転して、出離の縁あることなし」（『選択本願念仏集』）。

この告白から分かることは、「凡夫」はその本質が「罪悪」にあるだけではなく、「六道」を経巡《へめぐ》って、「生」と「死」をくり返している（それが「生死」ということ）存在であり、しかも、その流転からいつ脱出できるか分からない悲しい存在なのだ、という点にある。

法然のいわんとするところは、わが身の愚かさは、いわば前世に由来するというしかない根の深いものであり、その愚かさゆえに生じる苦しみに苛まされて生きるのが人生なのだと納得せよ、というのだ。

たんに愚かさを「自覚する」とか、「意識する」というだけでは、まだ自らの力でそうした愚かさを克服できる道が残っているように感じられる。だが、どのようにもがいても、愚かさから逃れられないという筋道を知って納得すると、自らの力によって、その愚かさを超える道はもはや見出せなくなる。いわば、巨大な壁に突き当たるのである。

その壁こそが、つぎにのべる「阿弥陀仏の誓願」を受け入れる踏切板となる。もし壁にぶつかっておのれの愚かさを超えることができないというだけで終わるならば、絶望しかないであろう。しかし、壁は「阿弥陀仏の誓願」を信じる道へ、と案内してくれる。法然の「凡夫」という人間観には、こうした壁の自覚への道が用意されている。

その壁は、当時の言葉でいえば、「宿業《しゅくごう》」に相当する。「宿」とは過去という意味だが、今の私たちが想像するような過去ではない。「六道」を輪廻してきた、という途方もない神話的な過去なのである。私という存在が、そうした「宿業」の上に成り立っているという認識が、「凡夫」という人間観にさらに奥行きを与えることになる。

人として生まれてくるといういい方と、「人界」に生まれてくるという表現の間には、これほどの差がある。それは、人間の見方の浅深にもかかわる。「六道輪廻」という「大きな物語」を失った現代の私たちは、自らの存在の不条理をイメージする手がかりを失った、ともいえよう。

阿弥陀仏の誓願——念仏の根拠

法然は、さきに自らの「凡夫」性に覚醒したとき、どうすれば「悪業煩悩のきずなを断つ方法があるのか」と問いを発して、多くの智者・学者を訪ねたが答えは得られなかった、と告白していた。そしてつづけていう。「答の得られない間、なげき、なげき、経蔵に入り、かなしみ、かなしみ、多数の仏典に向かった」(『法然上人行状画図』)、と。別の伝承によれば、法然はこの間に、「一切経」(仏教経典と注釈書のすべて)を五遍も読んだという。それでも、納得する道は見出せなかった。そして、たまたま手にしたのが善導の一文である。この一文こそが、法然に安心をもたらし、「専修念仏」という新しい仏教の誕生のきっかけになったのである。

その一文とは、『観無量寿経《かんむりょうじゅきょう》』についての善導の注釈書のなかにある、つぎの文である。「一心に専ら阿弥陀仏の名号を念じ、行住坐臥《ぎょうじゅうざが》に時節の久近を問わず、念々に捨てざる者、これを正定の業と名づく。彼の仏の願に順ずるが故に」。意味は、つぎのとおり。「一心にもっぱら阿弥陀仏の名前を称えて、歩いていても、坐っているときでも、臥せっているときでも、時々刻々に念仏を継続すること、それを、阿弥陀仏が選択され、決定された行為という。なぜならば、この行為（阿弥陀仏の名前を称する）は、阿弥陀仏の誓願に順じているからなのだ」。

ここに、阿弥陀仏の名前を称える、という行《ぎょう》が絶対的な意味をもって登場してくる。阿弥陀仏の名前を称えるとは、「南無阿弥陀仏」と称えること。なぜ、「南無阿弥陀仏」と称えることが、「凡夫」の仏道として絶対的な意味をもつのか。それは、「阿弥陀仏の誓願」に根拠をもつ行為だから、である。

阿弥陀仏という仏は、歴史的人物である釈尊が入滅して、五百年ほどのちに生まれてくる、新しい仏教運動（大乗仏教運動という）のなかで登場してくる仏である。この仏の詳細を記した経典が『無量寿経』で、そのなかに阿弥陀仏の誓願が出てくる。

経典によれば、阿弥陀仏は、もとは法蔵《ほうぞう》という名の人間であった。法蔵は、一切の人々を仏にするための願いを四十八にまとめて、その願いの実現のために想像を絶する修行をする。そして、そのすべてを実現して、阿弥陀仏になって、今現に、西方浄土にいる。法蔵が取り組み、自身が阿弥陀仏になるきっかけとなった誓いのことを、「阿弥陀仏の誓願」という。

善導が注目したのは、四十八のなかの第十八番目の誓いであった。その誓いのなかに、「わが名」、つまり「南無阿弥陀仏」と称えるものは、どんな人間であっても、阿弥陀仏の国に生まれて「仏」

になることができる、とある。法然が感動したのは、この第十八願であった。
「南無阿弥陀仏」という言葉は、法然以前にも存在していた。たとえば、十世紀の空也《くうや》は、死者の鎮魂慰霊のために「南無阿弥陀仏」が有効だと主張している。また、法然と同じ天台教団でも、すでに見てきたように、法然に先立つ二百年前に源信《げんしん》（九四二―一〇一七）が『往生要集《おうじょうようしゅう》』をあらわして、臨終に念仏を称えて極楽に往生する道のあることを喧伝していた。

つまり、法然以前は、念仏は死者や死にかかわる呪文として機能していた、といえる。そのような風潮のなかで、法然は、「南無阿弥陀仏」という念仏を、阿弥陀仏の誓願（本願ともいう）に明確に結びつけて、「凡夫」という生者のための唯一の仏道として主張したのである。

もっとも、法然の本願念仏が広まってからも、空也流の死者のための鎮魂慰霊の念仏や、極楽浄土への憧憬を示す源信流の念仏もまた、衰えることなく人々に迎えられていた。そのために、法然は、自らの念仏を「本願念仏」とよび、とくに「専修念仏」と主張した。「専修」とは、念仏だけをもっぱら実践するということであり、それ以外の仏道は、いかなるものでも認めないという立場を標榜する言葉である。

ちなみに、法然の「専修念仏」は、法然の晩年に生じた流刑処分以来、およそ二百五十年間にわたって弾圧を受け続ける（田村圓澄「専修念仏弾圧一覧」）が、その弾圧を唆《そそのか》した者たちの多くは、天台教団の源信流の念仏者たちであった。おなじ念仏であるがゆえに、「専修念仏」の、一見きわめて排他的な主張を容認することができなかったのであろう。また、「専修念仏」の帰依者たちが、天台宗などの既成大教団の寺領で過酷な条件で労働する人々であったことも、弾圧の下地にあったと考えられる。

いずれにしても、世に念仏者は多かったが、「専修念仏」者はかぎられていた。念仏者と「専修念仏」者との区別は、日本の仏教史を見てゆく上で大事な視点なのである。

一人も漏らさず

法然の専修念仏がそれまでの仏教と異なる最大の特色は、その救済原理が例外を認めないということと、その方法の簡易さにある。例外を認めないということは、法然の言葉でいえば、「一人も漏らさず」ということになる。

しかし、『無量寿経』の第十八願を読んでみても、わが名を称するものは例外なく、すべての人々をわが浄土に迎える、とは書いていない。第十八願の漢文の意味は、およそつぎのとおり（詳細は拙著・注解『無量寿経』を見てほしい）。「もし、私が仏になったとき、あらゆる世界の、生きとし生けるものが私の国に生まれたいと、心を尽くして信じて願い、少なくとも十声、念仏すれば、かならず浄土に生まれるようにしたい。そうでなければ私は仏にはなりません。ただし、五逆罪と仏法を誹謗するものとは除く」（阿満訳）。

漢文は、以下の通り。「設我得仏　十方衆生　至心信楽　欲生我国　乃至十念　若不生者　不取正覚　唯除五逆　誹謗正法」。文中の「乃至《ないし》十念《じゅうねん》」が「念仏」を意味する。

この願文には、人間の側に二つの条件を満たすことが要求されている。一つは「私の国に生まれたいと心を尽くして信じて願う（「至心信楽《ししんしんぎょう》　欲生我国《よくしょうがこく》」）」ことであり、二つ目は、「少なくとも十声、念仏する（「乃至十念」）」ことである。加えて、「五逆罪を犯したものと仏法を誹謗するものとは救済の対象から除く（「唯除五逆《ゆいじょごぎゃく》　誹謗正法《ひぼうしょうぼう》」）」、という条件がつけられている。

一つ目の条件は、念仏するとき、つぎのような三種の心構えをもってせよ、というのである。漢文でいえば、「至心」（まことの心をもって）、「信楽」（「楽《ぎょう》」は願うという意味、したがって、信じ願うということになる）、「欲生我国」（阿弥陀仏の浄土に生まれたいと欲する）という三つである。なぜ念仏をするのに、「三心《さんじん》」（「三信」とも記す）という特別の心構えが必要なのか。それは、一般になんらかの行を実践するときに、意志がしっかりしていて目標がはっきりしていないと、行の実践が効果を発揮しないからである。だから、中国の浄土仏教でも、また法然と同時代の学匠たちも、第十八願の理解においては、この三種の心構えを強調した。

しかし、法然はこれを無視してしまう。なぜか。「至心」や「信楽」、「欲生我国」のいずれも、「凡夫」には実行がむつかしい心構えだからである。

そこで、法然はいう。「阿弥陀仏は法蔵であった昔、きわめて長い時間をかけて、夜となく昼となく心を砕いて（この「三心」を）成就された。（その意図は）無知な人間でも、およそ「三心」という言葉を知らない人間であっても、（念仏をすれば）自然に「三心」を具えることができるように、というところにある」（原文は『和語燈録』巻第二「七箇条の起請文」）、と。つまり、法然は、第十八願にある「三心」は、人間の側で実現しなければならない心構えとは考えなかったのである。

というのも、くり返せば、法然にとって、三種の心構えのいずれも、人によって浅深のちがいもあり、またその持続もむつかしい心とみなされていた。およそ仏教では、「心の師となるとも心を師とすることなかれ」というほどに、人間の心は移りやすく、頼りないものとみなされている。法然の『選択本願念仏集』の言葉でいえば、「風が物を吹き上げるように、意識や五感は散乱しやすく、魂は飛びまわって落ち着かず、宗教的瞑想など成就するわけがない」という状態にある。その心によって、いかに「至心」や「信楽」、「欲生我国」と称しても、仏が要求しているほどの「至心」などの心は、生まれようがないではないか。

こうして法然は、念仏して「浄土」を願うほどの人間であれば、あらためて「三心」を要求する必要はない、とするにいたる。

このほか、第十八願に記載されていた、五逆罪を犯した人間や、仏教を否定、中傷、誹謗する人間は救いの対象にはならない、という除外規定についても、法然は、いかなる悪人も阿弥陀仏の誓願を信じて念仏さえすれば、かならず往生できるという善導の教えを援用して、この規定を無視した。法然には、阿弥陀仏の慈悲は、人間の犯す罪などに左右されるものではない、という確固とした信念があったのである。

「縁」も用意する

さらに、法然は破天荒な解釈を施す。常識では、ものごとの流れは、原因と結果の連鎖（「因・果」）として理解される。しかし、仏教では、ものごとが生まれるためには、直接的な原因のほかに、その原因を結果に向けて発動させる間接的な原因が不可欠だと考える。その間接的な原因が「縁」にほかならない。つまり、ものごとが生じるためには、「因」だけでは不十分であり、その「因」に「縁」がはたらいてはじめて、「果」が生じると考える。

したがって、仏教における救済論も、「因」だけでは不十分であり、「因」を発動させる「縁」が不可欠となる。法然以前の仏教では、「因」は戒律の遵守や厳格な修行の実践、学問による智慧の獲得等であった。しかも、そうした「因」が十分に発揮されるように、師匠が選ばれ、人里離れた山奥が修行の場となってきた。いわば、修行者は「縁」を整えるために苦労を重ねてきたのである。

法然の苦心は、人間が浄土に生まれて仏になるための「因」がなんであるのか、それを「阿弥陀仏の物語」から新たに選び出すことにあったが、あわせて、「縁」についても、従来の解釈を超える必要にせまられていた。

というのも、仏教には「縁なき衆生は度しがたし」という言葉があるからだ。どんなにすぐれた教えでも、その教えに「縁」がなければ、その教えから取り残される人間が絶えない、ということになる。それでは、法然が求める「一人も漏らさない」教えとはいえない。こうして、法然の苦心の解釈がはじまる。その手がかりは、阿弥陀仏を「光明」とみなす経典の記述にあった。

浄土三部経（『無量寿経』、『観無量寿経』、『阿弥陀経』）によれば、阿弥陀仏は「無量の光明」だという。とりわけ、『観無量寿経』では、「阿弥陀仏の光明はあまねくすべての世界を照らし、念仏する人たちをおさめとって捨てることはない」と約束している。だが、人間が阿弥陀仏の光明を見ることはない。では、阿弥陀仏の「光明」とはなにを意味しているのか。

法然の解釈はこうだ。たしかに、経典では、阿弥陀仏は平等に一切衆生を仏にしたいと願っている。その願いを貫く、徹底した平等の慈悲には、疑いをはさむ余地はない。しかし、人それぞれが背負う「業」は異なるのだから、阿弥陀仏を近しいと感じる人もいれば、遠いと思う人もいるだろう。阿弥陀仏の慈悲心がいかに平等であっても、衆生の方に手づるがなければ、せっかくの阿弥陀仏の慈悲に浴することもできないではないか。だからこそ、阿弥陀仏は、あらかじめ全世界のすみずみにいたるまで光明を放ち、それをもって、一切衆生にことごとく「縁」を与えようとしているのだ、と。

慈悲はいかなる人間も排除せず、あらゆる人々に平等にはたらいてこそ、はじめて慈悲の名に値する。それが仏教というものである。だからこそ、法然は、「縁」の有無によって、仏になる機会が左右されることがあってはならない、と考えた。その結論が、「光明」をもって「縁」とする、という破天荒な解釈なのである。

法然は記している。「(『観無量寿経』に)光明は遍く十方の世界を照らし、念仏の衆生を摂取して捨てたまはず」という文あり、済度衆生の願は平等にしてあることなれども、縁なき衆生は利益《りやく》を蒙ることあたはず。このゆへに、弥陀善逝《ぜんせい》(善逝は仏の別名)、平等の慈悲にもよをされて、十方世界にあまねく光明をてらして、転《うたた》（慈悲心がますます強まり）、一切衆生にことごとく縁をむすばしめむがために、光明無量の願をたてたまへり。第十二の願これなり」（『三部経大意』）。第十二の願とは、つぎのとおり。「もし私が仏になったならば、無限の光明をもって無数の国々を照らすようにしたい。そうでなければ私は仏になりません」（阿満訳）。

このように、法然は、「阿弥陀仏の物語」（『無量寿経』）から、「凡夫」が実践できないような条件をすべて取り除き、ひたすら念仏さえすればよい、という結論を導き出したのである。

平等の慈悲

『今昔物語集』の紹介のなかで見てきたように、慈悲は平等であってはじめて、慈悲とよぶに値する。もし、慈悲が不平等ならば、はたして慈悲とよべるのか。

法然は、戒律を守ること堅固であり、いわゆる「清僧」の誉れ高い高潔な人格者であった。それまでの仏教に満足する立場ならば、法然は個人として十分な成果をあげたといえる。しかし、法然にとって、すべての人々が仏になる道が鮮明でないかぎり、そしてその道を共に歩むという実感がないかぎり、仏教徒としての満足感はなかった。文字通り、一切衆生が仏になる道が求められていたのである。

そして、一切衆生が仏になる道が見出されたとき、すべての人がその仏道を歓迎したわけではない。法然の専修念仏を熱烈に歓迎したのは、従来の仏教から相手にされず、疎外されていた人々であり、逆に、法然らを弾圧するにいたるまで反発したのが既成教団の僧侶と彼らにつながる支配者層であった。専修念仏の受容者のなかには、一人の貴族もいなかったという（田村圓澄、前掲書）。こういえば、読者のなかには、法然に『選択本願念仏集』を書かしめた九条兼実がいるではないか、と反論される向きもあるかもしれない。だが、彼は法然が戒律を守る「清僧」であることに帰依していたのであって、彼自らが「専修念仏」者なのではなかった。

このように、平等の慈悲は、現実には支持者と不支持者とを生み、不支持者は激しい弾圧をもって臨んだ。皮肉にも、平等の慈悲の発見は、現実社会がいかに不平等に満ちた世界であるのかを明確にしたといえる。こうした不平等な現実のなかで、いかに阿弥陀仏の平等の慈悲を貫いてゆくか、これは今までの仏教徒が経験したことのない課題となってせまってきた。そして、先回りをすれば、その課題に取り組む前に弾圧され、弾圧を免れた者は保身に走って、この課題をないがしろにしたために、せっかく誕生した日本最初の「普遍宗教」も、その成果をあげないうちに変質を余儀なくされてゆくのである。

国家

法然の専修念仏が都の下層民たちに広く支持されるようになったとき、既成の大教団が攻撃を開始する。そのはじめが、南都の興福寺から発せられた「興福寺奏状《そうじょう》」（一二〇五年秋）である。これは、興福寺の僧・貞慶《じょうけい》が専修念仏の停止を求めて起草した朝廷への訴状であった。その内容は九箇条に及ぶが、その冒頭に、「新宗を立てる失《しつ》」がある。

この非難が「第一の失」として最初におかれたのは、それまでの仏教教団がすべて天皇の裁可によって成立してきたという歴史があるからであった。いうまでもなく、仏教は伝来以来、国家の守護のために存在を認められてきたのであり、その象徴が天皇の裁可にあった。

ところが、法然は朝廷に対して、新しい仏教の一宗を申請したわけではない。おのれの信ずるところにしたがって、それまでの仏教を一括して「聖道門《しょうどうもん》」と総称して否定し、あらたに、末法という時代と「凡夫」という人間の事実にふさわしい仏教として、「浄土宗」の樹立を一方的に宣言したのである。この行為は、従来の僧侶と官僚たちからすると、まったくもって「不当」というしかなかった。だが、今から見れば、日本の仏教史においてはじめて、国家権力とはいささかの関わりもなく、自らの宗教的要求にしたがった新宗の独立宣言がなされたのである。

この意義は、重い。なぜならば、法然においては、阿弥陀仏の誓願という救済原理が、世俗のいかなる権力よりも、あるいは、世俗のいかなる価値よりも優位におかれていたことを示すからである。朝廷といえども、阿弥陀仏の誓願からすれば、なにほどの価値があるというのか。

この救済原理の絶対化こそが、「普遍宗教」である資格にほかならない。世俗のいかなる価値にもまして、救済原理が優越してはじめて、宗教は宗教たりうるのである。なぜならば、そうしてこそはじめて、平等の慈悲も意味をもつのであり、救済原理が世俗の権力に屈しているかぎり、慈悲の平等は現実に実現することはないからだ。

すでにこれに先立ち、延暦寺からも専修念仏に対する激しい非難がなされ、法然もそれなりの対応していたのだが、それが生ぬるくていい逃れに見えたので、このような「奏状」が出されたのである。結果は、すでにみたように、弟子の安楽・住蓮らが死罪となり、七十五歳の法然は土佐配流となり、親鸞は越後流罪となった（一二〇七年）。

この処刑は、第一章でもみたように、当時の正式な手続きを経ていないという点で、後鳥羽上皇の一方的な強権発動ではなかったか、といわれている。とくに、死刑は「薬子《くすこ》の変《へん》」（八一〇年）の首謀者であった藤原仲成《なかなり》以来、三百五十年間、行われてこなかっただけに、権力者の恣意性が疑われている（平松令三『親鸞』）。

なお、法然の配流にあたって、最年長の弟子が、「老齢の御身で、御命が危ぶまれます。この際、表面上、「奏状」を受け入れて、専修念仏を中止し、内々に布教をなされてはどうでしょうか」と法然に訴えた。法然はたちどころに、「なにも世間の機嫌をうかがい、経典の真意を隠す必要がどこにあろうか」と、めずらしく激しく諭したという。伝記はつぎのように記す。「われたとひ死刑にをこなはるとも、この事いはずばあるべからず、と至誠のいろもとも切なり。見たてまつる人、みな涙をぞおとしける」（井川定慶『法然上人伝全集』）、と。法然の心意気が十二分に伝わる記述ではないか。

法然には、「護国」や「安国」といった国家への言及は皆無である。現世を「末法」、「末世」として、あるいは「厭離穢土《おんりえど》」という言葉のとおり、現世を「厭離」すべき「穢土」とみなしてきた法然にとって、阿弥陀仏の浄土と、浄土にいたる念仏がすべての世俗的価値に超越していたのであり、国家も朝廷も「穢土」のなかのちっぽけな陽炎にしかすぎなかったのであろう。

ちなみに、戦前の日本仏教に対する国粋主義者たちの弾劾・非難には目を覆うものがあったが、法然に対しては国家への言及すらないということが弾劾の理由であったという（中村元『東洋人の思惟方法』3）。法然にとって、なんと名誉なことであったことか。

現世と浄土

法然の専修念仏が、「普遍宗教」でありえた理由として、「凡夫」という人間観、それに「阿弥陀仏の誓願」という、例外なき救済原理をあげておいた。

ここで、さらにもう一つの要素をあげておきたい。それは、法然の「専修念仏」が「現世と浄土」という二世界を背景に構築されている点だ。

つまり、現世は浄土によってたえず相対化され、人々は、現世の営みを絶対化する愚かさからまぬがれていた、ということである。積極的にいえば、人は「凡夫」として平等であり、本願念仏以外は、すべて「虚仮」の様相を帯びているがゆえに、現世の営みはなんであれ、価値としては等しく、そこでは、およそ排除や差別は生まれようもない。

もう少し正確にいえば、現世の矛盾や不条理、苦しみ、哀しみを痛切に認識したがゆえに、現世は「虚仮」・「穢土」と認識され、その対極として浄土が構想されてきたのである。つまり、浄土と現世という二つの世界を前提にする「阿弥陀仏の誓願」を救済論として選ぶということは、現世の不条理を深刻に認めている、ということなのである。

この点、人が生きるのは現世だけだという、現世を絶対化する立場では、現世のもつ不条理は、運命論として思考の外に投げ捨てられる。あるいは、現世での成功や、成功を勝ち取ろうとする営みこそが、求める価値のすべてであり、その過程で生じる、差別や排除の対象となる人々は、不運か無能力であって、気の毒であっても「仕方のない」こととして無視される。排除や差別が生じる事態に対して、思考が停止するといってもよいだろう。

現代の人間には、浄土は空想か、力のないものの幻想、としか考えられないかもしれない。だが、人は、現実を相対化する空想や幻想なしには、生きてゆけない存在なのだ。仏教が浄土を必要とするにいたったのは、現世での人間の完成が不可能だ、と認識されたからにほかならない。現世で、世界のあらゆる「因・縁・果」を見通せる智慧が得られないという断念が、浄土を生み出した。未完成な人間が、現世でさまざまな愚かさを積み重ねながら、しかし、それに失望することなく、死後であっても、将来、仏という完成者となることができると空想することによって、現世の矛盾、不条理に堪えて生きることができる。それが浄土仏教なのである。

法然が「現世の生き方は念仏ができるかどうか、にかかっている」と説いたのも、現世がたんに「穢土」として全否定されて終わるのではなく、「専修念仏」さえ身につけることができれば、人生のどのような局面にも対処して生きてゆけるからであった。現実がどうであれ、ただ念仏することだけでよい、というのではない。ちなみに、法然は現世を「穢土」だからといって軽視することはまったくなかった。人として生まれた以上、長命を志し、充実した日々を送ることをすすめている。ただし、それらは本願念仏という支えがあってはじめて可能となる、ということである。

現世を、いかに念仏を支えにして生き抜いてゆけるのか、それは、すぐれて現代の問題でもある。最後の章で再度とりあげたい。

問題は、現世と浄土という二世界論のもつ実質的意義が、その後の歴史のなかで急速に失われてゆくことだ。言葉の上では、浄土や極楽は日常語化するが、浄土を求めざるをえない切実な現実認識は薄れてゆく。

その理由を追究してゆくと、中世以後の日本の生産力の向上という現実に行き着くであろう。現世で食べてゆけるようになると、人々の関心は現世に集中して、浄土は遠くなる。その結果、浄土はたんなる死後の世界となり、現実に対する批判力を失う。念仏はいつの間にか、死者のための鎮魂慰霊の呪術に戻ってしまう。あるいは、親鸞の門流では、覚如《かくにょ》教団以来、念仏は報恩感謝の念仏として、体制護持の呪文となり、本来の「仏道」（未完成者が完成者になる道）であることをやめてしまう。

こうした傾向は、近世の幕藩体制のなかで完成するが、それについてはすでに別に論じているのでここではふれない（拙著『宗教の深層』、『宗教は国家を超えられるか』）。しかし、生産力の向上だけが、浄土と現世という二つの世界を拒否しはじめた、ということではない。むしろ、これからのべるように、現世に絶対的な優位を与えようとする強い現世志向が、どうやら日本人の精神の奥深くに存在するのである。そして、その精神は、「煩悩」を凝視することに熱心ではない。それゆえに、ますます浄土は遠くなり、「現世と浄土」という二世界論は力を失ってゆく。それもまた、本願念仏のもつ「普遍性」を弱めることになる。

それは、法然滅後百年を待たずに現実となり、専修念仏は変質して、その普遍性を全面的に喪失してゆくのである。その理由を、つぎにまとめて考えてみたい。

第六章　普遍性の喪失——自然宗教の逆襲

専修念仏の変質

日本に成立した、最初の「普遍宗教」である法然の専修念仏は、法然からいえば、孫や曾孫《ひまご》の世代になると、大きな変化を遂げて、その普遍性を失ってゆく。その原因は、すでに言及してきたが、まとめてみるとつぎのようになろうか。

第一は、「凡夫」という人間観の喪失である。それを加速したのが時代の変化である。「憂き世」が「浮き世」に変化したことによって、人間の見方も、祓いの思想に見られるように、もともと楽天的であったが、さらに浅薄なものとなっていった。第二は、それから派生することだが、「浄土と現世」という二世界論が力を失い、生きてゆく土俵としては「現世」だけで十分だという「現世主義」の突出があげられる。これらはまた、日本の自然宗教的土壌に起因する。そういう意味では、「専修念仏」の「普遍性」は、自然宗教から逆襲をうけたということもできる。そして、第三は教団の成立である。

まず分かりやすい「教団」の成立から見てみよう。

1 教団の形成

法然の遺言

法然は八十歳で亡くなるが、六十六歳の時に大病を患い、遺言をしたためた。今に残る「没後起《き》請文《しょうもん》」がそれだという。そのなかに、つぎのような内容の一文がある。

「籠居の志のある遺弟、同朋らは、一か所に群会してはならない。その理由は、一か所に集まると仲良くしているように見えるが、集まればかならず争いを起こすものだからである。これは本当のことであり、心して慎むように。私の没後は、各々別々に住んで、会わないようにするのがよい。争いの原因は、人が集まるところにあるからだ。願わくば、弟子や同朋らは、各々静かに今までの草庵に住んで、（中略）けっして、一か所に群居して、争いを起こして忿怒を生じることがないように。恩を知る人は、けっしてこれに違うことがないようにしてほしい」（原文は漢文）。

この遺言は、法然が弟子らに、自分の没後のふるまいについてのべたものであり、それ以上のことではないように思われそうだが、私には、なにか特別の思いがあるように感じられる。

一つは、十年後に起こる、朝廷や南都北嶺による弾圧の危機を察知していて、その口実となるようなことは極力さけるという配慮であり、もう一点は、法然がこの遺戒によって、「浄土宗」には自分の没後はもとより、将来にわたっても「教団」なるものは必要ではない、と教えるためではなかったか、ということだ。

しかも、この一文は単なる遺言ではなく、神仏に誓って記された「起請文」なのである。法然の、決意のほどがうかがわれる一文ではないか。

では、法然は、どのような形式での宣教をのぞんでいたのであろうか。今となれば、その明確な手がかりを見出すのはむつかしいが、法然の説法等を丹念に読み直すと、布教上、指導者は必要であったろうが、彼らを中心に、小さなグループができれば、そうしたグループを中心に専修念仏の暮らしが実現できれば十分だ、と考えていたふしがある。

その根拠は、法然がなによりも、生活者のための仏教をめざしていたからである。法然自体は、死ぬまで僧侶のすがたを保っていたが、法然は、僧侶という形式にこだわっていたわけではない。専修念仏を実践してゆく上で、僧侶の形式が有効ならば僧侶になればいいし、在家の方が有効ならば在家でよい、という立場であった。一番大事なことは、「念仏ができるように現世を過ごしていく」ことだったのである。

また、生活者中心ということは、布教のための大きな組織をつくることはむつかしい、ということでもあろう。親鸞の場合も、関東の門弟たちへの手紙の宛先が「念仏の人々御中」とあるように、親鸞からの手紙を回覧できる範囲の集まりが中心であった。

私はこうした布教態度を見ると、ヨーロッパにおける宗教改革のもっとも急進的な宗派であった、クエーカー教徒を思い起こす。彼らは、「洗礼」などの儀礼や儀式はもちろん、いかなる権威も認めなかった。「教会」を名のることもしなかったし、牧師などの聖職者も認めなかった。もっぱら「友の会」で十分であったのであり、そこで「内なる光」に忠実に生き、平和主義と平等主義に終始したという（阿部知二『良心的兵役拒否の思想』）。

法然の専修念仏も、本来ならば、ほぼ同じ道を歩むはずではなかったろうか。法然は、いずれ政治的弾圧を免れないと考えていたのか、主だった弟子たちを、それぞれの出身地や地方に送り出していた。そして、彼らは、ときには僧侶をやめて大工となり、地域に根差した姿で、念仏の教えを広げようとしていた。そしてある程度、それは成功したのであろう。しかし、法然滅後の教団形成と弟子たちによる信者の争奪戦のなかで、小さな念仏者集団は失われていったように思われる。

法脈と血脈

法然の没後四十五年に出た『私聚百因縁集《しじゅうひゃくいんねんしゅう》』には、法然の専修念仏は、五人の門弟に率いられている、とあるが、そのなかの一人であった聖光房弁長《しょうこうぼうべんちょう》の弟子となった良忠《りょうちゅう》（一一九九―一二八七）が、現在の「浄土宗」教団を創建した。ちなみに、この五人には親鸞はふくまれていない。

その経緯については、先行研究が多数存在するので割愛するが、私が注目するのは、良忠が、子息の寂恵に、源空（法然）・弁長（聖光房）・良忠の三代にわたって伝授された教えを譲り渡すから、宣教に励めという趣旨の文書を遺している点にある。

ここには、法然・弁長・良忠の三代にわたる「法脈の伝持」が「正統」として強調されている。この「法脈の伝持」こそが、教団という集団の存在意義となるのであるが、他方では、それこそが、阿弥陀仏の本願という普遍的救済原理の発動を限定し、矮小化する第一の理由にほかならない。

良忠は、没後七回忌に「記主禅師」という称号を、伏見天皇から与えられている。「記主」とは、「宗の典拠となる著作の作成者に贈られる称号」（梶村昇『聖光と良忠』）といわれるから、この段階で、「浄土宗」という教団がはっきりと世俗的権威の裏付けをもって、機能しはじめたといえるであろう。

なお、念のためにいっておくと、法然の「浄土宗」は、教団の意味ではなく、専修念仏の教えを今までの仏教と区別するための旗印なのである。当時の仏教の諸派は、すべて朝廷の公認によって認められた国家仏教であるが、法然は、そうした公認を得ることなく、自らが見出した仏教を「浄土宗」と名乗ったのである。そこには、すでにふれたように、「教団」設立の意志はない。実際、法然とその主だった弟子たちは、生前に一寺も建立していないし、その意志もなかった。弟子のなかで最初に寺院を建立したのが、専修念仏の弾圧がはじまると、いち早く専修念仏の仲間を裏切って天台宗に復帰した証空であったことも皮肉であろう。

ところで、良忠の「法脈」の三代伝持という考え方に、さらに「血脈」を加えて、新たな教団確立の原理とした人物がいる。それが、本願寺教団を創設した覚如（一二七〇―一三五一）である。

覚如は、親鸞の曾孫にあたるが、彼の生涯の目標は、京都東山にあった親鸞の墓所を寺院に格上げしたうえで、浄土仏教における親鸞の地位を絶対化して、さらに、親鸞の血筋を引く者が教団の中枢を占めるようにすることであった。覚如の用意した寺号の「本願寺」は、一三三三年の令旨には用いられているから、そのころには一般化していたのであろう。覚如の六十四歳のころである（重松明久『覚如』）。

それにしても、覚如はなぜ親鸞の絶対化にこだわったのか。それは、法然門下による信者の争奪もさることながら、それ以上に、親鸞門下の有力弟子たちとの信者獲得競争に勝ち抜くためであった。

そのために、覚如もまた、親鸞・如信（親鸞の孫）・覚如という三代の「法脈伝持」を強調する。しかし、不思議なことに、この伝持には、親鸞の師であった法然の名はない。覚如にとっては、親鸞からはじまる「法脈」にこそ意味があるのであり、法然からはじまる「法脈」を認めることは、法然門下にとどまることになり、それでは親鸞の絶対化は不可能となる。

法然門下にとどまることを拒否し、親鸞を開祖とする新たな教団を組織するために、覚如は、親鸞門下にあった法然色の払拭につとめる。たとえば、戦後の国宝の修理調査から判明したことだが、親鸞の肖像画として有名な「鏡の御影」には、もとは法然の『選択本願念仏集』の一文があったが、覚如は改装にあたり、それを抹消している（現存の「鏡の御影」については、宮崎円遵「親鸞の寿像鏡御影私考」が詳しい）。

また、自らがつくった「親鸞聖人伝絵」(『本願寺聖人伝絵』)では、親鸞を阿弥陀仏の化身とし、法然は勢至菩薩の化身にとどめている。勢至菩薩は、阿弥陀仏の脇侍でしかない。そして、「いまの行者、あやまりて脇士(勢至菩薩のこと)に仕うることなかれ。ただちに本仏をあおぐべし」と、法然よりも阿弥陀仏の化身である親鸞に帰依せよ、と教えているほどだ(重松明久『覚如』)。

とくに、覚如が強調するのは、「血脈の伝持」である。「法脈の伝持」が強調されたのは、当時の天台宗において、「口伝法門」とよばれる、師資間の口伝を重視する風潮の影響もあったのであろう。だが、法の伝承の上で血脈を不可欠とするのは、覚如がはじめてではないか。そこには、親鸞のすぐれた門弟たちとの信者獲得競争に勝つためには、親鸞の血筋であることを強調するのが、一番有力な戦略だという見通しがあったのであろう。

このようにして覚如は、東日本から中部地方や北陸一帯に広がっていた、親鸞の門流を精力的に統合してゆく。たとえば、親鸞の孫弟子である如道《にょどう》(一二五三―一三四〇)が率いていた念仏者集団を異端として攻撃し、配下におさめてしまう。如道たちは、「阿弥陀経をも読まず、六時礼讃をも勤行せず、男女行道(行列を組んで仏像の周りを回る)して、六字の名号ばかり唱えて、親鸞の作った和讃を詠い、肉食などの不浄も無視し、袈裟衣、数珠なども使用せず、死人の追善としての卒塔婆をもたてず、禁忌などもいっさいなかった」という(「愚暗記」、井上鋭夫『一向一揆の研究』所収)。ここには、専修念仏の、もっとも素朴な姿が伝承されていたというべきであり、こうした原理主義が姿を消していったのである。

それだけではない。覚如の親鸞絶対主義がもたらした、もっとも深刻な問題は、本願寺の宗主（「法主」、「門主」）が信者たちの生殺与奪権をもったことである。つまり、「阿弥陀仏の代官」として破門権をふるったのである。

その根拠の一つとして覚如自身があげているのは、『無量寿経』にある第十八願の成就文といわれる「聞其名号信心歓喜《もんごみょうごうしんじんかんぎ》」の「聞」という文字の解釈である（『願々鈔』）。この「聞」という文字について、覚如は、阿弥陀仏と衆生を仲介する「善知識《ぜんちしき》」（指導者）から聞け、と解釈する。その「善知識」は、本願寺宗主にほかならない。

さらに、法然滅後の門弟たちや、彼らにつながる念仏者のなかには、法然の命を懸けて説こうとした「阿弥陀仏の誓願」という救済原理を無視し、ほかの救済原理や修行と並列して、「浄土宗」本来の意味を変質させてゆく傾向もまた生まれてくる。

たとえば、関東の浄土宗の事実上の創始者といわれる聖冏《しょうけい》（一四二〇没）は、「五重相伝」という、信心を伝達するという行事をはじめたり、本願念仏のほかに「阿弥陀如来根本陀羅尼」という梵文《ぼんぶん》の読誦をはじめたりしている。しかし、後者は、民衆にはその意味は分からず、呪文としてしか機能していない。この陀羅尼は真言宗のものだが、こうした、呪術的要素がふえてゆくことや、「相伝」という一種の神秘主義の強調は、法然の専修念仏の普遍性を著しく弱める結果となった（中村元『東洋人の思惟方法』3）。

こうした事例は、法然が本願念仏を選択する上で必須の前提とした、「凡夫」という人間観が失われた、あるいはやせ細ってしまった、という証左でもあろう。田村圓澄も、法然・親鸞以後の後継者たちのなかに、法然や親鸞が体験したような「人間悪」の自覚に触れた人を見出すことができない、と指摘している（『日本仏教史』3）。これは深刻な問題といわねばならない。なぜならば、「凡夫」は、特定の人間のいだく人間観ではなく、およそ人間であるかぎりまぬがれることができない事実なのであるから。その事実に目をつぶる教説に、普遍性を見出すことは不可能であろう。

蓮如教団

覚如から五代後の蓮如（一四一五―一四九九）の時代になると、本願寺は次第に守護領国制に組み込まれてゆくが、そうした教団の世俗的強大化のなかで、本願寺宗主は専制君主となんら変わらない位置を占めてゆく。

蓮如は本願寺の中興の祖といわれるが、晩年の教勢は、近畿、東海、北陸に広がり、信長の統一という政治地図の完成に先立って、宗教王国という地図をつくりあげていった。その領国支配の方法は、十三人の子息を一人は本願寺の跡継ぎとし、残りを各地の要衝に配置して、強大化した本願寺の経営にあたらせるというものであった。彼らは「一家衆」、「御一家」とよばれたが、こうした血縁者を領国支配の要に用いるのは、のちに徳川家康によって継承されてゆく。

このような宗教王国において、蓮如自身は、同朋主義による布教をめざすが、教団の組織全体の意志は、宗主と「一家衆」らの専制によって決定されてゆく。その傾向は、蓮如以後ますます顕著となるが、たとえば、蓮如の六男・蓮淳による本福寺門徒の奪取はその典型であろう。

蓮淳は、第九世実如の弟であると同時に、第十世となった証如の外祖父でもあった。彼は、一揆と戦国大名との抗争がたかまるなかで教団の安泰をはかるために、強力な統制を実施してゆく。とくに、覚如以来の破門権（「勘気《かんき》」とよばれた）の行使に執心した。

蓮淳は、琵琶湖畔の大津に居を構え、そこを拠点にさらに本願寺の勢力拡大をはかるが、その際、同じ湖畔の堅田にあり、湖上の交通権を支配していた本福寺門徒を、本福寺から奪って直参化しようとする。

蓮淳から攻撃された本福寺門徒たちは、かつて蓮如が比叡山延暦寺によって京都を追われた際には、蓮如を堅田に迎えて住まいを提供し、さらに比叡山との和睦のために巨費を寄進して蓮如に尽くした、いわば本願寺にとっては恩義のある門徒たちであった。蓮淳は、そうした恩義など一切考慮せず、彼らの財産と社会的勢力をおのれの配下におくことだけに関心があった。

蓮淳は、本福寺門徒たちに、陰謀と策略、ゆすりとたかりをくり返して、直参化を強行してくる。それに対して、当時の本福寺門徒のリーダーであった明宗は、本福寺は本願寺の直参ではないとして、本福寺門徒の奪取を拒否し続けた。その結果、永正十五（一五一八）年に最初の「勘気」を受け、さらに九年後に二度目の「勘気」を、そしてその五年後に三度目の「勘気」を受けて、ついに本福寺はその財産、所領のすべてを失ったばかりか、身内に飢え死にするもの十人、一家離散するものも多数出る始末となった。

明宗はその理不尽を歯噛みして堪えるしかなかったが、その詳細を記録して後世に残した。『本福寺旧記』とよばれる一連の文書類である。それによると、ひとたび「勘気」を蒙ると、坊主たちであれば、「行き方もなく、散り散りに、別れ別れに、行き方知らず。乞食死・凍死・餓死、路地・海道・堀・せせなげ（溝）に倒れ死ぬる」ことになり、門徒衆であれば、日常に欠かせぬ火種のやり取りも不可能となり、一般の門徒も「勘気」にあった門徒と目を見合わせただけでも無間地獄へおちる、と脅された。このような、蓮淳らの専横に苦しんだ明宗は、「御一家」には、「芥子粒を千に割って、その一つなりとも心を許すな」と遺言することになった（千葉乗隆編著『本福寺史』）。

なんら迫害を受ける理由もない本福寺に対する蓮淳らの強奪・弾圧は、今からいえば犯罪行為というしかないが、とりわけ、念仏を口にしながら、人を死に追いやることに疑いをもたない組織は、もはや念仏者の集団ではなかった。その末路が、織田信長と十一年間にわたって戦った石山本願寺一揆であった。そこでは、どれほどの念仏者が殺され、また彼らがどれほどの非念仏者を殺害したことか。

さらに、蓮如によって強大化した本願寺教団において、見逃すことができない現象が生まれた。それは、親鸞崇拝の強化である。本山には、親鸞の木像を本尊とする「御影堂」という建築物があるが、それは、阿弥陀仏を本尊とする「阿弥陀堂」よりもはるかに巨大に造られている。阿弥陀仏を礼拝するよりも、「親鸞聖人」を礼拝するのが、真宗門徒なのである。

このような、阿弥陀仏よりも「親鸞聖人」を礼拝する風潮は、まぎれもない人師崇拝であり、天皇崇拝と根を同じくする。それは、本書で問い続けている、日本人の精神のもっとも深い闇につながる問題といわねばならない。法然にはじまった「普遍宗教」としての専修念仏は、ここにいたって完全に変質したといわざるをえない。

脱カリスマ崇拝の試み

話は、一挙に一九二九年にとぶが、鈴木大拙《だいせつ》（一八七〇―一九六六）は真宗の将来について、つぎのようにのべている。「一体、真宗ほど矛盾した教へはない。あれは俗人の宗教なんだから、寺などいらぬものだ。あんなものは焼き払つた方がよいのである。然し、焼くのも勿体ないと云ふなら、壊して、無産者にバラック住宅でも建ててやるがよい。そして、それらの中に生活して、念仏を申して居ればよいのだ。そこにこそ、真の真宗は更生するのだ。然し、まあ、さう急劇なことも出来ぬだらうから、少なくとも、其の精神だけは有つて欲しいものだ。革命を叫ぶやうだが、実際、古来宗教の更生など云ふものは、皆、徹底した大革命に違ひないのだ。乱暴に見えるものだ」（「余の他力観」）。

また、一九四五年の敗戦後には、つぎのように警告を発している。「真宗にお寺があるのが間違いなのである。あれは旧来の仏教を真似たもので真宗本来の精神ではないのである……真宗は在家宗で、その「僧侶」なるものは、また俗人なのである。「非僧非俗」でなくて全くの俗人である。それでよいのである」（「仏教の直面する実際問題」）、と。

大拙の過激とも見える意見を引用するのも、日本の「普遍宗教」を忠実に継承しようとするならば、どのような集団のあり方がのぞましいのか、という問題への取り組みが欠かせないと考えるからである。なぜならば、「普遍宗教」の普遍性は、教義の普遍性だけにとどまるのならば、観念論に終わるのであり、実践によってはじめて、その普遍性が実証されるのであるから。その意味で、普遍宗教を論じる際には、その組織論の検討が不可欠となるであろう。

この点、思い起こすことがある。それは、明治期の東本願寺教団における清沢満之《まんし》(一八六三―一九〇三)らの教団改革のことである。改革の結果は、失敗であったが、その教訓を経て、清沢は教団ではなく教団の外に結社をつくって、親鸞の仏教を伝えようとした。しかし、それも彼自身が早く逝ったために、清沢の意図は十分には生かされなかった。

しかし、その改革精神の細流は、一九六〇年代から大きな力をもつようになり、やがて「法主」制度の廃止と「門首」制度の新設という成果を生むことになる。その改革運動は、本書の筋道からいうと、日本で唯一生まれた反カリスマ、脱カリスマ運動の試みであった。

その内容を簡単に紹介すると、つぎのようになる。一九四六年に制定された真宗大谷派(東本願寺)の「宗憲」(宗派における「憲法」に相当する)には、覚如以来の「法主」のあり方が明文化されている。つまり、「法主」は、親鸞の血を引く大谷家の当主であり、法脈と教団の統治権、宗教法人の代表権を一身に兼ねている、いわば絶対専制君主であった。だが、改革運動を経た後の、一九八一年に制定された新しい「宗憲」では、「法主」は「門首」と改められて、「門首は僧侶及び門徒の首位にあって、同朋とともに真宗の教法を聞信する」(第四章第十五条)となり、その前文には、「この宗門の運営は、何人の専横専断をも許さず、あまねく同朋の公議公論に基づいて行う」(『真宗』一九八一年九月号)となった。

これにさきだってなされた「真宗大谷派宗憲改正――提案の趣旨」では、「法主・管長制を廃し、門首制に」という項目のもとにつぎのような説明がなされている。「教法が血統によって伝承されるということは、真宗の教義に悖るばかりでなく、教法が今日まで無数の念仏者によって伝承されてきた事実に反し、(また信心の当否を法主が決定するのは、)「弟子一人ももたず」と仰せられた宗祖のご精神に反する」とし、さらに、「法主」は本願寺御影堂留守職に戻るべきだ、としている(『真宗』一九八一年七月号)。

東本願寺の「宗憲」改革運動は、明治の旧憲法から戦後の新憲法への移行を、三十五年遅れて成し遂げられたものと見ることもできるが、日本国憲法が占領軍の権力を背景に成立したのに比すると、教団を成立させている根本精神に基づいて、自主的になされたことは十分に注目されてよい。

ただし、この運動に深く関わってきた宗務総長・能邨英士《のむらえいし》は、あるとき私につぎのように洩らした。「今(一九九〇年代から二〇〇〇年はじめにかけて)は、運動も活気を呈しているが、少しでも油断すると、たちまち「生き仏」(法主=親鸞の子孫)信仰が復活して運動は後退する」、と。この危惧は、現実のものとなった。その後、十年を経ずに、運動はすっかり鳴りを潜めてしまった。信仰の衰弱はもとより、マンネリズムのもたらす安逸にどっぷりと身を浸した世襲制の僧侶たちは、同朋主義が身に及ぶことを怖れて、改革運動の持続を放棄したのである。

それにつけても、思い起こすことがある。それは、一向一揆に敗れて国払いとなった加賀門徒の一部が、その後、今の秋田県の一地域に移住し、現在にいたるまで、一族が続いているという村を訪れた時のことである。村の人によれば、移住以来、五百年以上の風雪に堪えて一族が結束してきたのも、「一向宗」(真宗)の信仰が生きていたからだという。集落の家は、どれも「内仏」(仏壇)が中心に置かれていて、家というよりは寺が普通の住宅になったような構造をしている。つまり、「道場」形式なのである。そして、今でも毎月、各戸持ち回りで「講」が開かれている。主導するのは、「親方」とよばれる総本家の主人だという。村には個別の墓はなく、「総墓」とよばれる大きな石造りの墓があり、村人はすべて死後、そこに祀られてきた。

このように、覚如にはじまり蓮如によって完成した本願寺教団の信仰が人々の結束を高め、人々に生きる勇気を与えてきたことは確かだが、この村の人々が、親鸞やその血統にある法主崇拝からどれだけ自由であったのか。連枝(歴代法主の親族)の筆跡を誇らしげに飾る村人からは、残念ながらその証拠を見つけることはむつかしかった。ましてや、天皇に対しては、普通の村以上に尊崇の念が行き渡っている。親鸞崇拝と天皇崇拝は、おどろくほどいきいきと生き続けていた。

こうした様子を見るにつけても、「法主」から「門首」へという、脱カリスマ崇拝の運動は、教団指導者たちの一部の情熱にとどまり、教団を構成する広範な門徒たちの心を、十分にはとらえてはいなかったことがよく分かる。ここにも、自然宗教の根の深さが思いやられる。しかし、現実の教団が組織を挙げて普遍性の回復への道を開くことができないのであれば、普遍的宗教へのやみがたい要求をもつものが、自分たちでそれぞれにその道を探せばよいだけのことであろう。法然の遺言を、思い出せばよいのだ。

2 「自然宗教」の威力

「神国」気質

専修念仏は阿弥陀仏一仏だけに帰依することを教えるが、その結果、諸仏や神々が軽視されることになった。それが専修念仏の弾圧の口実になったが、とりわけ、神々を拝まないという神祇不拝は、専修念仏を信じない人々にかえって神々への信仰を強化する傾向をもたらした。また、旧仏教が生み出した「本地垂迹説」があらためて説かれて、その価値が強調されるようにもなる。さらに、専修念仏の流行に否定的な人々の間で「神国」意識が強まることにもなった。そのために、浄土の彼岸性が失われることになってゆく。

とくに、神祇不拝や諸仏軽視に対する批判が強かった。というのも、当時の社会では、村々にいくつもの神社や祠があるように、祭りのときはもとより、日常の暮らしのなかでも、神々に現世の安穏を祈ることが普通の習わしであり、それだけに、そうした神々への崇敬の念や祈願を否定する専修念仏の教えには、おおきな抵抗があった。また、南都北嶺や高野山につながる諸堂も村々にはかならず存在していて、諸堂を中心とする仏事もまた、村の安寧と繁栄を祈願するものであった。それを、同じ仏教の名で否定しようとするのであるから、反発が強かったのも当然であろう。

そうした心情は、一言でいえば、「自然宗教」が涵養してきた「神国」気質ということができよう。「神国」とは、日本の国土が神々の支配下にあることを意味するのであり、そこに住む人民や国家は、神々の擁護のもとに存在している、と考えられた（黒田俊雄「中世国家と神国思想」）。こうした「神国」意識は、現実に目の前にある世界を動かしがたい「秩序」とみなす意識でもあり、異教の進出や外部からの圧迫などで目覚めることが多い。専修念仏の出現は、そうした覚醒の機会を与えることになったといえる。

たとえば、法然没後、七、八十年後に成立したといわれている無住（一二二六―一三一二）の『沙石集』には、つぎのような話が出ている。

九州に「浄土宗」（現在の宗派の意味ではない）の信者がいた。彼は、土地の神社の経費をまかなう神田について、台帳に記載されている面積のとおりになっているかどうかを調べた。その結果、余分の田が発見されたのだが、なんと、彼はその余分の田を自分のものにしてしまった。

そこで、神社の社僧や神官らが訴え出たが、鎌倉幕府は訴えを退けた。彼らは、なおもあきらめきれずに、再三再四、余田を返すように訴えたが、まったく取り合われなかった。そこで、神官らは、「呪詛するぞ」と脅かしたが、当の「浄土宗」の信者は、「私はこわくない。どうぞ呪詛するなら好きなように。そもそも浄土門の行人は、神を恐れることはないのだ。阿弥陀仏の救いを蒙った以上は、神といっても私を罰することなどできないのだ」と、彼らをからかい、嘲った。

そこで、神社の役人たちは怒り心頭に発して、呪詛した。その結果かどうか、「浄土宗」の信者はまもなくして悪病にとりつかれて、精神もおかしくなった。そこで、その男の母が大いに恐れて、病の息子にむかって、「私に親孝行をすると思って、あの神田を返して、神さまに謝ってほしい」と、泣く泣くたのんだが、息子は一向に聞きいれなかった。

そのうちに、息子の病も重くなり、命も怪しくなったので、母は自ら巫女をたのんで神を降ろして、息子に謝りをのべさせようとしたが、当の息子は、頸をねじって、「神がどうした！」というばかり。母親は巫女に憑いた神を穏やかにとりなそうとして、「病人は神田を返したいと申しています。この度は、命ばかりはお助け下さいますように」と申したところ、巫女はカラカラと笑って、「頸をねじって、神がどうした！　というような者を許せるものか。なんと汚い心の持ち主であることよ。私は十一面観音の化身である。本師の阿弥陀仏の本願を頼み、まことの心があって念仏をするのなら、いかにも可愛くおぼえ、尊いとも思うであろうに。これほどに汚く濁り、道理にかなわない心では、どうして本願に相応しいといえようか」といって、弾劾の印である爪はじきをして涙をこぼしたので、この様子を聞いていた人もみな、涙を流した。息子のねじった頸は、元へは戻らず、ついに死んでしまった。その後、その母も死に、この家は、結局絶えてしまった。

作者の無住は、この話を「浄土門の人、神明を軽んじて罰を蒙ること」（巻第一（一〇）、原文は片仮名）、として紹介している。つまり、専修念仏者の「神祇不拝」といっても、「神の威力」の前ではいかに力を失うか、を強調したのである。

無住は、もともと旧仏教界の重鎮であり、旧仏教を全否定した専修念仏を快くは思っていなかった。その上に、旧仏教界では、神々の本体は仏だとする「本地垂迹説」が奉じられていたから、神祇不拝の風潮に対して、この際、神祇不拝の誤りと「本地垂迹説」の正統性、とくに神仏を同体と見ることによってのみ「現世の秩序」も保たれるということを、はっきりと打ち出しておく必要もあったのであろう。

現世の秩序

また、『沙石集』にはつぎのような話も収録されている。

鎌倉のある金持ちの家に、一人の召し使いの女がいた。彼女は熱心な念仏の信者で、正月の元旦に祝いの膳を給仕している時も、思わず念仏を唱えた。するとそれを聞いた主人は、「なんと忌々しいことか。人が死んだときのように、念仏をするとは」と、彼女を激しくとがめて、あまつさえ、銭を焼いて彼女の頬に焼きつけるという折檻までも強行した。主人は、もともと物忌みや祝い事にはきびしい作法を要求する人であったから、元旦という目出度い日に死者を思わせる念仏は、文字通り不吉とみなされて折檻に及んだのである。

折檻を受けた召し使いは、念仏のためにどのような咎をうけることになっても、それには堪える覚悟があったので、痛みを感じなかったという。

ところで、彼女を折檻した主人自身もまた、熱心な浄土教信者なのであった。彼は、持仏堂を構えて阿弥陀仏像を祀っていた。年の初めの勤めをしようと、持仏堂に入って阿弥陀仏像を拝すると、仏像の頬に銭の跡がついているのに気づく。よく見ると、召し使いの女に折檻をした場所とおなじである。念のために、召し使いを呼び寄せてみると、彼女の頬には疵《きず》もない。主人は驚いて、慙愧《ざんき》懺悔《ざんげ》して仏師をよんで金箔を貼り直させたが、疵はすべて隠れることはなかった。それ以来、「金焼仏」と称されて有名になった、という。（巻第二（三）「阿弥陀仏利益事」）

それにしても、主人は、どうして召し使いの女性の念仏を、これほどまでに激しく忌避したのであろうか。同じく仏教徒、しかも浄土教徒ではないのか。

だが、さきにふれておいたように、専修念仏者と、普通の念仏者の間には、大きな違いがあった。

専修念仏者は、阿弥陀仏の本願を信じて、ひとすじに念仏の暮らしを営んだ。ひとすじに、ということは、法然の言葉でいえば「行住坐臥」の区別なし、ということであり、当然、念仏を口にする時刻に制限などなく、また、正月だからという暦上での約束事とも無関係であった。

それに比べると、普通の念仏は、天台宗の源信が唱えたもので、まず貴族階級に受け入れられた後に一般にも広まった。それは、もっぱら臨終の安楽と死後の往生を約束していた。このような念仏は、現世の約束事を破ってまで実践するものではなかった、といえる。

召し使いの念仏は、あきらかに専修念仏であり、主人の念仏は源信流の、貴族社会に流通していた念仏なのであった。二つの念仏の差異をよく示す話といえるが、無住がこの話を引用したのは、薬師仏や観音、地蔵菩薩といった、当時の人々に親しい仏たちの現世利益がいかに大きいものであるかを紹介するなかの、阿弥陀仏の項目において記されている。つまり、阿弥陀仏もまた熱心な信者には、思いも及ばない現世利益をもたらしてくれるのだ、という意味で紹介しているのであり、専修念仏を称讃しているわけではない。

無住が力をこめて諸仏の「現世利益」を強調した背景には、仏教がややもすると、出家者の宗教とみなされて、在家の人々に具体的な恩恵を説くことが少なかったという反省も加わっているのであろう。

ところで、この話をここで紹介するのは、無住とは別の理由からである。それは、召し使いの女性が元旦に念仏したことが激しくとがめられている、という点にかかわる。この点に注目したのは、高取正男である。

「正朔の日」（正月の元旦と月の朔日）に念仏を忌むことは、念仏が死者のイメージに結びついているというだけではなく、「正朔の日」そのものが「現世を秩序づけている暦日の基本になる日」（『神道の成立』）であり、いわばハレのなかのハレの日だからなのである。

なぜ暦日が「現世の秩序」にかかわるのか。中国で司馬遷の時代に、「太初暦」という新暦が公布されたときのことについて、川勝義雄はつぎのように説明している。「太初暦の数値体系は単に暦にかかわるだけではない。それは音律の音階から度量衡の単位・一年の日数などに至るまで、陰陽の数的原理によって、世界を一貫した数値体系にはじめてまとめあげたものであって、太初暦もまたそのような統一的な新しい世界秩序の一環にほかならなかった」（『中国人の歴史意識』）、と。

このように、前代では暦そのものがたんなる時間の経過を示す手段ではなく、「現世の秩序」を示す役割を担っていた以上、暦日中の暦日である元旦では、死のイメージを濃く宿す念仏だけではなく、およそ、不吉で不浄なものは一切、拒否されることになっていた。つまり、ハレの日に、穢れを去り、吉方とされる方角を意識し、縁起物を食して身を慎むという行為が、「現世の秩序」の再生を意味したのである。主人にこのような意識が満ちていたために、召し使いは激しい叱責を蒙らねばならなかったといえる。

民衆にとっては、現世は苦しみの連続であり、現世に絶対的価値を認める必要など、どこにもなかったはずだ。だが、現世の不安を解消するために、貴族社会がつくりだした「忌み」の観念を自分たちも受け入れざるをえなかったのであろう。それが、のちには「三不浄」ともなったのである。「三不浄」とは、死、血、産を穢れとして忌避する俗信である。

一昔前の日本では、こうした穢れを忌避する心情がきわめて強く、柳田國男によれば、正月に仏事を忌み避ける習慣もごく普通に見られた、とつぎのように記している。「正月も寺年始（寺院に正月の挨拶に行くこと）は四日からときめてあって、その前に注連をはずし松（松飾のこと）を取り、法師に注連縄の下をくぐらせぬという法則を守っている土地もある。十二月二十五日を念仏の口止め、正月十六日を口明け（念仏を口にしてもよい日）とも鉦起こし（念仏と一緒に使う鉦を叩いてもよい）ともいって、その間だけは仏名を唱えさせぬという習慣も弘く行われ」（『日本の祭』）、と。「正朔の日」に念仏を忌み嫌うのは、こうした背景があってのことであったが、専修念仏からいえば、ここにもまた自然宗教的慣習から思いもかけない逆襲をうける口実があった、ということになろう。

それだけに専修念仏者は、死穢などの忌みを重視する習俗との争いを長期にわたって続けることにもなる。その結果、専修念仏者、とくに真宗の門徒たちは、このような習俗に縛られない生活を実現してゆくことになるが、そのために、一般の人々から真宗門徒は「門徒もの知らず」とか、地域によっては「かんまん宗」と呼ばれることになった。「かんまん」とは、方言で「かまわない」という意味だが、それは、真宗門徒が日柄、方角などのタブーを一切気にしない、ということから生まれたという（児玉識「周防大島の「かんまん宗」（＝真宗）とその系譜」）。こうした習慣の一部は、今も真宗の盛んな地域では生きている。いわば、専修念仏と自然宗教との力関係を示す名残であろう。

浄土の「聖地」化

神祇不拝に対する反動として、「本地垂迹」論が強調されるなかで、さらに、阿弥陀仏の浄土を「神国」の内部にとりこむ動きが出てくる。つまり、阿弥陀仏の浄土は、現世のなかの霊地・霊場となり、聖地と化してしまったのである。

この反撃は、専修念仏の根幹にかかわる。なぜならば、現世と浄土の間にある絶対的な断絶が、さきにふれておいたように、「自然宗教」的な「この世とあの世」の連続性に解消されてしまったことを意味するから、である。

そもそも、法然の専修念仏では、浄土と現世の間には絶対の断絶がある。人が浄土に生まれるのは、死んでからのことである。生きながら、浄土に行くことはない。法然の浄土には、天台宗や真言宗などが主張する「常寂光土」や「密厳浄土」といった、現世に出現する「浄土」というイメージは一切存在しない。彼岸と此岸の譬《たと》えでいえば、法然の浄土はあくまでも彼岸に想定されているのであり、此岸に「浄土」が生まれる余地はない。

その理由は、人間が凡夫であるからだ。凡夫は、いかに修行に励んでも、現世で仏になることができない。死によって、煩悩の巣窟である肉体から解放されたとき、はじめて、仏になることができるのであり、生きたままで仏になることはできない、という断念こそが、法然の本願念仏を支えている。凡夫にとっては、現世はあくまでも「穢土」であり、「虚仮」なのであり、阿弥陀仏の「浄土」だけが真実なのである。そして、現世と浄土を結ぶものこそ、阿弥陀仏の本願に裏付けられた念仏という行為なのである。

では、なぜ「神国」主義者たちは、浄土と現世にある断絶を解消することに成功したのか。それは、彼らが「凡夫」という人間観を知らなかったからである。たしかに、当時の人々は、専修念仏者でなくとも、現世は苦しみの世界であり、絶望が支配していて、「あの世」に希望を見出すしかないという点では、共通した状況にあった。

だが、彼らは、苦しみや絶望からの解放を祈願するだけで、おのれを「凡夫」として意識することはなかった。なぜなら、「凡夫」という認識自体が、専修念仏の教えにふれないと生まれないものであったからである。

この結果、「現世安穏・後生善所」(生きている間は神々の力によって安穏に、死ねば仏の力で極楽へ生まれる)という一対の言葉が力をもってくることになった。つまり、阿弥陀仏のはたらきは、「現世」に生きるものにとっての支えとなるのではなく、死後の極楽行きを保証する仏に変質してしまったのである。阿弥陀仏は現世の安穏をもたらす仏ではなく、死後の成仏、つまり「後生善所」を約束するだけの仏になってしまった。それは、法然以前の阿弥陀仏のイメージであり、念仏も死後を保証する呪術にもどってしまった、といってもよいだろう。

そして、「現世」に「安穏」をもたらすのは、神々のはたらきなのであり、神々の擁護・守護があらためて強調されることになる。その結果、現世のことは神々の力をたのむべきであり、仏は後生に力を発揮する存在だという分業が強調されることになった。

このようにして、日本国中に霊場・霊山・聖地が確立される。黒田俊雄によれば、その数は『神道集』(十四世紀中に成立)によると、日本全国でおよそ一万三千七百余りにのぼるというが、いずれも仏の垂迹するところであり、民衆を救済するため、と説かれている。もとより、こうした霊地・霊場は、専修念仏の成立以前から存在するものも少なくない。だが、それらにも、阿弥陀仏の浄土を念頭において、新たな解釈が施されるようになった(黒田俊雄「中世国家と神国思想」)。

阿弥陀仏の浄土が現世での霊地・霊場の一つになったということは、阿弥陀仏の本願という救済原理が無用になったということであろう。人々は、従来どおりに、諸仏に「後生善所」を祈願すればよいのであり、阿弥陀仏の本願を頼む必要はない。祈願は、所詮、欲望の一種である。阿弥陀仏の浄土を失うことによって、生死を貫く救済原理への関心が失われ、呪術的精神だけが生き残ることになった。

シャーマニズム

黒田俊雄は、専修念仏が神祇不拝を貫き通せなかったのは、専修念仏が神祇の保証する「現世安穏」をうわまわる教説を具体的に明らかに説くことができなかったからではないか、と指摘している。具体的にいえば、親鸞が「弥勒等同《みろくとうどう》」（「便同《びんどう》弥勒」、「正定聚《しょうじょうじゅ》」、「諸仏等同」ともいう）を説いたことをさす（「中世国家と神国思想」）。

「弥勒等同」とは、専修念仏の信者はその信心が定まると、弥勒菩薩に等しい境地を得ることができるという意味であり、親鸞は「正定聚」という言葉も使用する。「正定聚」とは、仏教の修行の階梯の一つで、ここに達すると、つぎは「仏」になることしか残っていない、とされる。つまり、悟りという究極の境地の一歩手前が、「正定聚」という階位なのである。弥勒は、つぎは必ず仏になることが定まっている菩薩だから、つぎは仏になるという意味では、専修念仏者もまた弥勒に等しい、ということになる。

黒田によれば、親鸞の「弥勒等同」という教説は、人々が現実に要求している「現世安穏」に応えるために説かれたが、その目的は達せられなかった、という。

私は、黒田が専修念仏者の生き方を考える上で、「弥勒等同」の教説が重要ではないかと指摘したことには賛成だが、この教説が説かれた目的については、賛成できない。なぜならば、親鸞にとって「弥勒等同」の教えは、これからのべるように、個々の専修念仏者に自信をもって専修念仏の道を歩め、と教えることが目的であり、ムラ全体の「現世安穏」を保証する教説として説かれたわけではないからだ。

親鸞に即していえば、「弥勒等同」、あるいは「正定聚」という思想は、彼自身の信心の深まりのなかで自覚されてきた、きわめて主観的な境地を示す言葉である。その言葉を門弟たちに積極的に示すようになったのは、「善鸞《ぜんらん》事件」以後である。

親鸞がなぜ「善鸞事件」を契機に、「弥勒等同」や「正定聚」という教説を門弟たちに力説するようになったのか。結論をさきにいってしまえば、それは、「自然宗教」の中核をなす呪術的な「カリスマ」崇拝に対処するためであった。だが、その対処は十分な効果をあげることができたとはいえない。むしろ、その後の歴史では、親鸞の意図とは別に、「弥勒等同」や「正定聚」の教説は、結果的に「カリスマ」崇拝を強化した一面がある。

ところで、「善鸞事件」とは、関東から京都に戻っていた親鸞が、関東の門弟たちのもとへ自分の名代として、長男の善鸞を派遣した際に生じた事件である。その内容は、善鸞が父・親鸞から特別の教えを聞いたとして、その教えを関東の門弟たちに説き、多数の門弟たちが善鸞の信者になった、というものである。交通手段の乏しかった時代であるから、親鸞は当初、どうして多数の門弟たちが自分の教えを裏切ってゆくのか理解できなかったが、善鸞の煽動(父の名前を利用した)が原因であることを知って、親鸞は長男を義絶する。親鸞、八十歳過ぎのころである。

この時親鸞はあらためて、関東の門弟の多くが親鸞の教えにしたがっていたのではなく、親鸞という、いわばカリスマにしたがっていただけであることを思い知らされたのである。

そもそもなぜ、親鸞が二十年にわたって宣教に努力してきた関東を離れて、京都へ戻ってきたのか。一説には、親鸞が門弟たちにカリスマ扱いされていることに気づいたからだ、ともいわれている。

親鸞　安城御影（東本願寺蔵）

関東はもともと家父長制支配が優越している風土であったから、年長者や支配者に服する傾向は強かった。その上、都から離れていることもあり、自分たちと異なる生い立ちや経歴をもっている人を特別視する傾向も強かったのであろう。その意味では、親鸞は都の出身であり、善光寺の聖でもあり、鎌倉幕府から「一切経校合」という名誉な仕事を命じられる有名人でもあった。となれば、親鸞が法然の「凡夫」の教えをひたすら説いたとしても、どこかで「生き仏」扱いされていたこともあったのであろう。現に、ある人間は、親鸞の名を騙って信者を集めたりもしている。つまり、親鸞の名前は俗にいえば「売れていた」ということである。親鸞自身も、ある種の得意の絶頂にいたのであろう。「人師《にんし》」の罠が身近に生じていたのである。それに気づいた親鸞は、安定した生活を捨てて京都へ戻り、布教者としてではなく、「一市井の隠者」（松野純孝『親鸞――その生涯と思想の展開過程』）として晩年を送ろうとしたのである。

「善鸞事件」は、こうした過去の「人師」の苦い思い出も想起させたのであろう。家父長をはじめとする支配者や、特別に霊力のある人への心服などから門弟たちを解放するために、「弥勒同等」、「正定聚」の教説を、手紙を通じて積極的に説きはじめたのである。

つまり、専修念仏者は、つぎは仏になるだけの素晴らしい境地にいるのだから、支配者の言いなりになるとか、ましてや霊力のある人間のいうことをそのまま信じる必要はない、あるいは、専修念仏者はだれでも、つぎは仏になるという点では平等なのだ、とあらためて説得したのであろう。

実際、門弟たちのなかには、「弥勒同等」や「正定聚」の教えこそが親鸞の教えの要だとして、親鸞の手紙のなかから、こうした教説のある箇所だけを集めて、一派を形成するという動きも出てくる。

しかし、その一方では、動揺する門弟たちもいた。というのも、本願念仏の教えでは、人は「凡夫」であり、「菩薩」と等しいなどということは夢想もできないことであったからだ。あるいは、菩薩をめざすとなれば、それは本願念仏の教えではなく、今までの仏教の教えと変わらない自力の修行を前提にすることになる、と。

たとえば、親鸞からの手紙を受け取った門弟のなかには、「これは自力であり、真言にかたよっているのではないのか」と、強い疑問を呈するものも出ている（拙著『親鸞からの手紙』第三十二通、慶信上書）。「真言にかたよる」とは、真言宗が強調している「即身成仏」（生き仏になること）のことである。弥勒と等しいということも、念仏者がそのまま弥勒仏と同じだということになり、「即身成仏」と変わらないではないか、という疑問だ。

親鸞は、こうした疑問に対して以下にのべるように、けっして専修念仏の教えから逸脱するものではないことを強調しているが、カリスマ崇拝を乗り越えることは簡単ではなかった。一つは、当時の関東では、常陸の城主が「現世安穏・後生善所」を願って弥勒仏像を造立するなど、「弥勒下生」（弥勒が五十六億七千万のちにその浄土から現世に生まれてきて釈迦に継ぐ仏となる）の信仰や、奈良西大寺流の「即身成仏」の教えが流行していたこともあげられるであろう（松野純孝、前掲書）。

第二は、そうした流行とも関係するが、そもそも「即身成仏」の教説自体、旧仏教の理想であったばかりか、日本人にはもっとも受け入れられやすい教説であったという点にある。堀一郎によれば、日本人にとって「即身成仏」は、仏教の教説というよりは、伝来のシャーマニズムの仏教的表現だ、というのである（『日本のシャーマニズム』）。

シャーマニズムとは宗教学の用語だが、特別の訓練や修行によって、精霊や神仏など超人間的な存在と自由に交渉ができる霊力を身につけた人間（シャーマンともいう）を中心とする宗教のあり方をいう。特別の霊力の保持者は、宗教的なカリスマであり、呪的カリスマともいわれる。彼らは、神仏などに憑依《ひょうい》する力があり、その力をもって予言や病気治療、種々の願望に応じる祈禱もする。

日本の自然宗教には、このようなシャーマニズムの要素がきわめて濃厚であり、日本人が仏教を受容したのも、仏教の説く即身成仏説、とくに空海が将来した「密教」が、そうしたシャーマニズム的要求を十二分に満たしてくれるからであったとさえいわれる。そこでは、仏教が日本の自然宗教の土壌に浸透して、自然宗教を改変したというよりは、仏教のなかの、自然宗教に容認される部分だけが日本人に受け入れられたのであり、堀のいうように、仏教は自然宗教によって淘汰された、というのが真相だともいえる。

そして、堀によれば、親鸞もまた専修念仏の宣教のなかで、民衆のシャーマニズム的要求に応えるために苦労したのであり、「弥勒等同」や「正定聚」は、そうした対応のなかで生まれてきた妥協の産物ではないか、とまで推論している（同前）。

このように、日本の自然宗教の中核に「シャーマニズム」があり、それとの妥協によって日本仏教の大勢が決せられてきたことは、多くの研究者が指摘していることである。たとえば、中村元は、明治維新前までの日本仏教では、真言密教とその影響下にある仏教が勢力をもっていたこと、個人はもとより国家にいたる諸集団に対する密教的な加持祈禱が盛んであったこと、真宗以外の諸宗派が、禅宗もふくめて教理的にも行《ぎょう》的にも真言密教の影響を深く受けてきたこと、などをあげている（『東洋人の思惟方法』3）。いずれにしても、日本社会が仏教に期待してきたことは、鎮魂慰霊の呪力であり、現世利益を約束する加持祈禱の力であったことは否定のしようがない。

だからといって私は、親鸞の「弥勒等同」説が、堀のいうように、シャーマニズムに対する迎合だとは考えない。あくまでも、専修念仏を仏教の論理で説明しようとするところに生まれてきた解釈だと思う。しかし、親鸞本人の自覚を離れると、シャーマニズム的傾向を容認する論理にすりかわる危うさがあることは、否定できないだろう。たとえば、親鸞を開祖とする教団では、親鸞や歴代の宗主を「生き仏」として崇拝する状況が生まれて、それは現代にいたるまで、信者たちに強力な影響を与えている。

真宗教団における「生き仏」崇拝は、親鸞の責任ではなく、覚如等後世の教団指導者たちの捏造によるということではあろう。だが、「弥勒等同」説自体に、そうした「シャーマニズム」への退落を防ぐ客観的な手段などありえなかった。つまり、生き仏崇拝を否定する道は、専修念仏者本人の凡夫意識の持続しかないからだ。専修念仏者に凡夫意識が薄れたとき、「弥勒等同」説は、容易に「即身成仏」(生き仏)説に退落していくのである。

専修念仏者に専修念仏の実践に自信を与えるという点では、親鸞の「正定聚」は、魅力のある教説であるが、同時に、誤解も生まれやすい教えである。専修念仏による主体性の確立という点で有効な教説だという説もあるから、もう少し論じておきたい。

正定聚

法然の遺弟として親鸞が熱心に取り組んだ課題は、既成教団からの攻撃に対して、法然の専修念仏が仏教の正統であることを証明することであった。

その証明は、成功した。親鸞は当時の新しい仏教学である中国・宋朝の元照《がんじょう》(一〇四八―一一一六)らの考え方を援用して、本願念仏が仏教の正統の行《ぎょう》であることを論証したのである(石田充之『浄土教思想入門』)。その詳細は、拙著『親鸞』に譲るが、親鸞は、この論証作業のなかで、凡夫にも阿弥陀仏の心が宿ることを認めた。

つまり、念仏が阿弥陀仏によって工夫された行為であるかぎり、念仏をすることは阿弥陀仏がはたらくことであり、その結果、阿弥陀仏の心が念仏者の心の奥深くに蓄積されることになる。その過程を論理的にいうと「正定聚」、「弥勒等同」になる、といってよい。たしかに、法然の念仏論を推し進めてくると、「弥勒等同」説は可能となる。だが、凡夫という視点から見ると、「弥勒等同」や「正定聚」説は、凡夫にも「悟り」に近い心境が生じるということになり、それは、法然が否定した天台宗等の「聖道門」の教説に近くなる。

石田充之によれば、法然は衆生と仏の関係について、衆生は生きている間に「悟り」はもとよりそれに近い境涯に達することもできないというところから、「断絶の関係」(「生仏而二」という)に厳重に立脚したが、親鸞の場合は、現世で「弥勒等同」や「正定聚」の位に入ることができることを認める点で、「連続の関係」(「生仏不二」)に立っている、という。つまり、「かような生仏而二なる人間絶対否定の立場の確立徹底化の中に、なお且つ、生仏不二の根柢理念を再体験し充塞融化せしめられる所に、『教行信証』における浄土真宗の立場の大成を見出さしめられうる」(「親鸞教学の根本構造」)、と。

親鸞は、石田によれば、もともと天台宗の僧侶として、生きている間に仏(=覚者)の証拠を手にしようとする意欲が強かったが、法然門下に入ることによって、それが徹底的に一度は否定された。しかし、法然門下での勉学のなかでも、かつての天台宗的な要求が深層に流れていて、最終的には、仏と衆生の間の断絶を認めた上での連続という、いわば弁証法的な本願念仏の理解に到達したと考えられる。弁証法的とは、普通の考え方では理解がむつかしいということでもある。

だからこそ、親鸞から「弥勒等同」の教説を聞いた関東の門弟たちが、それは「真言にかたよっている」と疑問をもったのであろう。松野純孝は、この疑問を「東国門弟の純粋性」、「理想主義」のあらわれとして高く評価している（前掲書）が、当然の反応といわねばならない。なぜならば、くり返すが、法然の根本的立場は、人は現世では絶対に「悟り」の境地にいたることができない「凡夫」にあったからである。

もちろん、親鸞も関東の門弟たちに対して、「正定聚」は「悟り」と同じなのではなく、「悟り」に等しい境地、つまり「悟り」の一歩手前の境地だと教えている。「同」と「等」のちがいを大切にせよ、というのである。「正定聚」はどこまでも「悟り」の前段階であって、「悟り」と同じ境地をいうのではない、「悟り」はあくまでも浄土で得られるもの、なのである。弥勒に等しいということも、弥勒と同じということなのではない。弥勒は、つぎに仏となると決まっている菩薩である。それと同じように、念仏者もつぎに浄土に生まれて仏になるのだから、弥勒と等しいというのだ、と。

たしかに、親鸞の門弟たちへの手紙を見ると、「弥勒等同」や「正定聚」という教えが関東の念仏者たちに生きてゆく上での自信を与えたことは、それなりに理解できる。だが、「正定聚」はあくまでも、本願念仏の実践が深まるなかで生まれてくる主観的確信なのである。実際、「等」と「同」の区別は、専修念仏者本人にしか分からない機微の域にある。

法然も、人には「仏性」があることを認めている。『選択本願念仏集』の冒頭には、「一切衆生は皆仏性あり」という道綽《どうしゃく》の言葉を引用する。しかし、にもかかわらず、なぜ一切衆生が仏になることができずに今にいたっているのか、と疑問を呈して、阿弥陀仏の本願に裏付けられた念仏によるしか、その「仏性」の開顕はないと断じているのである。「仏性」の実現を期してはいるが、それは現世で実現することではない。現世で「仏になる」のではなく、「仏になる道を歩む」ことが「凡夫」の仏道だというのが法然の教えである。

また「正定聚」という言葉も、もとは中国の浄土教思想家・曇鸞《どんらん》が重視した言葉で、法然はその文章を『選択本願念仏集』のなかに引用している。だが、「正定聚」の境地が実現するのは、阿弥陀仏の浄土に生まれてから、という本来の意味で紹介している。現世で、「凡夫」の身に生じる境地だとはのべていない。第一、末世では「悟る」という行為自体が不可能なのであり、「悟り」がどういうものであるかが分からない以上、どうして「悟り」の一歩手前の「正定聚」という境地が連想できようか。親鸞の、現世で「正定聚」の位にいたるという表現は、論理上の帰結というしかないであろう。

おりしも、時代は「本覚思想《ほんがく》」の流行のなかにあった。「本覚思想」とは、二元的、相対的な観念を超えて、絶対的一元の世界をこの世に実現しようとする、日本天台発の現世肯定の仏教思想である。つまり、浄土と現世という区別、仏と凡夫という壁を取り払って、現世が浄土であり、凡夫が仏だと主張する一種の観念論である（田村芳朗『天台本覚論』）。仏と凡夫の関係でいえば、凡夫こそが仏の生きたすがただ、という飛躍が容易に起こりうるのである。

親鸞の「弥勒等同」論が、こうした「本覚思想」のあらわれだという説もあるが、私はそうは思わない。親鸞はあくまでも凡夫意識に徹した人であり、だからこそ阿弥陀仏の本願を心底から受け入れることができたのであろう。しかし、「弥勒等同」は、なんどもいうように、本人に深い凡夫の認識があってはじめていえることなのであり、安易な凡夫の現実肯定論なのではない。

凡夫であることを認めることと、凡夫でよいということとは意味が違うといわねばならないだろう。親鸞にとって、凡夫はあくまでも悲しい人間のありようなのであり、悲歎の対象であり続ける。だが、同時に、そのような凡夫が仏道を歩んでいるという喜びも生まれてくる。その喜びが「弥勒等同」や「正定聚」という表現を生み出したのであろう。論理的には「正定聚」や「弥勒等同」説は、本願念仏の当然の帰結であろうが、専修念仏者のすべてにその具体的発動のしるしを要求することはまちがいとなるのではないか。「正定聚」説の危うい一面なのである。

くり返しになるが、石田のいうように、親鸞の「正定聚」説は、本願念仏論の「大成」といってよいのだろう。しかし、それはあくまでも論理上のことでなくてはならない。もし論理上にとどまるのではなく、実際に「大成」するということならば、その証拠が必要となるのではないか。私の乏しい見聞ではあるが、真宗の信者といわれる人々の間に「大成」の証拠を見たことがない。たとえば、日露戦争の際に、死ねば極楽に生まれるのだから敵を殺すことはなんでもない、と兵隊たちを鼓舞した真宗の有名な学者がいる（高木顕明「余が社会主義」）が、それが「正定聚」から発せられた「大成」を示す言葉なのであろうか。

はじめにもどれば、自然宗教が人々に保証しようとした「現世安穏」は、禊や祓いによって清浄な身となり神と交信すること、生き神や生き仏との接触、「聖地」に足を踏み入れることによって聖性の一端を獲得すること、などによって得られると考えられてきた。それは広くいえば、呪術的心性の範囲内のことではないか。呪術的心性では、日常の欲望の実現をはかることが主となり（「家内安全」や「商売繁盛」、健康、幸運等）、人間の根源にひそむ不条理や不安は不問に付される。

それに対して、普遍的「創唱宗教」は、人間の根本的な不条理や不安を見据えた上で、それらをふまえた生き方を説く「大きな物語」を用意する。

親鸞の「正定聚」は、後者に属する教説であり、自然宗教の与える「現世安穏」とは根本的に立場が異なる。それを同じ次元で論じることはできない。その意味では、黒田の指摘（「正定聚」が「現世安穏」に代わることができなかった）は当然であったといえよう。

では、親鸞の「正定聚」説には、どのような意義があるのであろうか。それは、「正定聚」に達したという専修念仏者たちの経験を累積して、そこからあらたな専修念仏の社会倫理を組み立てることができたときにはじめて、その意義の有無が論じられるのではないか。浄土真宗の教学者たちが、親鸞の「正定聚」の教説こそ、法然とは決定的に異なる、現実の生き方を肯定する主体的立脚点だと強調するが、多くは観念論に堕ちている印象をまぬがれない。くり返すが、実際に「正定聚」の境地を生きぬいた実例がどれほどあるのか。それは、中世の専修念仏者たちのあずかり知らない世界であり、これからの専修念仏者の課題として意味があるのであろう。あらためて第七章で考えてみたい。

ホトケ

「仏」という漢字の音は「ブツ」だが、訓は「ホトケ」である。「ホトケ」の語源については諸説あるが、日本で生まれた訓であることには変わりはない。法然も、「あみだほとけ」という呼び方をしているから、中世では「仏」を「ホトケ」と読むのは一般的であったのだろう。

しかし、現代でもそうだが、「ホトケ」は死者をさすことが多い。明らかに、仏教の「仏」(＝「覚者」＝「如来」)ではない。そして、仏教は「成仏」を約束する宗教だといわれるが、「成仏」の内容は、仏教が説く「悟った人」に成るのではなく、「ご先祖」になること(厳密にいえば「ご先祖」になる予定の死者)が圧倒的に多い。人が死んで極楽に生まれて「ブツ」になり、この世に戻ってきて仏教を広める活動をしている、というような話をする人はまずかぎられている。

死者をおしなべて「ホトケ」というようになったのは、檀家制度が生まれて、葬式仏教がひろく普及してからであろう。それは十五世紀頃からだといわれているが、いうところの「ホトケ」は、「ブツ」(仏＝如来)ではなく「ご先祖」である。

ちなみに、親鸞は自らの著述のなかにある「ホトケ」という訓を修正して、「フチ」(ブツのこと)に変更している。親鸞は、仏教伝来の当時、排仏派が悪疫の流行は崇仏のためだとして、仏像を軽蔑して「ホトオリケ」（熱病を意味する）とよび、それが訛《なま》って「ホトケ」になったという説に基づき、自らの和讃などに使用した「仏」の訓を、「ホトケ」から「フチ」に改めている。その結果、八十六歳以後に執筆された著作には、「ホトケ」という訓は用いられていない（生桑完明「善光寺如来和讃の研究」）。親鸞らしい徹底ぶりがうかがわれる、エピソードであろう。

しかし、親鸞のような人はきわめて稀であった。現実は、こうした死者の二重のイメージの共存となっている。そのことについて、柳田國男は、日本の自然宗教が仏教に全面的に服することなく、仏教を拒絶する部分を残したことに、高い評価を与えている。つまり、僧侶の方も在家の人々も、「ブツ」と「ホトケ」の区別を明確にするのではなく、「曙染め」（『先祖の話』）のように、あいまいにぼかしたままにしていることが、日本人らしい思考だというのである。

ここでは、柳田國男の国粋主義に付き合う必要はない。彼が指摘した事実を、どのように考えればよいのか、ということである。死者を「ホトケ」とよびながら、実質は「ご先祖」として遇している。それが「葬式仏教」であろう。「ホトケ」と「ブツ」の間にある隔絶に無関心なままに、あるいは目をつぶって死者祭祀をしているのだ。それこそが、自然宗教的心情の優越といわねばならないのであろう。

問題は、私が、あるいはあなたがそれを容認するのかどうか、にある。「曙染め」を自分の立場にするのか、親鸞のように仏教徒であるかぎりは「仏」の立場を鮮明にしてゆくのか。

かつて、イギリスの仏教研究家のチャールズ・エリオットは、日本人が死者のことを「仏」＝

「ホトケサマ」とよぶことについて、これほど大胆ないい方はない、自分が知るかぎり日本だけに見られる現象だとのべたあと、こういういい方は「神道の模倣だ」(an imitation of Shinto) と断定している。なぜなら、神道では死者は「カミ」になるといわれているからである。そしてエリオットは、その「カミ」を gods と訳すのは言いすぎになるとものべている。というのも、「カミ」ほど、漠然とした言葉はないからだとわざわざ注記している (*Japanese Buddhism*)。

要するに、神仏習合といっても、仏教側が主導したかのように見えるが、実際は神道の威力が示されただけのことだ、ということになる。いうところの「神道」をひろく「自然宗教」と読みかえるならば、法然の普遍的専修念仏が変質し、その後の日本仏教全体が「葬式仏教」に甘んじてきた原因がどこにあるのか、はっきりするであろう。

私ははじめて上梓した本のなかで、日本人の宗教心は、たとえれば二つの極をもつ楕円形のようなものではないか、とのべたことがある。一つの極が先祖崇拝、もう一つが、真宗をイメージしていた(『中世の真実——親鸞・普遍への道』)。先祖崇拝は、慣習としての宗教心であり、「真宗」で含意していたのは、教義を自覚的に選択して、場合によれば、はっきりとした回心を経た宗教心のことである。この二つの極は、のちには本書にあるように、「自然宗教」と「創唱宗教」という区別になったが、今となれば、楕円というイメージは訂正しなくてはならないだろう。

なぜなら、「真宗」をふくめて「創唱宗教」が日本社会でどれほど本来の機能を発揮しているのかとなると、きわめてあやしいからである。「創唱宗教」も数々あり、現実の政治を動かすほどの動員力はあるが、家の宗教であったり、代々の信仰であったりして、個人が自覚的に回心して選択した宗教心であることはきわめて少ない。その意味では、自然宗教と変わるところがない。

どうやら、私の楕円形のイメージは、本書の文脈でいえば、法然から百年ほどの間には成立することができた図式であっても、その後は、一方の極が先祖崇拝という極に吸収されて、楕円が円になってしまったということなのだ。

ことほどさように、日本宗教史をふりかえると、法然以来百年が経過すると、表面上は教団仏教（創唱宗教）が盛んになったように見えても、「自然宗教」の圧倒的な優越が際立ってくるように思われる。その事態は、今も変わらない。もちろん、ごく少数の「創唱宗教」の信者が、その本来の信仰に基づいて、それぞれにふさわしい社会倫理を実践していることは、百も承知の上だが。

3　現世主義

現世志向

さきに、専修念仏から普遍性が喪失したきっかけは、浄土の超越性が失われた点にある、とのべた。もともと、日本の「自然宗教」では、あの世というイメージはあるが、それもこの世と断絶した世界ではなく、この世との連続性において観念されていた。つまり、日本人は、もともと現世志向の強い民族であったともいえる。法然の専修念仏が変質を余儀なくさせられたのも、その意味では、日本社会のもっている現世志向に敗れたともいえる。では、その現世志向とはどのようなものなのか、あらためて紹介しておこう。

日本の前代の村は、隔絶の度合いが深いほど、あたかも大海に浮かぶ小島のように、完結した世界と感じられた。さきにもふれたが、日本の山村には、山村であるにもかかわらず、「島内安全」という文字を刻んだ石灯籠が、神社の近くなどにあることが少なくない。文字通り、村を島として意識していた時代があったのである。

そういう時代でも、もちろん、村は完全な孤立状態ではなく、外部に通じる道が村から延びていた。多くの村では、その道を通って、鍛冶師や桶屋、石臼の目立てをする職人など、村では自給できない技術の保持者たち、あるいは、巫女や芸人、漂泊の非定住民などがやって来ては去って行った。そして、村人は死ぬと、その道を通って、死出の旅路に出た、と想像していたという。今でも、瀬戸内海西部から長崎にかけて、死ぬことを、広島へ煙草を買いに行った、という。

こうした言葉遣いから分かることは、日本人の多くにとって、死は、未知の国への「旅立ち」そのものであった。だが、不思議なことに、その旅の終着地について、具体的に想像をめぐらすことはなかった。大事なことは、生者の世界と死者の世界が一本の道によってつながっている、ということに尽きる。いいかえれば、この世とあの世の間に絶対の断絶を認めることは、日本の民俗ではついになかったのである。

高取正男は、こうした断絶性の否定こそが、仏教を伝承してから千数百年の歳月が費やされているのに、日本人の多くが完全な仏教化を拒み続けている理由だ、と分析している（「仏教以前」）。

また、作田啓一もつぎのように分析している。世界観には、ものごとのすべてに連続を認めるタイプと、ものごとの間に断絶を認める非連続のタイプがあるが、日本社会は家族と社会、国家や世界の間に断絶を認めるよりも一体感を認めやすい傾向が強く、そういう意味では連続観タイプに属する、と。その上で、連続観が強い社会では「自律的精神は生まれにくい」と断じている。「自律性は非連続観の一つの側面」だというのである（『価値の社会学』）。

本書での文脈でいえば、法然の専修念仏を構成していた、浄土と現世という二世界論が色あせ、その教えのもつ普遍性が百年も経たずに失われていった理由の一つもそこにある、ということになろう。

共時的ハレ

さらに、高取は、村と村外の未知の世界が一本の道でつながっているとする思考は、現世のどこかに、理想的な生活を営む人々が生きている、という幻想を生み出し、わが身をその幻想に関係づけて、現世の苦しい暮らしに堪えようとしていた、とも指摘している。今も各地に残っている平家の落人伝説などの貴種流離譚は、そうした心情の産物にほかならない。

平家の落人伝説とは、壇ノ浦で敗れた平家の公達《きんだち》たちが僻村《へきそん》にまで落ち延びてきて、そこに居着くようになり、自分たちはその子孫だ、という伝承である。一説によると、全国にある平家の落人伝説の数と、平家の公達の数が一致しないどころか、平家伝説をもつ村々の数の方が、圧倒的に多いという。また、いわゆる貴種流離譚にいたっては、同一人物の墓が各地にあって、その実証を妨げていることはよく知られたことである。

都からはるかに隔たった、人の行き来も少ない辺鄙な山間や海辺に住む人々にとって、実際には見たこともない幻の都と関係があるということが、辛い日常を生きる上での「よすが」となってきたのである。

ちなみに記しておけば、天皇家ゆかりの寺院がある村は、その護持を、村をあげての誇りとする傾向がきわめて強い。たとえば、京都市右京区の山国は、もともと天皇領であった上に、南北朝時代の悲劇の法皇・光厳院の改創になる常照寺（常照皇寺）があり、寺は村全体の「栄光の象徴」となっているという（竹田聴州「近世社会と仏教」）。

もとへ戻っていえば、前代の人々は、一年間の暮らしを「ハレ」と「ケ」のリズムによって維持してきたが、同時に、どんなに隔絶していようとも、同じ空間のなかに理想的な憧れの人々がいると信じることが、暮らしてゆく上で不可欠だった。高取によれば、それは、同一の空間に存在する、「共時的ハレ」に対する信仰にほかならない。

ちなみに、若い読者のために、ハレとケについて注を付けておこう。ハレは、晴れ着という言葉があるように、普段着を脱いで晴れ着を身に着けて、神々や先祖を迎える特別の日々をさす。正月や盆や村祭りなど、年中行事の節目の日々といってもよい。それに対して、ケは日常の暮らしをいう。つまり、日常生活（ケ）においてたまった憂さは、ハレの日に思い切って解消されるのであり、あるいは、普段の暮らしのなかで、自然に緩んでくる生活の規律を、ハレの日に取り戻し、あらためて、暮らしをのりきる力を回復する、それが近代以前の暮らしの基本なのであった。

高取の指摘する「共時的ハレ」ということは、ハレとケが時間軸上の出来事として前後してならんでいるだけではなく、空間的にもハレの場とケの場が併存しているということである。ケの場では、苦労の多い日々の連続だが、一方で、年中ハレだけの暮らしがある、という構図だ。

こうした構図を必要とするのは、いうまでもなく、ケの重労働にあけくれる人々である。彼らにとって、はるかな彼方であっても、同じ空間上に、さきほどのたとえでいえば、村境からのびる一本の道の彼方に、日々が贅沢三昧に満ちたカミのような高貴な人々がいること、そして彼らと自分たちがどこかでつながっているという幻想が、生きる上での希望となっているのである。つまり、このような共時的ハレを信奉する精神が、カミである天皇の存在を要請し、支持しているということにもなる。

階級社会では、最下層の人々は、最上層の人々を特別の人間と考えるように教育される。日本人にとって、特別の存在とは、カミと等しい、あるいはカミそのものと教えられてきた。古代の政治史においても、大王や天皇と称される人々は、神々につながる系譜をもつがゆえに、支配者として認められてきたのであり、記紀神話もそうした営みとしてつくられてきたのであろう。近くは、明治維新以後の天皇に対する驚くべき絶対化の動きもまた、天皇の支配を神話によって正当化する営みと一体であった。

あるいは、各地にある聖地巡礼も、こうした「共時的ハレ」を前提にしているのであろう。生活空間と同じ空間のどこかに、ハレの特別空間があり、ケに疲れた人間がそこを訪れると、身についた穢れや罪が消失して、もとの健やかな心身が得られる、という信仰だ。

この点、益田勝実は、日本の聖地が神の非常在性を前提にしているのではないか、と推測している（「神道」）。つまり、祭りの時にしか出現しない神々に対して、いつでも神に会いたいという願望が生まれ、それが聖地の出現をうながした、というのである。そうとなれば、共時的ハレを支えている精神もまた、日本の神のあり方（非常在性）と深く関わっているということになろう。

そして、このような「共時的ハレ」を要請する精神こそが、阿弥陀仏の浄土を現世である「神国」の一部に解消してしまうことになったのであろう。問題は、現世と断絶する世界の想定を拒否する心情が私たちの精神のどこかに存在している、という点にある。

だが、現世を相対化する視点をもたない以上、現世の枠内ですべてを解決しようとする強迫観念が生じ、何度もふれているように、解決できない問題を排除・無視するという思考停止が日常となってしまう。二世界論を許容できる精神の回復こそが、普遍性を確保する重要な条件なのではないだろうか。

紫式部のためらい

神々の子孫だとする天皇をはじめ貴族たちのように、生まれながらに神聖性を保持している人々は、その神聖性を失わないために、あるいは、強化するためにできることは、神聖性を侵す行為や観念を近づけない、ということしかない。それが「禁忌」というものであり、死の穢れの忌避がその中心にあった。

生者が死を怖れるのは、普遍的な現象だが、日常的に神聖性を保たなければならない存在にとっては、「死」という観念そのものを日常生活から排除することが第一であり、そのためには、あらゆる手段を講じた。

しかし、こうした死を穢れとして極端に忌避する風習は、天皇の歴史においても、奈良時代末から現れるに過ぎない。そこに、高取の「神道の成立」論が生まれる理由があるのだが、私が専修念仏との関係で注目するのは、こうした禁忌は、死と向き合って、死を克服する営みを拒絶した行為であり、死穢をいかに拒否し続けて禁忌を墨守しても、死の問題は解決しない、ということにある。

ここで思い起こすのは、やはり高取が『神道の成立』のなかで紹介している、紫式部の感慨である。高取は、「紫式部日記」にあらわれている、仏教に惹かれながらも仏教の世界に踏み込めなかった若いころの紫式部の回想をとりだして、彼女が加持祈禱や法要のもたらす法悦に浸る一方で、仏教が「無常」や「涅槃寂静」、「解脱の道」を説く時、その教えにすべてを擲《なげう》って没入することができない「ためらい」があったのではないか、と推測している。

原文でいえば、「ただひたみちに背きても(ひたすら世間のことを捨てたといっても)、雲に乗らぬほどの(往生の雲に乗るまでの間の)たゆたふべきやうなむ侍るべかなる(動揺する気持ちはどうしようもないのです)。それにやすらひ侍るなり(それで躊躇しているのです)」(『紫式部日記』)、とある。

高取のいう「ためらい」とは、原文では「やすらふ」(躊躇する)ということだが、それは、生が死と背中合わせになっている恐怖心そのものではないか、と高取はいう。そして、そうした恐怖心は、解脱と往生の願いに向かうこともあるが、それ以上に、現世の枠組みに閉じこもろうとするはたらきをもっていたのではないか、と指摘している。つまり、死と向き合うことを拒否して現世に閉じこもる、まさしく現世主義の選択である。

一般論をいえば、人は相反する世界にふれて緊張感を覚えたとき、その緊張感を免れるために、どちらかの世界に逃げこんで、もう一つの世界を無視しようとするか、あるいは、相反する世界を超えた新しい世界を求めて、その緊張感に堪えようとするか、ではないだろうか。

くり返せば、平安貴族たちは、紫式部に示されたように、仏教によって死後の世界を知ったとき、あるいは、人間の世界が「六道」のなかの一つでしかないことを知ったとき、死や「六道」を超える新しい道(仏教)によって、死の恐怖や「人界」の不安定さを克服しようとするのではなく、かえって死後の世界をこころならずも無視して現世だけに閉じこもる道を選んだ、といえる。

つまり、高取が指摘した「神道の成立」は、同時に、人間の営みをより大きな時間軸と空間軸のなかで意味づけようとする努力の放棄となる。あるいは、死後の世界は仏教にまかせて、「現世の秩序」の維持のなかに、人生の意味を見出す方向が鮮明になった、ということでもあろう。

そこでは、「現世の秩序」は現世のなかで完結している、あるいは完結しなければならないという強迫観念が支配することにもなった。その結果は、死と向き合うことの拒否であり、「現世の秩序」で解決できない問題はなかったことにする、という精神の退廃であった。

しかも、このような「現世の秩序」を最優先させる思考は、平安貴族だけではなく、その後、地方の支配者などに及んでゆく。高取は、紫式部の経験した「ゆらぎ」は、その後の庶民の間でも同じであったはずだ、と考えている。私から見れば、その行き着いたさきが、本居宣長の現世絶対主義であった。

これに比べると、法然の専修念仏を選択した人々の精神の、なんと自信に満ちていることか。たとえば、念仏者たちの間に、つぎのような申し合わせが残っている。

一つ、諸神を信ぜざること、一つ、もろもろの忌み穢れをいまざること、一つ、親の教養（供養のこと）に墓、堂、卒塔婆をたてざること、一つ、日月の吉凶をいまざること等々（「一向専修之七箇条問答」、原文は片仮名）。

ここには、禁忌などの呪術にしたがう際に生まれる精神の暗さに比べて、死の問題と正面から向き合い、それを克服する原理（阿弥陀仏の本願）と出遇った精神の明るさがある。

このようにいえば、専修念仏の普遍性を変質させた原因の一端が明白になったのではないか。それこそが、死と向き合うことを拒絶する現世主義にほかならない。

4 「浮き世」の成立

遊楽

現世を「穢土《えど》」や「虚仮《こけ》」とみなし、真実の世界は「浄土」にあるという考え方は、「凡夫」意識の衰弱とともに、宙ぶらりんな「浮き世」の意識を生み出してくる。教科書的にいえば、仏教的な「憂き世」感が、「浮き世」に変化してくるのは十五、六世紀頃からであり、社会史的にいえば、新田開発が進行して経済が一段と発展した時期である。

そうしたなかで目につくのは、「浮き世」であるからこそ人生を楽しめ、という人生観の流行であろう。そのはしりは、『閑吟集』（一五一八年編集）にあるつぎのような「小歌」に見られるであろう。

「うき世は風波の一葉よ（中略）たゞ何事もかごとも　ゆめまぼろしや水のあわ　さゝの葉にをく露のまに　あぢきなの世や　夢幻や　南無三宝　くすむ人は見られぬ　ゆめのゆめのゆめの世をうつゝがほして　なにせうぞ　くすんで　一期は夢よ　たゞ狂へ」。

右の文中にある「あぢきなの世」の「あぢきな」は、思うとおりにならない、どうしようもない、という意味であり、「くすむ」は、大変謹厳で分別臭い、という意味である。また「うつゝがほ」の「うつゝ」は正気ということ。

右の「小歌」で注意を要するのは、「南無三宝」という言葉である。「三宝」は仏教のこと。この世は「浮き世」であるだけに、たしかなものを求める気持ちもあるのであり、それが言葉の上だけでも、「南無三宝」となったのであろう。

「一期は夢よ　たゞ狂へ」という刹那的な気分が安定した現世享楽主義に進むのに、時間は多くは必要としなかった。その代表が、井《い》原《はら》西鶴《さいかく》（一六四二―一六九三）の人生観である。

西鶴はいう。「人は十三歳迄は弁《わきま》へなく、それより二十四五までは親の指図を受け、その後は我と世を稼ぎ、四十五迄に一生の家を固め、遊楽する事に極まれり」（『日本永代蔵』巻四）、と。人生の目的は、壮年時代に稼ぎに稼いで余生を「遊楽」することにある、という宣言である。

しかし、西鶴は、このような遊楽の暮らしを実現するために、健康に気を配り、人の信用を得るように身を慎むという努力の必要も説き、また神仏を崇めよ、とも教えている。

また博多の豪商は、後生を頼むのは五十歳になってからにせよ、という家訓を残しているが、ここにも、人生の中心は「遊楽」にあり、後生を願うのは付けたりだという考え方があるのであろう。だが、付けたりが必要なところに、「浮き世」感の裏側に「憂き世」の感覚が生き残っているといえる。

こうした「浮き世」感の構造について、橋本峰雄はつぎのような指摘を加えている。「死ねばすべて極楽で地獄へ行く者はひとりもないというのが、仏教が日本人に染みこませてきた究極最後の安心感であろう」（『「うき世」の思想』）、と。だからこそ、後生願いが「付けたり」扱いで十分と考えられたのであろうか。

本居宣長

本居宣長（一七三〇―一八〇一）は、若いときは熱心な浄土宗の信者であった。彼のみならず、両親もおなじであり、とくに母親は宣長が結婚した年に、善光寺で出家している。母の妹二人も、尼僧になっていた。宣長自身も十歳で「英笑」という法名を授かり、十九歳では菩提寺で「五重相伝」をうけて、「伝誉英笑道与居士」という法名をもらっている。その浄土宗の理解も相当深いところまで達していたようである。しかし、あるときから仏教はもちろん、儒教など外来の学問思想の一切を放擲《ほうてき》して、独自の「国学」を創唱することになる。

私は、かつて、宣長と法然を比較して、宣長の国学は法然の専修念仏の教えを換骨奪胎してつくりあげられたのではないか、という仮説を立てたことがある（『宗教の深層』）。つまり、法然の仏教が、六百年を経て、現世主義的傾向が強まるなかで、宣長の「国学」に変わったのではないか、ということである。

宣長がいかに法然を換骨奪胎したかは、右の拙著にゆずるとして、本書では、宣長の完璧な現世主義の一端と、その壮絶さ、すさまじさを紹介しておきたい。その手がかりは、宣長の安心論が展開されている「答問録」の一節である。大筋をたどってみる。

拙作の「直毘霊《なおびのみたま》」の趣、お気に召して下さった由、うれしく思います。それにつけても、人びとが小生の安心《あんじん》はどういうものかと、なおも疑わしく思っておられるとのこと、ごもっともと思います。安心ということは、誰でもみな思い惑うことでありますが、小生においては、安心ということはない、というしかありません。

宣長がいう安心は、もとは仏教語で、信心によって得られる不動の心という意味であり、仏教のみならず儒教などの処世訓もふくむ。宣長は、そのような安心は自分にはない、と断言している。

小生に安心がないという理由は、身分の低いものは、お上が定められた掟などをそのまま受け入れて、決められた通りに守り、それぞれに決まった仕事をして世を渡ってゆく以外に道はないのですから、掟を守るということ以外に安心などは要らぬことです。

しかし、なかには天地の道理がどうとか、生死がこうとか、いろいろ理屈をつけて論じあい、安心をたてようとしますが、いずれも外国から来た儒教や仏教の「さかしらごと」であって、無益な空論にすぎないのです。

ここでいう「さかしらごと」は、お節介とか、自分の考えだけが正しいという独りよがりな考え方をさすが、宣長の考え方の特徴をよく示している言葉である。外国から移入された仏教をはじめ、儒教や老荘などの思想類はすべて、日本人にはお節介なもので、日本人には、そのような助けを借りなくとも、道は分かっているのだ、という。

儒仏などがはいってきてからというもの、世の中は「こざかしく」なりました。儒仏などいずれかの一派によって安心をたてなくては、心のよりどころがないかのように思いはじめたので、神道でさえも安心ということを称えて、人々に教えはじめたのです。しかし、神道の安心などはどれも「妄作」であって、儒仏の真似事でしかありません。いずれも「古の道」にかなっていないのです。

もし神道の安心をたてるのならば、儒仏などの「習気《じつけ》」をよく洗い流して、「清らかな心」をもって、『古事記』、『日本書紀』の上古のところを、よくよく読まねばなりません。

「習気」という言葉は、仏教の唯識論《ゆいしき》などに出てくる言葉で、業《ごう》の潜在的な余力をいう。煩悩をどのように克服してみても、その影響が長く残り続ける、という修行の体験に根差した言葉である。宣長がこうした言葉を普通に使用するところにも、彼の仏教理解の深さがうかがわれる。

そして、ここで、儒仏の聖典類に代わって、記紀が登場してくる。外来思想を排除して、なおその上で思想的な足場をつくろうとすれば、記紀にいたりつくしかない。宣長にとって記紀、とくに『古事記』の上代は、聖典となり、「古の道」という世界があらたに創唱されることになった。『古事記伝』は、宣長畢生の大作である。

このように「習気」を十分に洗い流して記紀をよく読めば、世間がいう安心は無益の空論であって、小生が安心はない、ということもよく分かるでありましょう。それが神道の安心というものなのです。しかし、「習気」のせいか、人は死ねばどうなるのかをめぐって、いつまでも心を悩ましています。まことに人情のしからしむるところといわねばなりません。

だが、私の神道では、人は死ねば善人も悪人もおしなべて、みな「よみの国」へゆくのです。善人だからといってよいところへ生まれるわけではありません。しかし人々はそれでは納得しないので、儒仏はいろいろと説きたてるのです。

では、善悪共に「よみの国」へ行く、ということについて万人が納得する道理はどこにあるのか、ということになりますが、それは「人のはかり知るべきこと」ではないのです。儒仏の教えは、おもしろく（納得しやすいように）見えますが、人が勝手につくりだしたものです。

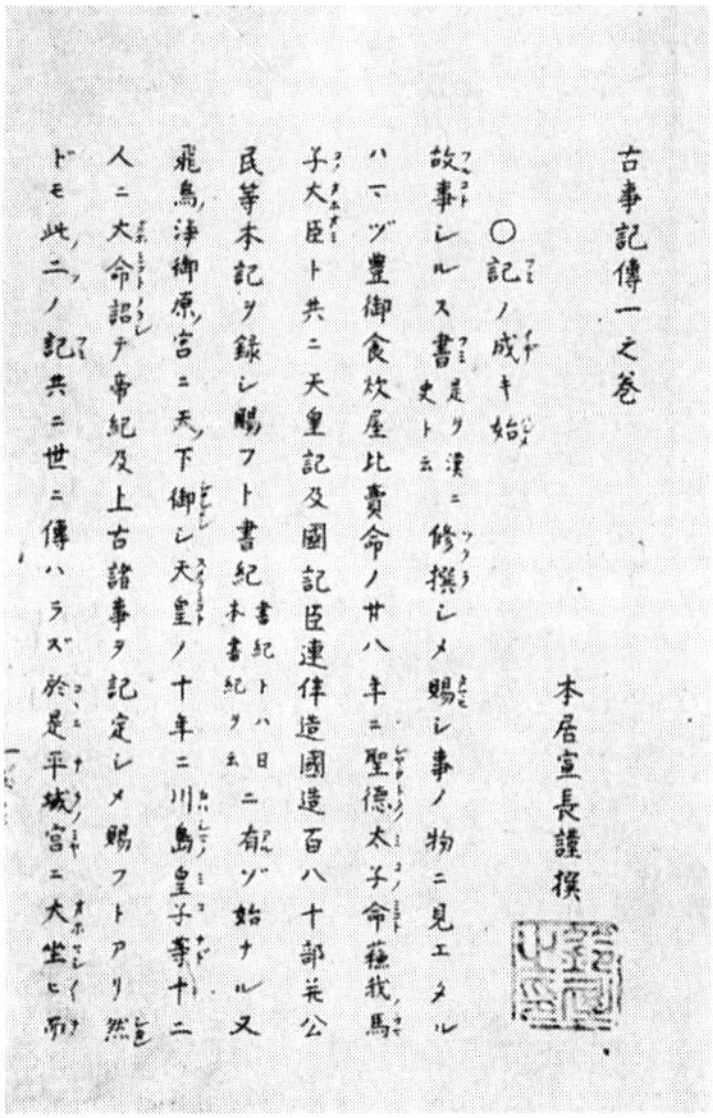
古事記傳一之巻
本居宣長謹撰
○記ノ成リ始
故事レルス書 史ト云 是リ漢ニ修撰レメ賜レ事ノ物ニ見エタル
ハマヅ豊御食炊屋比賣命ノ廿八年ニ聖徳太子命蘇我馬
子大臣ト共ニ天皇記及國記臣連伴造國造百八十部并公
民等本記ヲ録レ賜フト書紀 書紀トハ日本書紀ヲ云 ニ有ヅ始ナル又
飛鳥淨御原宮ニ天下御レ天皇ノ十年ニ川島皇子等十二
人ニ大命詔テ帝紀及上古諸事ヲ記定レメ賜フトアリ然
ドモ此二ノ記共ニ世ニ傳ハラズ於是平城宮ニ大坐ヒ而

『古事記伝』一之巻自筆再稿本（松阪市蔵）

外国の教えが入ってこない時代では、死ねばただ「よみの国」へ行くものとのみ思って、かなしむより外の心はなく、そのことを疑う人もいなかったのです。ましてや、理屈を考える人はいなかった。

その「よみの国」は、きたなくあしきところなのですが、死ねば例外なくだれでも行かねばならないところですから、この世に死ぬことほどかなしいことはないのです。儒仏は、いたってかなしいことを、かなしくないかのようにいろいろと理屈をいうのですが、それが「真実の道」ではないことは、明白です。

精神の荒廃

「よみの国」は、いうまでもなく『古事記』に出てくる「黄泉の国」のことで、地下に想定された、汚穢に満ちた死者の国である。万人は死後そこで腐敗を待つだけであり、そこには一切の救済はない。どうしてそのような国に行かなくてはならないのか、宣長は「道理」があるという。しかし、その「道理」は人智でははかり知ることができないから、ただ受け入れるしかない、という。

そもそも、宣長においては、自然の運行はもとより、人事の一切が神の仕業と考えられている。その神は、記紀から導き出されてきた神々であるが、そのはたらきは「奇々妙々」（『玉くしげ』）で、人はひたすら「神の御心にうちまかせて」生きてゆくのが最高の選択だと考えられている。

たとえば、つぎの一文は、そのことをよく示しているであろう。「凡《すべ》て此の世の中の事は、春秋のゆきかはり、雨ふり風ふくたぐひ、又国のうへ人のうへの、吉凶《よきあし》き万《よろづ》の事、みなことごとに神の御所為《みしわざ》なり」(「直毘霊」、表記は変えた)。

幕藩体制下の、自由のない時代の被支配者として生きる道は、こうした神に対する絶対随順しかなかったのであろうが、それでは運命論となんら変わりはないことになる。たしかに、こうした絶対帰依の心情は、宣長が法然の浄土仏教から学んだものであろうが、法然の場合は、なぜ阿弥陀仏の本願に絶対帰依しなければならないのか、その理由や道理が懇切に説かれている。道理があるといいながら、それは人智を超えている、というだけでは、封建君主の言い分は絶対で服従するしかないというのと、なんら変わらない。

また、右の「答問録」には、人は死に際して、「かなしむより外の心なく」とあるように、ひたすら悲しむだけで、それゆえにまた、「死ぬるほどかなしき事は候はぬ也」ということになる。ここで、宣長が悲しむことを強調しているのは、宣長にとって「人情」が最高の価値をもっていると考えられていたからである。

人は「人情」の発露のままに生きるのが、最善の生き方だ、というのである。宣長は記している。「人情といふものは、はかなく児女子のようなるかたなるもの也。すべて男らしく正しくきつとしたる事は、みな人情のうちにはなきもの也。正しくきつとしたる事は、みな世間の風にならひ、あるいは、書物に化せられ、人のつきあい世のまじはりなどにつきて、おのづから出で来、または心を制してこしらへたるつけ物也。もとのありていの人情というものは、至極まつすぐに、はかなく、つたなく、しどけなきもの也」（「排蘆小船」、表記は変えた）。

この人情がことにふれて動くのが「もののあはれ」にほかならない。宣長が生涯をかけて追究したのが、この「もののあはれ」であった。

しかし、「人情」のまま、ということには、自我の独りよがりな主張もあるであろうし、他者への怨み、嫉妬もあるであろう。宣長はそうした心情にも価値を認めているが、現実には、「人情」のままに生きることはきわめてむつかしいのではないのか。「人情」は、悲劇や自己嫌悪、絶望の源でもあろう。法然らは、それを「煩悩」とみなした。「煩悩」の自覚は、それをバネにして阿弥陀仏の誓願に出遇うことができるという積極的な意味があるが、宣長の「人情」の全面肯定には、「人情」が生み出す苦しみを解消する術が説かれていない。

宣長の言説には、今から見れば、ずいぶんと矛盾点があるように思われる。その原因は、人間の生きる世界を現世に限定したことにあるのではないか。人は、現実の日々を生きるが、同時に想念の世界にも生きている。その想念の世界は、現実の世界を超えている面をもっているからこそ、意義があるのであり、その想念自体が現世に限定されてしまうならば、現世のもつ問題も解決のしようもないし、また、不条理に納得する道が閉ざされることになるのではないか。

神にも仏にも無関心で、人は死ねば死にっきりという人生観に生きる多数の現代日本人には、宣長の安心なき安心論は、一種の爽快な感動を与えるかもしれない。だが、私にとっては、日本の現世主義のいたりついた姿であって、すさまじさというか荒廃した精神を感じてやまない。

第七章　普遍性の再生――日本人は変われるのか

1　主体性とはなにか

日本人の「被害者意識」

一九九六年十二月、「広島原爆ドーム」が世界遺産に登録された。ただし、登録を決める世界遺産委員会は満場一致ではなかった。アメリカと中国が支持しなかったのだ。アメリカの不支持の理由は、原爆投下に及ぶ日本側の侵略行為が棚上げにされている点にあった。

長崎市長であった本島等《もとしまひとし》がこの問題を取り上げて、「広島よ、おごるなかれ」というエッセイを発表した。エッセイの要旨は、日本では原爆投下の惨事ばかりが強調されて、なぜ原爆が投下されねばならなかったのか、という原因に思いをいたすことが少なすぎるという点にある。つまり原爆に関しては、いつも被害者の立場ばかりが強調されて、自分たちもまた「太平洋戦争」では加害者の立場にあったことを認識できないでいる、という指摘である。

彼はいう。「原爆の被害は人間の想像をこえるものであった。特に、放射線が人体をむしばみ続ける恐ろしさ。しかし、日本の侵略と加害による虐殺の数は原爆被害をはるかにこえるものであった。今、われわれがやらなければならぬことは中国をはじめアジア、太平洋の国々と国民に謝罪することである（中略）そのための条件は、日本人が真珠湾攻撃について謝罪し、広島と長崎が原爆投下を赦すということである」（『平和教育研究』）、と。

本島は、広島、長崎が今や「和解の世界」に向かって先頭にたつべきであり、それは核兵器廃絶の努力と同一のものだと結論づけている。

この本島の主張は、大きな反響をよんだ。その結果、長崎の原爆記念館には日本軍による中国侵略などの資料も展示されるようになった。だが、その展示はたちまち右翼の襲撃するところとなり、規模の縮小を強いられた。

本島は、原爆に関して日本人の立場だけが強調される、いわば日本人のエゴイズムを指摘したのである。ロバート・リフトンを再び引用していえば、つぎのようになる。「（日本人が）強調したのは、日本人の手で他のアジア人が苦しんだことではなく、広島・長崎への原爆投下や、日本の都市への戦略爆撃や、戦争末期のソ連軍によって日本人が苦しめられたことだったのだ。（中略）彼等は犠牲者の役割を引き受けることによって、責任感や罪責感を避けた」のである（前出書）。なぜ「責任感や罪責感」と正面から向きあおうとしないのか。

二〇一六年八月十五日の「全国戦没者追悼式」においても、安倍首相は歴代総理大臣が口にしてきた「加害と反省」という言葉すらも、今年もまた口にすることはなかった。「加害者」であったという過去の正視なくして、どうして未来が拓かれるというのか。

「ムラ」の「内・外」意識

加害者意識が薄くて被害者意識が強いという理由の一端は、日本社会の構造にあるといってよいのであろう。その原型は、しばしば「ムラ」ともよばれる。「ムラ」は、近世以後、明治維新を経て敗戦にいたるまで、各地に実際に存在してきた村々から共通点を抽出してつくられたモデルである。敗戦後、知識人や学者たちは、こうした「ムラ」をめぐって多くの発言をくり返してきた。

なかでも、「ムラ」のもつ「内・外」意識の断層は議論をよんできた。さきにもふれておいたが、日本の「ムラ」は、古代以来、茫漠とした「他界」のなかに浮かぶ一つの「シマ」と意識されてきた。その「ムラ」人にとって、「シマ」の外は死者の行くところであり、神々や邪悪なものが存在する世界で、もっぱら「畏怖」の対象であった。神々や先祖は時を定めて「ムラ」を訪れ、幸いをもたらしてふたたび「他界」へ去ってゆく。同時に、天災や人災、疫病もまた「他界」から「ムラ」を襲う。

このように、「ムラ」人にとっての外界は、なによりも「畏怖」の対象なのだが、同時に、「他界」からの恵みのゆえに、「他界」から来るものに対しては異常なまでに「期待」をいだく。そのために、外部の人間やモノに対する、ときに並はずれた歓待が生じるが、反面、期待にはずれたときには残虐なまでの排除が生まれる。ここには、「畏怖」、「期待」、「排除」といった情動的な反応が優先されていて、外部に対する客観的で理性的な認識は弱い。

「ムラ」自体が対外認識において情動的行動に終始している上に、「ムラ」の内部にあっては、「ムラ」の秩序の維持が最大の関心事となっている。「ムラ」にとって最優先されるべきは「なにごとにつけても一つにまとまる」(きだみのる『にっぽん部落』)ことであり、そのために「ムラ」は、メンバーにかぎりない「同化」を求める。「ムラ」人たちも「一つにまとまる」ことが自分たちの利益に合致するからこそ、「同化」を受け入れる。

その際、「ムラ」の選択した価値が他の「ムラ」や外部の世界に妥当するかどうかは、問題とならない。あくまでも「ムラ」が一致結束できるかどうか、が問われる。その意味では、「ムラ」のモラルは「ムラ」人だけに妥当する「閉じられたモラル」となり、「ムラ」と外の世界を一貫する普遍的モラルを追求するという課題は生まれてこない。モラルというよりは「掟」というほうがふさわしいのであろう。

このような日本の伝統的な「ムラ」のあり方とその欠陥について、柳田國男は「群れ」を優先させる思考として、その克服をめざしてきた。だが、敗戦で明らかになったように、その克服は簡単なことではなかった。益田勝実は、その柳田の志を引き継いで、「群れ」を優先させる思考は、明治以後、現代にいたる多くの知識人が主張してきた「自我の確立」によっては克服できないとして、それぞれの「ムラ」（現実の村落だけではなく、会社など種々の組織・集団を念頭においている）において、どのような価値が尊重されねばならないのか、をくり返し議論することが肝要であり、とくにその際、「外部との通路」の確保が大事だと主張している（『民俗の思想』「解説」）。つまり、外部との接点を増やすことによって「ムラ」の相対化をはかることが、「ムラ」のメンバーたちの客観的な「内・外」認識を育てる、ということであろう。

こうした益田の指摘をふまえて、幕末の思想史をふりかえると、「外部との通路」の重要性が一段と実感できる。

狭隘なナショナリズムと理性的な対外認識

たとえば、幕末の歴史をふりかえると、幕府が通商条約締結の勅許を取ろうとした際、朝廷側は幕府も予想できなかったほどの強硬な反対をとなえて勅許は得られなかった。なぜ朝廷はかくも強硬であったのか。それは、朝廷が「鎖国日本の中でもとりわけ外部世界と隔絶した小宇宙に生活し、現実生活から遊離していた」ことから、「西洋列強にたいする猜疑心と恐怖心がとくに強かった」ためだといわれる（佐藤誠三郎「幕末における政治的対立の特質」）。外部との通路をもたない「ムラ」社会では、外部社会に対する客観的で理性的な認識は不可能となる。

本居宣長の「国学」もまた、外国の文明を一切排除するという思考によって、典型的な「内」優先の思想となった。彼の死後六十七年にして明治維新を迎えるが、その際、宣長の思想はさまざまなかたちで日本国のあり方に深くかかわる。

とくに、日本の「開国」が列強の圧迫によるもので、日本の自主的な選択によるものではなかったために、欧米の社会や文化への客観的な認識よりも、自国の統一強化が優先された。そこでは、宣長の「国学」が宣長の意図をはるかに超えて重要なはたらきをする。

宣長は、日本が他の国よりも尊くすぐれているのは、日本においてのみ「まことの道」（「玉くしげ」）が行われてきたからであり、その「まことの道」は『古事記』の「神代」の巻にすでに明らかにされている、という。このように、日本を最初から絶対視する姿勢は、のちに、天皇をもって「一地球中の惣天皇」（竹尾正胤「大帝国論」）といわしめる道をひらく。

また「水戸学」も、「国学」以上に日本国家のあり方に大きな影響を及ぼしたが、その発想は「外部」を遮断した上での「内」の結束にあった。つまり、「水戸学」は、十九世紀半ば、水戸藩の藩政改革を担うイデオロギーとして登場するが、従来の朱子学とは異なり、日本国家のアイデンティティを追求する傾向が強かった。そのために、幕末の危機の時代には各地に多くの信奉者を生み出し、開国にあたっては「尊王攘夷思想」の主たる源となった。のみならず、「水戸学」によって主張された「国体」論は、明治維新以後も天皇制国家を支える要の役割を果たすことになる。

「国体」論をはじめて展開した会沢正志斎によれば、「国体」とは、「建国」のはじめから「万世一系の天皇」に統治されて今にいたる国家のことをいう。そして、その統治は権力支配によるものではなく、人民による自発的な服属によって成立するとする。

その装置が、天皇の祭祀である。天皇が天祖を祀るという宗教儀礼を行い、それに人民を参加せしめることにより、人民は「忠・孝」とはなにかを感じとり、その「忠・孝」の感覚にもとづいて自ら天皇の統治に服するというのだ（「新論」）。この考え方は、のちの明治国家の宗教・道徳政策、とりわけ「教育勅語」に収斂する。

会沢は「新論」の冒頭で、神国日本の永遠性と絶対性を強調している。「謹《つつし》んで按《あん》ずるに、神州《しんしゅう》（日本のこと）は太陽の出づる所、元気（万物の根元をなす気）の始まる所にして、天日之嗣《てんじつのし》（アマテラスの子孫である天皇）、世《よよ》（代々）宸極《しんきょく》（天皇の位）を御し（操る）、終古易《かわ》らず。固《もと》より大地（世界）の元首（首領）にして、万国の綱紀（すべての国々を統轄《とうかつ》する）なり。誠によろしく宇内《うだい》（天下）に照臨し、皇化のおよぶ所、遠爾《えんじ》（遠近）あることなかるべし」。

天皇をもって全世界の君主の上に君臨する「大地の元首」であるべきだ、と主張する「国体」論では、理性的な対外認識など生まれようもないことは明白である。にもかかわらず、明治以来敗戦まで、日本国家はその「国体」論を金科玉条として怪しまなかった。

それだけではない。国際法に関する幕末の国学者の議論にも、同じ傾向が見られる。大国隆正は、オランダのグロティウスの万国公法に対して、「古道」に基づく国際法を提唱し、それを「新真公法論」と名づけた。それは、万国を統轄する君主のもとでこそ「真」の秩序＝「公法」が可能となるとし、その「万国統轄の君」に相当するのは日本の天皇以外にはない、とした（「新真公法論」）。

「国学」や「水戸学」は、たんに思想というよりも、幕府の統治力が衰えるなかでのあらたな国家統一をめざす運動であったが、対外的見地からすれば、「内外一体論」（内を外に及ぼす）の域を出ず、のちの大陸侵略を正当化するにいたったのは当然であった。

これに対して、「洋学」を学んだ思想家や運動家のなかには、当時としては十分に客観的で理性的な対外認識をもつものも少なくなかった。その系譜が、明治国家の「進歩的」な一面を形成する。たとえば、佐久間象山《しょうざん》（一八一一―一八六四）や横井小楠《しょうなん》（一八〇九―一八六九）である。彼らが狭隘なナショナリズムから解放された理由は、どこにあるのか。

第一は、彼らが自らの学問的枠組みを現実のなかで読み替え続けた、という点にある。そして第二に、彼らの旺盛な外部世界への関心があげられよう。

たしかに、彼らの見識の背後には洋学（蘭学）の学習があった。しかし、彼らが洋学者であったから、客観的な対外認識が可能となったというのではなく、彼らが学者として、生涯依拠した朱子学を読み替えるなかで、洋学の必要が認識されたのである。彼らにおいては、洋学を開国の手段として駆使できるだけの現実認識と世界観が、旧来の学問大系のなかで十分に醸成されていた。この点こそが、重要なのである。

佐久間について見てみよう。彼は「周公・孔子の国まで是（イギリスなど西洋列強のこと）がために打ち掠《かす》められたのはなぜか」と問い、中国の学問が訓詁《くんこ》と考証に流れて、「窮理《きゅうり》」の実をあげることを忘れてきた結果だと批判する（「ハルマ出版に関する藩主宛上書」）。その上で、『孫子』にならい、「夷（中国人から見た未開人）俗（風俗）を馭《ぎょ》するは、まず夷情（未開人の情勢）を知るにしくはなく、夷情を知るには、まず夷語（未開人の言語）に通ずるにしくはなし」（「省諐録《せいけんろく》」）と、西欧列強の事情を正確に知る必要が打ち出されてくる。

その際、佐久間が強調したのは、「窮理」の解明であった。それは朱子学の根本理念である「格物致知」（「格物」はすべての存在に内在する個別の法則、「致知」はその知識を拡充すること）のことだが、彼にあっては、天地万物を貫く法則の究明と解釈され、のちには、科学的な自然認識の意味ともなる。そして、いわゆる数学（佐久間の言葉によれば「詳証術」）がその根底にあることも主張されるようになった。

このようにして、「方今《ほうこん》の世は、和漢の学識のみにては何分行き届かず、是非とも五大州を総括致し候大経済にこれなく候ては、叶ひがたく候」として、コロンブスの新世界発見、コペルニクスの地動説、ニュートンの引力説の発見を可能ならしめた「究理」の力に目を向けてゆく。

佐久間自身は、列強の侵略にそなえる武力の増進に関心を集中させるが、彼の対外認識を支えたのは、あくまでも伝統的な朱子学、とりわけ、「おほよそ天下の物に即てその理を窮むる」という一点にあった。だからこそ、佐久間はつぎのようにのべることができたのである。「当今の世において、五世界にわたり、そのあらゆる学芸・物理を窮め申すべきこと、もとより朱子の本意たるべく候。さるゆえに、当今の世に出てよく大学を読み候者は、必ず西洋の学を兼申すべきこと、有無の論におよばざる義と存奉候」（「時政に関する幕府宛上書稿」）、と。

くり返すが、佐久間の客観的な対外認識は、彼が洋学者であったから可能となったのではなく、伝統的な朱子学者として、その概念の普遍性を求める精神があったがゆえに生まれたのである。丸山眞男の言葉を借りるならば、「古いカテゴリーを歩一歩吟味し、これを再定義しながら、内発的に自分の思想を成長させ豊かにしてゆく」(『忠誠と反逆』)ということであった。

佐久間象山にせよ横井小楠にせよ、その開明的な対外認識が「攘夷論者」によって、その肉体と共に抹殺されるという悲劇に終わったことは、日本社会の閉鎖性の根深さをも浮き彫りにする。日本社会を根底から規定している「群れの思想」の克服が課題となる所以である。

コンセンサスの形成

「ムラ」の構造にもどるが、その構造は、戦前の日本社会はもちろん、現代社会の集団の組み方、あるいは集団内の人間関係や集団間の人間関係においても、依然として有効性をもっているのではなかろうか。つまり、内なる結束を最優先させて外部世界との関係を図る、という点において。

だからこそ、「加害」者の特定も問題になりにくいのではないか。なぜなら、「加害」者の特定は責任論になるからだ。なぜ、責任論が忌避されるのか。それは、このような「ムラ」社会での意思決定がきわめて曖昧で、責任者を特定することがむつかしいからである。もし、責任を取れということになるならば、メンバーの全員が責任を取らねばならなくなるような意思決定の仕方なのである。つまり、メンバーの全体が加害を与えるような意思決定に絡んでいるのである。たとえ、特定の煽動者や強力なリーダーシップを発揮する人間がいて、その結果、その社会が他の人々に加害を与えることになったとしても、責任は、その煽動者や特定のリーダーに限られないのであり、メンバーたちもまたその主張に「同意」していた、と考えられるのだ。

昭和天皇の戦争責任の追及は、米ソ対立という国際政治の動きによって政治的に回避されたにせよ、代わって提出された「一億総懺悔《ざんげ》」というスローガンがどうして国民に支持されたのであろうか。当時の国民もまた、戦争の責任の一端を担っていたからこそ、このスローガンを受け入れたのではないか。だが、その責任も個人にとっては、一億分の一にしかすぎず、かぎりなくゼロに近づく。そこでは、責任論は存在しても、責任論が現実に機能することはない。責任論はないに等しくなる。

日本人が戦争の加害者であることを認めたがらない背景には、このように、日本社会における意思決定の過程に大きな問題がふくまれているからではないだろうか。

この点、政治学者・神島二郎の考察は興味深い。神島によると、日本人は会議での発言の際、たがいが「自分も同意見であるが」という前置きをする。だが、続けて話す内容は、さきの発言者とは異なる。「同意見」などとはとてもいえないほどかけ離れた内容を話すことも、少なくない。にもかかわらず、なぜ、このような儀式にも似た前置きを口にするのか。神島によると、「同意見」という表明は、この会議に「つきあいましょう」とか「仲間として行動します」ということを意味している。もし、そうした前置きがなく、いきなり「反対」を表明して発言しようとすると、会議のメンバーはその後の彼の発言に耳を傾けない。あれは、「仲間ではない」と認識されるからだ

（『日常性の政治学』）。

このような前置きを必要とする社会を、神島は「馴成社会《じゅんせい》」とよび、「異成社会」と区別する。「馴成社会」とは「馴化《じゅんか》」作用が優勢な社会であり、「異成社会」とは、「異化」作用が強い社会といわれる（同前）。

「馴成社会」について、神島はつぎのように説明をしている。日本は島国のために、古代から異民族がたえずやってきたが、海流などの地理的条件のために彼らが本国へ戻ることはほとんどなかった。当然、計画的な集団的往来は不可能であった。そのために、日本に来たものたちは、「所在の社会に溶け込む」以外の方法がなかった。その結果、彼らは「異を立てるよりも馴れ合うことを重んじる」道を選ぶことになった。それが「異化」よりも「馴化」が優先する社会の内容にほかならない。ここで大事なことは、メンバーが最初から同質であるのではなく、異質のものが混じりあっているという点である。つまり、「お互いさま異質さを暗黙に受け入れてまとまる社会」なのである（『磁場の政治学』）。

右の説明で私が注目するのは、「暗黙の合意」という点である。「馴成社会」では、その合意の結果がなんであれ、それらはメンバー全員の「暗黙の合意」の上に成立している、ということになる。そのようなコンセンサスの形成の仕方では、他者になんらかの「加害」を与えたときでも、その責任を特定のメンバーに絞り込むことを許さないであろう。

問題は、日本社会のなかでのコンセンサスのつくり方にあるといってもよい。神島もまた、「ムラの意思統合の方法」についてつぎのようにのべている。彼はいう。ムラの意思統合の方法は「全員一致制」にあったが、そこに「多数決制」が導入された結果、集団意思の決定は著しく容易で早くなった。だが、少数者の権利の擁護（抵抗の権利）をどのように確保するかという大きな課題が残ることになった、と。

一昔前の「全会一致」方式は、個々のメンバーの権利を守る上ではきわめて有効な方法であるが、集団意思の決定が不能に陥ることもある。その欠陥を防ぐために、「気ままな反対論」者には、「ムラ八分」をもって牽制したという。これに比べると、右にのべたように、「多数決方式」は、集団の意思決定が容易になり、なによりも迅速となったが、反面、少数者の権利は無視された。「数の暴力」といわれる現象が生じる。その少数者が、帰属する組織から離脱できないとすれば、少数者は泣き寝入りするしかない。そして、その泣き寝入りを強要するのが、「馴成社会」の合意の仕方における「暗黙の合意」なのであろう。多数の到達した結論にあなたは反対だが、メンバーなのだからこのあたりで納めてはどうか、と懐柔されてしまう。少数者の権利の擁護が十分に機能している社会は、世界でもきわめて少ない。どうすればよいのか。

主体性の意味

私は、敗戦後の日本人の最大の課題が「主体的人間」の形成にあったのではないか、と考えている。そして、既述してきたように、日本社会ではどうして「主体的人間」の創出が難しかったのかについて、それなりの説明を試みてきたつもりである。私の場合、この問題は普遍的宗教の拒否の問題と深く関係していたから、本書では、普遍宗教から普遍性を奪う契機について論じることに主眼をおいてきた。

だが、「ムラ」社会における「主体性」の確立の条件を明らかにした段階で、あらためて、普遍宗教の復活のためにも、「主体性」という言葉の意味を確認しておきたいと思う。

というのも、戦後の知識人たちの間で活発な議論が展開されてきた「主体性」論争のなかでも、とくに私が注目するのは、作田啓一の「主体性」の定義なのである。その理由は、一般的な主体性の確立の問題にとどまらず、普遍宗教の役割にまで踏み込んだと思われる示唆がふくまれているからだ。

作田によると、「主体性」には二つの意味がある。一つは「自己決定性」であり、二つは「価値一貫性」である（『共同態と主体性』）。

「自己決定性」とは、「外界の諸要請と内発的な諸要求をくまなく点検し、将来を考慮しながら、諸要求を総合的な見地に立って最適度に満足させるよう、行為を決定すること」である。ここでいう「総合的決定」について、作田は丸山眞男の「主体性」の定義を援用する。丸山はいう。通常「主体性」というときの意味は、「既成の権威や戒律」に縛られることなく、自由におのれの欲求や心情を「放出する」ことにとどまっていて、複数の目標やコースを不断に状況認識しながら「選択する」というところにまでは及ばない、と。作田はこの指摘を受けて、欲求や心情の「放出」よりも、「選択」こそが「総合的決定」の内容なのだとする。つまり、「自己決定性」とは、自分の欲求を全面的に主張してそれを実現しようとするよりも、状況に応じて「選択」できる精神のあり方をいうことになる。ただし、「選択」が可能となるには、現に選択できるだけのコースが用意されていること、またそうした「選択」が奨励される社会であることが前提になる、ともつけ加えている。

第二の「価値一貫性」とは、「行為主体が自らの中に内面化された価値に即して、一貫的に行為する」ことをいう。なぜ、わざわざこのような「主体性」のあり方をもちだすのか。それは、人は自己決定を行う場合、外的な利害状況次第では、自分の信じる価値の実現を放棄・断念することが普通だからである。それでは結局、「長いものには巻かれろ」になってしまう。そこで、どうしても「主体的」であるためには、おのれの信じる価値の実現を最優先させる必要が生じる。したがって、「自己決定性」に比べると、「価値一貫性」という「主体的あり方」は、「外界に対する違和性が強く、状況超越的な傾向がいちじるしい」ということになる。俗にいえば、おのれの信じる道を生きるのは困難をきわめるということだろう。

私の立場からいうと、普遍宗教を生きる根拠に選ぶということは、作田のいう「主体性」の二つの意味を同時に達成することになるのではないか、と考えられる。

つまり、多様な人生観や宗教思想のなかから、特定の普遍宗教を選択してそれを生きる根拠とすることは、作田のいう「自己決定性」を実践することであり、その信奉者として、世間の状況のいかんにかかわらず、その普遍宗教の説く真理を最優先させることは、「価値一貫性」の実践を意味することにほかならない。

もちろん、普遍宗教以外の思想によっても、「自己決定性」と「価値一貫性」の実現は可能であろう。だが、普遍宗教は、そもそも人間世界を相対化することにおいて徹底しており、「価値一貫性」を貫く上では最強の立場にある点が重要なのだ。

ただし、読者にとくに注意を促したいのは、「主体性」の二つの意味を実現するのはあくまでも普遍宗教なのであって、個別の欲求や祈願に応じる、あるいは、個人や「ムラ」の利害のための宗教ではない、ということである。わざわざ、このようなことを断るのは、日本社会では、宗教の理解があまりにもお粗末だからである。現世利益を祈願するのが宗教だとか、教祖のいうままに「洗脳」されることが宗教だとか、あるいは寺院や教会の荘重な儀式に参列することをもって信者だと思っているとか、家の墓の維持に熱心で盆や歳末にはもちろん、先祖の忌日にも墓まいりを欠かさないことをもって自分には宗教心があると自負するとか、要するに普遍宗教についての理解がきわめて弱い。

これも、明治政府の「国家神道」政策の負の遺産なのである。「国家神道」は、一切の普遍的「創唱宗教」を弾圧し、その普遍性を奪って「国家神道」に同化を余儀なくさせた。それ以来、日本社会には、普遍宗教とはなにかを客観的に学習できる場はほとんどなくなって、今にいたっている。

くり返すが、「自己決定性」と「価値一貫性」を内容とする「主体性」は、普遍宗教の選択によって一挙に実現するということをいっておきたいのである。問題は、普遍宗教との出遇いや選択が難しいという点にある。以下、普遍宗教との出遇いを妨げる要因や、出遇いを回復する道について、さらに論じてみたい。

2 特殊主義的性格

日本文化の「潜在意識」

第二章でも紹介した、日本研究家のロバート・ベラは、ある学界の発表で、日本人と日本社会には、普遍的価値に対する無意識的な拒否感とでもいうべき心情がはたらいており、しかも、そうした拒否感が日本文化の「潜在意識」となっている、と指摘したという。ベラが「潜在意識」という時、具体的には「神道」をイメージしているが、加えて、その「潜在意識」には「特殊主義的性格」があるともいう（堀一郎『聖と俗の葛藤』）。

ベラの仮定については、保留しなければならない点がいくつかある。一つは、文化の根底に「潜在意識」を設定する点だ。こうした考え方は、フロイトやユングの業績を歴史の分野にまで拡大するなかでも生まれてきているが、ただ、歴史的事象の解釈については、歴史的分析を優先させる必要があることはいうまでもないであろう。ベラのいうように、日本社会には普遍的価値の定着を妨げる要素が、いつの時代にも濃厚だという指摘は認めても、そのまま、そうした傾向が日本社会のなかに超歴史的に存在する、ということにはならないだろう。それは、やはり一つの憶断になる。

二つは、その「潜在意識」を「神道」とみなすのは、なんでも「神道」に還元するということになりがちで、結局は、トートロジーや判断中止に陥る危険性があるのではないか。もっといえば、日本社会とその文化には、時代を超えて伝承される心意があり、それが「神道」だということは、一種の決定論になる。そうした決定論が有害であるのは、日本の精神史を考える際に、「日本人にとって不可逆的な、選択の余地のない、深層に潜む規制力」という「呪縛」を生ぜしめて、自由な考究を妨げる恐れがある、ということではないか（黒田俊雄「日本宗教史における神道の位置」）。

このように日本文化を根底的に規定していると考えられている「潜在意識」は、ベラにあっては「外来文化を変質せしめる選択意志」ともよばれるが、こうした視点は、なにもベラにかぎったことではない。戦後、知識人たちの間に議論を提供した、アメリカの文化人類学者・ルース・ベネディクトは『菊と刀』のなかで、Japanese boredom という言葉を使って、一種のあきらめのよさ、大勢順応といった気分が日本人の心を支配している、と指摘したことがある。ベラの指摘も、そうした部類だと考えてもよいだろう。ここでも、右の黒田の指摘が有効だと思われるが、私はベラがその「潜在意識」について、「特殊主義的性格」があると指摘していることには、いささか関心をもつ。

「特殊主義的」という原語は、Particularism で、普通は「排他主義」と訳される。英英辞典を見ると、なにかに「傾倒」するあまり、「排除」を必然とするといった意味合いがある言葉である。

つまり、なんらかの対象に傾倒する際に、意識的にせよ無意識的にせよ、なにか（だれか）を排除する、あるいは有無をいわせずに包摂してしまう、という強制力の発揮も意味するらしい。そうすると、特殊であることに居直るだけでなく、ほかの人にもその特殊を強制する、ということになる。もちろん、こうした傾向は、どの社会にも存在するが、本書の文脈でいえば、自然宗教にはこうした傾向が強いことはいうまでもなく、法然の専修念仏の伝承に際しても、その傾向性が力を発揮したと考えられる。つまり、法然の仏教を受けついだと称する教団は、その普遍性を中心に布教するのではなく、自分たちの既存の価値観や利害に都合のよいように教説を変更し、それを人々に布教したのであり、その結果、同じ念仏教団に対してきわめて「排他主義的」になった、ということになるのであろう。

再度いえば、教団化した専修念仏諸宗は、その普遍的救済論を伝承するのではなく、互いを異端、異説として排除しあう教学を発達させて、本家争いに終始する一方、組織の世俗的繁栄をめざす集団となっていった、ということだ。

では、もはや、なすすべはないのであろうか。ひとたび、普遍性を喪失した専修念仏という仏教に、普遍性の回復を期待することは不可能なのであろうか。

ベラが普遍的価値を拒否する日本社会の「潜在意識」に注目したのは、キリスト教や西欧近代文明など、日本社会が外来文化の受容に際して示した反応からであった。要するに、キリスト教信者にせよ、マルクス主義者にせよ、日本では、その普遍性に忠実であるよりは、排他的にふるまうことが多かった、ということであろう。

だが、法然の専修念仏は、外来宗教ではない。仏教は外来宗教だが、七百年の時間をかけて、日本の精神風土のなかで、紆余曲折を経てあらたに生み出されてきた「日本製」の普遍宗教が専修念仏なのである。その普遍性をも、ベラのいう「潜在意識」は、短時間に「特殊主義的性格」に変質せしめてしまう。自ら生み出した普遍宗教を、自ら骨抜きにして怪しまない精神が私たちの潜在意識に存在する！　ことになる。

だが、私たちの精神史では、すでに見てきたように、専修念仏のもつ普遍性が失われてゆく過程も分かっているのだ。となれば、「特殊主義的性格」の強い傾向を、日本社会のあたかも宿命（黒田のいう「呪縛」）とみて、ましてや「神道」のなせるわざとして手を拱《こまぬ》いているのではなく、普遍性を阻害する精神そのものの克服を試みることも可能なのではないだろうか。

惑溺

ベラは、日本文化の深層に、普遍性を拒否して「特殊」にとどまろうとする「潜在意志」があると仮定したが、福沢諭吉《ゆきち》（一八三四―一九〇一）は、日本人における「独立心」の欠如をどのように克服するのか、という実践的な課題にこたえるために、「独立心」の反対に「惑溺《わくでき》」という精神のあることに注目した。

「惑溺」とは、現代の読者にはなじみの薄い言葉だが、「一つのことに心がうばわれて正しい判断力を失うこと」（『広辞苑』）をいう。ベラのいうParticularism（「排他的傾倒」）に関心をもっている私からすると、福沢のいう「惑溺」は、まさしく、ベラのParticularismに相当するのではないかと思われる。

もちろん、この言葉によって問題とされる思想的対抗軸は、ベラでは、「普遍対特殊」であり、福沢の場合は、「独立対惑溺」という違いはある。だが、一つのことに傾倒して、容易に他を排除してあやしまず、正しい判断ができないという状況を問題にしている点では、同じだといってよいだろう。

福沢諭吉

福沢自身の「惑溺」の定義は、「習用の久しき、或は其事物に就き効用をば忘れて唯其物のみを重んじ」る精神である（『文明論之概略』）。したがって、そこでは、本来の目的が忘れられて、「虚飾」が幅を利かすことになる。

この福沢の「惑溺」について、丸山眞男は綿密な検討を加えているが、それによると「惑溺」の意味がさらに明瞭になる。つまり、「惑溺」は、人間の活動分野のあらゆる領域で発生する精神であり、「一心一向にこり固まる」ことであり、政治・学問・教育・商売等なんであれ、「それ自身が自己目的化する」ことであり、「ほかが見えなくなってしまう」ことにほかならない（『福沢諭吉の哲学』)。

「ほかが見えなくなってしまう」とは、そこに、意識的にせよ無意識的にせよ、排除がはたらいているということであり、それでは、普遍性への関心がうすれるのも当然といわねばならない。

福沢の関心は、日本国における「権力の偏重」をいかにして克服するかにあった(『文明論之概略』巻之五)。福沢によれば、日本は古代以来現代いたるまで、治者と被治者の二類あるのみで、権力の行使は治者にかぎられ、宗教も学問も治者に籠絡されて存続してきたにすぎず、ましてや人民の間に権利や自由、自立は存したことがなかった。また、こうした「権力の偏重」があればこそ、事が進んできたという歴史もある。

だが、西洋文明と対峙して日本国の独立を確保してゆくためには、こうした「権力の偏重」は乗り越えられねばならない。では、どうすれば「権力の偏重」を克服できるのか。その道が、「惑溺」からの解放なのである。一言でいえば、自己の客観化を獲得する道を見出すことにほかならない。

では、その具体的方策とはなにか。

3 普遍性を回復する道

「孑孑《ぼうふら》」の覚悟

福沢によれば、人が「惑溺」から脱するためには、自己を極小化する視点が不可欠だという。自己がいかにちっぽけな存在であるかに思いいたるならば、その自己に執着して、「一心一向にこり固まる」ことの愚かさに気づくはずだ、というのである。それだけではない、そうすることによって、思いもかけない「活発」な精神を得ることもできる、と。

以下、福沢の文章を引用しよう。

宇宙の間に、わが地球の存在するは、大海に浮かべる芥子《けし》の一粒というも、なかなかおろかなり。われわれの名づけて人間と称する動物は、この芥子粒の上に生まれ、また死するものにして、生まれてその生まれるゆえんを知らず、死してその死するゆえんを知らず、よりて来る所を知らず、去りて往く所を知らず、五、六尺の身体はわずかに百年の寿命も得難し、塵のごとく埃のごとく、溜水《たまりみず》に浮沈みする孑孑《ぼうふら》のごとし。（中略）すでに世界に生まれ出たる上は、蛆虫ながらも相応の覚悟なきを得ず。すなわち、その覚悟とは何ぞや、人生本来戯《たわむれ》と知りながら、この一場の戯れを戯れとせずして、あたかも真面目に勤め、貧苦を去りて、富楽に志し、同類の邪魔せずして、みずから安楽を求め、五十、七十の寿命も永きものと思うて、父母に事《つか》え、夫婦相親しみ、子孫の計をなし、また戸外の公益を謀り、生涯一点の過失なからんことに心掛くるこそ蛆虫の本分なれ（以下略）。（「人間の安心」『福翁百話』、句点は変えた）

同じ趣旨をのべた文章がある。念のために、こちらも主な部分を引用しておく。

人生は、見る影もなき蜩虫に等しく、朝の露の乾く間もなき、五十年か七十年の間を戯れて過ぎ逝《ゆ》くまでのことなれば、わが一身を始め、万事万物を軽く視《み》て、熱心に過ぐることあるべからず。生まるるはすなわち死するの約束にして、死もまた驚くに足らず。いわんや、浮世の貧富苦楽においてをや。その浮沈、つねならざるのみか、貧者かならずしも苦痛のみにあらず、富者かならずしも安楽のみにあらず、ただこれ一時の戯れにして、その時を過ぐれば、消えて痕なきものと知るべし。これを根本の安心法として深く胸の中に蔵《おさ》め置き、さて、今日の浮世を渡るに、その法を如何《いかん》すべきやというに、蜩虫はもとより蜩虫にして、たとい高尚なる心あるも、蜩虫と雑居しながら、高尚なる手段を施すべきにあらざれば、生を愛し死を悪《にく》み、貧富苦楽を喜憂して、浮世の務《つとめ》を務め、苦しみては楽しみ、楽しみては苦しみ、苦楽平均して楽の多からんことを願うはもちろん、あるいは、その快楽を大にせんがために、格別に辛苦し、十年の功を積んで、一朝の心を慰むることもあるべし。（中略）されば、初めには人生を戯れと称して、死もまた驚くに足らずといいながら、渡世の法に至れば、生を愛し死を悪み、辛苦経営して快楽を求めよと勧む。前後不都合なるに似たれども、元来、人間の心は広大無辺にして、よく理屈の外に悠然たるを得べきものなり（以下略）。（「人間の心は広大無辺なり」『福翁百話』、句点は変更した）

わが身を「蛆虫」と見る視点から一転して、現実生活では、生を愛し、富楽を求め、家族の幸福を追求し、公益をはかれ、と主張する。わが身を「孑孑」や「蛆虫」とする自覚が、一転、どうして現実生活上のエネルギーとなるのか。福沢はそのことを「前後不都合なるに似たれども」と、矛盾しているように見えることを認めた上で、そういう不思議が成立するのは、もともと人間の心が「広大無辺」だから、と説明する。

福沢は、こうした心の「広大無辺」について、別のエッセイでは、つぎのように説明している。「浮世を軽くみるは心の本体なり。軽くみるその浮世を渡るに活潑なるは心の働きなり。内心の底にこれを軽くみるがゆえに、よく決断してよく活潑なるを得べし」(「事物を軽くみて始めて活潑なるを得べし」『福翁百話』)、と。つまり、心には「本体」と「働き」があるのであり、それが「広大無辺」の内容だというのである。

福沢は、さらに具体例をあげて説明する。碁や将棋などの勝負で、是非とも勝とうとすると、かえって負けることが多い。反対に、勝負を軽くみると、無心となり、決断が速くなり駆け引きも活発になるから、勝負に勝てるのだ、と。「孑孑」や「蛆虫」の自覚は、いわば「無心」を引き出す契機となっている、ということになろうか。

では、「惑溺」は、「孑孑」や「蛆虫」の自覚をもつことによって克服できるのであろうか。自我を最小化する行為が、「一心一向にこり固まる」ことを、果たして妨げ得るのであろうか。また、自己を「孑孑」や「蛆虫」と見ることによって、ニヒリズムに陥ってしまうことはないのか。なぜ、福沢の場合は、ニヒリズムを回避して人生を「真面目に」生きる方向に転換できたのか。

その鍵は、福沢における「凡夫」意識にあるのではないのか、というのが橋本峰雄の解釈である。橋本は、福沢の「蛆虫はもとより蛆虫にして、たとい高尚なる心あるも、蛆虫と雑居しながら、高尚なる手段を施すべきにあらざれば」という一文に注目する。蛆虫が「高尚なる心」をもっていても、蛆虫同士で雑居しているかぎりは、その「高尚なる心」の実践は不可能となる。ならば、蛆虫に徹するしかないではないか。このような蛆虫のあり方が、伝統的な言葉でいえば「凡夫」にほかならない、というのである（『「うき世」の思想』）。

ちなみに、福沢の蛆虫論を重ねて紹介しておこう。「かくいうわが身も、もろともに蛆虫にして、他の蛆虫と雑居し、もって社会をなすことなれば、蛆虫なりとて、けっしてみずから軽んずべからず。いやしくも、人としてこの世に生まれ出たる上は、すなわち万物の霊にして、地球上の至尊なり」（「造化と争う」『福翁百話』、句点は変更した）、と。

福沢のすぐれた点は、「万物の霊にして、地球上の至尊」の存在である人間が、じつは本質において「蛆虫」にすぎない、という自覚があったことであろう。そして、結論をのべておけば、このような自覚こそ、本願念仏者であった母親の影響によるのである。

そして、「惑溺」からの解放という点からいえば、「孑孑」や「蛆虫」を「心の本体」とするというだけでは、所詮、処世訓の域を出ず、「凡夫」という人間観を全面に出すことによってはじめて、「惑溺」からの解放も可能となる、ということではないのか。

ここにいたって、中世の法然の専修念仏の再生の道筋が見えてきたということであり、そこにこそ「惑溺」からの解放も成立するのであり、福沢が念願とした「独立自尊」の精神の確立も見えてくるのである。

妙好人の母親

福沢諭吉の母は真宗信者であったが、普通の信者ではなかったようだ。そのことは、福沢自身も認めているところで、『福翁自伝』にはおよそつぎのように記されている。

母もまた随分妙なことを悦《よろこ》んで、世間並みには少し変わっていたようです。一体、下等社会の者に付合うことが数奇《すき》で、（中略）乞食でも颯々《さつさ》と近づけて、軽蔑もしなければ忌《いや》がりもせず、言葉など至極丁寧でした。また宗教について、近所の老婦人たちのように普通の信心はないように見える。例えば家は真宗でありながら、説法も聞かず「私は寺に参詣して阿弥陀様を拝むことばかりは、可笑《おか》しくてキマリが悪くて出来ぬ」と常に私共に言いながら、毎月、米を袋に入れて寺に持って行って墓参りは欠かしたことはない（その袋は今でも大事に保存してある）。阿弥陀様は拝まぬが坊主には懇意が多い。（中略）コンナところを見れば、ただ仏法が嫌いでもないようです。とにかくに、慈善心はあったに違いない。（「幼少の時」岩波文庫版）

そしてこの文章のあとに、母が彼を手伝わせて乞食の虱《しらみ》とりをさせる話があり、母は乞食に虱とりをさせてくれた褒美だといって飯を食べさせるのが常であった、と記している。

また、福沢が故郷を出て行く時にも、母親は、「死生《しにいき》の事は一切言うことなし。どこへでも出て行きなさい」と、淋しさは一切見せずに、励ましたという（「大阪修行」『福翁自伝』）。

このような母親の信仰心は、幕末の真宗信者のなかでも、型に縛られない、とくに信心が篤い「妙好人」とよばれた一群の人々と共通するところがある。

橋本は、この「妙好人」ともいうべき母親の「徹底した偶像否定」を通じて、福沢の「卜筮呪詛一切不信仰」のパーソナリティや、藩意識をこえる「開かれた」意識が植えつけられたのではないか、と推測している。また、『福翁自伝』には、福沢の処世を示す言葉として「安心決定《あんじんけつじょう》」という言葉がしばしば用いられているが、これも、真宗の用語であり、福沢が母親の口癖を幼時から聞き覚えていたからではないか、と指摘している（「福沢諭吉と妙好人の母親」）。

福沢自身は、無神論者であり、無宗教主義者であった。だが、「惑溺」を克服する筋書には、母から受けた真宗的な考え方が生きていた、というべきなのであろう。そうでないと、「孑孑」や「蛆虫」の自覚が、「万物の霊にして、地球上の至尊」に転換する道筋が、分からなくなるであろう。丸山眞男も、これを明白な「パラドックス」だと断ずるにとどまっている（「福沢諭吉の哲学」）。

ただ、福沢は、「蛆虫」の自覚がどうして「至尊」にむすびつくのかについて、母親譲りの直観があるばかりで、せいぜい、人心の「広大無辺」だと説明するのが精いっぱいであった。だが、

「蛆虫」と「至尊」の間には、『無量寿経』等の浄土教経典という「大きな物語」が介在していることに気づけば、「パラドックス」でもなんでもない。

つまり、丸山が「パラドックス」として躓いたのも、「大きな物語」の発想が眼中になかったからであろう。それは、福沢をふくめて、近代日本の知識人の、宗教への無関心さにまでさかのぼる問題である。

この点、法然の教説に親しんだ立場から見れば、「蛆虫」つまり「凡夫」の自覚があってはじめて、阿弥陀仏の本願という救済原理と向き合うことができるのであり、それを信じることによって人間の「至尊」性も認めることができる、ということになる。要は、一度本願という救済原理を信じることができるようになれば、「蛆虫」＝「凡夫」でありながら、そこに阿弥陀仏の力が加わるのであるから、「凡夫」は、「仏」という完成者に向かって歩むことが可能となるのである。それが本願念仏者の仏道であり、その「仏」に向かう道が、「蛆虫」のなかにも「至尊」の自覚を生み出してくるのである。

福沢は、こうした「大きな物語」に即した道筋を省略して、母親から受けついだ真宗の結論だけを利用したのであろう。橋本が、福沢は「真宗という原因を捨てて、その結果だけを母親の感化を通じて取った」と指摘したのは慧眼《けいがん》であった（「福沢諭吉と妙好人の母親」）。

ここまで見てくると、福沢の「惑溺」からの解放は、宗教という契機を抜きには語ることができないことになる。しかし、福沢には宗教への不信やアレルギーが勝ちすぎていた。また丸山眞男も、真宗的思考には共感しながら、真宗そのものと向き合うことはなかったようだ。となれば、「惑溺」からの解放は、いまだに達成されてもいないし、その道筋さえも明らかではない、ということになり、福沢がめざした「独立自尊」は、スローガンにとどまっているにすぎないことになろう。つまり、柳田國男が歎いた「事大主義」の解決もまた、同じ状況にあるということになる。

宗教とはなにか

私は、「宗教」とは「大きな物語」であると、久しく言い換えてきた。というのも、「宗教」という言葉があまりにも誤解にさらされて、その本来の意味をくみ取ることがむつかしくなってきたからである。

たとえば、福沢諭吉も、自身はさきにふれておいたように無宗教者だが、『福翁自伝』の最後に、自分のやりたい仕事は、「全国男女の気品を次第々々に高尚に導いて真実文明の名に恥ずかしくないようにすることと、仏法にても耶蘇教にても孰《いず》れにても宜しい、これを引き立てて多数の民心を和らげるようにすること」等にある、とのべている。彼によれば、宗教は民心を和らげるための手段であって、それ以上のものではなかった。宗教に対して比較的同情的な見方でも、ここまでである。普遍的宗教によって、主体的で普遍的視野もつ精神が形成されることなど、彼にとっては夢想さえできなかったのであろう。

とにかく、「宗教」という言葉が無視されるようになったからといって、「宗教」がそれまで対象としてきた、人間にとってもっとも深くて困難な問題が解決されたわけではない。むしろ、「宗教」を軽蔑し否定することによって、人間のもっとも大事な問題を置き去りにしているだけなのである。私は、そこにいいしれない危機を覚える。だからこそ、「宗教」に代わる言葉を、懸命に探し続けてきたのである。

人は、もともと「意味」なしには生きられない動物だ。どんなに物質上の基礎があっても、日々の行為にはっきりとした「意味」が見出せなかったら、人はひどい無力感や徒労感に襲われる。反対に、どんなに貧乏な日々であっても、前途に希望があるかぎり、貧乏に堪えることもできる。こうした、日常の暮らしに生き甲斐をあたえることができる「意味」を、私は「小さな物語」といいたい。つまり、私たちの日常が無事平穏に推移するのは、「小さな物語」がいくつも重なりあって、それなりの「意味」をあたえてくれているからである。

だが、人生には、「小さな物語」で対応しきれない悲劇や、不条理が生じる。なぜ私がこんな目にあうのか！　と、世界を怨むような出来事が襲うことがある。そんなとき、「小さな物語」は役に立たない。その時、役に立つのが「大きな物語」なのである。常識をはるかに超えた時間軸と空間軸から成り立つ、壮大な人間救済の物語が現実味をもってせまってくる。

このような「大きな物語」は、人類史上古くから存在してきた。そして、聖書や経典という洗練された「大きな物語」をつくりだすにいたって久しい。

こうした「大きな物語」が力を失ってきたのは、それらが教団という組織をつくり、堕落を極めてきたこともあろう。あるいは、近代西洋で発生した科学によって、物語の存在の科学的根拠が問われたこともあろう。だが、なによりも日本の場合、経済的繁栄のなかで貧富の差など大小の矛盾はあっても、現世だけで十分な快楽が得られるという幻想にとりつかれたことが、「大きな物語」を不要とするにいたった直接の原因ではないか。

現代の日本人の多くは、「今だけ、自分だけ、金だけ」を合言葉に生きているという。そこでは、不条理や不幸が自分に襲いかかることはない、自分は強運のはずだという思い込みをたよりに生きているのであり、万一不条理や不幸に襲われても、自分は不幸な運命にあったのだとあきらめて、それを解決する智慧を得るよりも、忘却だけをたよりに生きようとしている。わが身を襲う、不条理や不幸、不安を解決しようという気力が失われて久しいのではないか。人は、「死ねばおしまい！」なのである。わが身を振り返る余裕が、すでに失われて久しい。「末世」とは、こういう時代をいうのであろうか。

たしかに、「大きな物語」に向きあうためには、エネルギーがいる。わが身を襲う不条理や不安、不幸に耐えるだけでも、エネルギーがいるのに、その上、「大きな物語」と向きあうことは容易ではない。しかし、「大きな物語」に向きあえば、時間はかかっても、「意味」を喪失した人生に新たな「意味」が見出されて、文字通り新しい人生がはじまる。

人間は、解決の困難な不条理をかかえて生きざるをえない動物だが、同時に、そうした不条理を克服できる道もまた発見してきた存在である。人生を、いかに納得して生きてゆくのか。それは、生きる上での最大の課題であり、もっとも緊急な課題である。だが、現代という時代は、それから逃れて不条理を見ないことにして生きようとする。見ないこと、ないことにすることと、解決することとは大違いである。

「まえがき」でもふれたように、かつて私は、『日本人はなぜ無宗教なのか』を刊行して、日本人が、なぜ「無宗教」という精神状況で平気でいることができるのか、をめぐっていささか考察してみた。「無宗教」は、けっして「無神論」や決定的な宗教否定論ではない。むしろ、なにがしかの関心はあっても、深くは関係したくないという消極的な精神の表現なのだ。そうした判断が生まれる背景には、強大な教団に統率された羊のような信者の姿があり、まじないというしかないことにうつつを抜かしている人々がイメージされているのであろう。そして、自分だけはそのような愚かな人間に成り下がりたくない、という思いだけが強いのかもしれない。

だが、なによりも問題は、明治政府があらたな政体を発足させるに際して、天皇を頂点とする、のちに「国家神道」とよばれるようになる政治宗教を創出して、その後の日本人の精神を支配した歴史にある。そこでは、いわゆる「創唱宗教」のすべてが「国家神道」によって抑圧され、自由な考究や信仰が妨げられてきた。その状況は、「国家神道」が解体されたからといってなくなったわけではない。益田勝実のいうように、天皇制が存続しているということがとりもなおさず、「国家神道」を生み出した精神的土壌が健在だという証拠にほかならない（「神道」）。

もちろん、「国家神道」は、たんに強制されたというような、単純な理由から浸透したのではない。民衆の方にも、国家が強要する「国家神道」を喜んで受け入れる素地があったのである。それが、なんどもいうように、日本人の間にひろがっている「自然宗教」にほかならない。「自然宗教」は、「物語」としては「大きな物語」というよりは「小さな物語」に属している。「無宗教」でよいということは、「大きな物語」は必要ではなく、「小さな物語」でこと足りている、ということなのであろう。つまり、「大きな物語」は、日本人の精神史では抑圧され続けてきた、ともいえるのではないか。福沢諭吉の開明的な無宗教主義は、「大きな物語」の「抑圧」のなかで生まれた鬼子でもある。

4 「想像力」の回復

始原

私がいうところの「大きな物語」の「抑圧」を、別の視点から問題にした一人に益田勝実（一九二三―二〇一〇）がいる。益田は、日本の古代文学研究の新天地を開いたばかりか、すでに紹介したように、日本の神観念の解明にも優れた業績を残した。その業績は、本居宣長や折口信夫に次ぐものといっても過言ではない。

その益田をして日本の古代研究に向かわせたのは、彼自身が生きた日本の「近代」の病弊にあった。その一つは、「理性と概念的思考を後生大事に守る」という風潮であり、その結果、「比喩をもって語ることをさげすみ、象徴の方法で思考することをないがしろに」することになった（『秘儀の島』「あとがき」）。あるいは、「無思想とヨーロッパ流近代思想との野合、格闘」にあけくれる思想的環境のなかで、自分たちのよって立つ根拠を見失ってきたことに原因がある（『民俗の思想』）。

このような「近代」の弊害のなかで、人間の「始原」、「根源」のすがたを明らかにするために、益田は「古代研究」に向かった。彼にとっての「古代研究」は、「近代」を超える道の発見であり、人間のあり方を回復する道の模索を意味していた。その「始原」、「根源」を求める作業のなかで見出されてきたのが「神話的想像力」にほかならない。「神話的想像力」とは、古代神話を生み出し、支えている想像力のことである。

益田は、そうした「神話的想像力」を明らかにするために、『古事記』や『日本書紀』、『風土記』などの古代文献に沈潜し、あわせて、各地に残る古い祭りの祭儀や伝承に立ち会うことによって、「神話的想像力」の具体的な姿を探ろうと努める。

たとえば、「凝固する時間」の発見もその一つである。世間には、鬼がつくった九十九や九百九十九の石段という伝承がある。あるところでは、鬼が田畑を荒らすので鬼を懲らしめるために、一晩のうちに神を祀る山に百の石段を築け、もしそれができれば、毎年人を一人ずつ差し出して鬼に食わせるから、二度と村に出てきてはならないという約束をした。鬼は懸命に石段を築いたが、あと一段というところで夜明けになって、鬼は姿をくらました、とある。こうした伝承について益田は、「永遠の凝固が見舞う」（「黎明」）と説明する。

現代の私たちは、一日が夜明けから始まり、夕方に終わると思っている。夜は睡眠時間帯にしか過ぎない。だが、古くは、一日のはじまりは夕方からであり、終わりは夜明けであった。しかも、夕方から夜明けの闇の空間こそ、神や鬼、魔が活動する神聖な時間帯でもあった。それに比べると、昼間は労働の時間帯であり、人間が中心となっている時間と意識されていた。今でも、多くの祭りは夕方からはじまり夜明けに終わる。それは、その名残なのである。

つまり、古代の時間意識では、夜明けが特別の意味をもっていた。神はもとより、鬼や魔も、夜明けを過ぎて活動することができないばかりか、その仕事も中断され、ときに、その仕事は「岩」となり「山」となって「凝固」する。

私たちは、時間は流れ去るものと意識しており、とくに近代になってからは、過去から現在を経て未来に一直線に進むというイメージが強い。そこでは、時が円環を描いているとか、ましてや「凝固」することがあるとは信じがたい。もし「凝固」することがあるとするのならば、それは精神の病だと考えてしまう。

だが、古代人にとっては、それは、固有の「想像の仕方」(「黎明」)なのである。では、どうしてそのような「想像力」が生まれたのか。益田は、つぎのように説明する。

神々の時間であった夜が明け放たれ、時間切れの神々が退散していった後の朝の風景の中で、神々の時間に語られ演じられた伝承の残像を見出そうとする心の営みが反復されてきて、このような想像の方式が形成され、固定していったのではなかったろうか。(「黎明」)

こうした想像力が生まれる背景には、夜間と昼間とでは、まったく質が異なるという断絶感があるのであろう。そうした断絶感をもたない現代の私たちにとっては、古代人の経験した「時間の凝固」も追体験することは難しい。しかし、そういう私たちにも、時間は秒針の動きやデジタル表示に還元されてしまうわけではない。人生には、時が止まる瞬間があるのだ。そうした瞬間の経験は、しばしば、人の存在の不思議に思いをはせる時でもある。問題はその時、私たちはどのような想像をめぐらすことができるのか。古代人のように、時の凝固を示すシンボルを保持しているであろうか。

益田はまた、日本の神々のなかには、「祭られる神々」とは別種の「語られる神々」、あるいは、「叙述である神々」が存在することを明らかにしている。

たとえば、『古事記』には天孫降臨の先導役をになうサルダビコの話が出てくる。サルダビコがアザカというところで漁をしていた時、ヒラブ貝に手を挟まれて溺れかかった。その際、海底でもがいている状態によって、三種の神名があらわれる。一つは、水底で貝に手を挟まれているときの「ソコドクミタマ」、二つは、貝から逃れて海の中ほどで泡を吹いて上昇している時の「ツブタツミタマ」、三つは、その泡が水面に出て割れるところをさして「アワサクミタマ」という、と。サルダビコの行動が「詩的想像」を駆使して神名として表現されている、という(「幻視」)。

益田は、こうした「語られる神々」こそ、文学の源流だと考える。だが、同時に、そうした神々の名によって発動される「幻想のイメージの強烈さとゆたかさ」が、古代権力による神話の体系化のなかで抑圧されていったことも指摘している。

この指摘は、重要である。「大きな物語」を生み出す想像力と、それを解釈する空想力が早い時期にすでに政治によって抑圧の憂き目にあっており、しかも、その痕跡が『古事記』という「大きな物語」のなかに同時に残されているのである。それゆえに、『古事記』の本文から、抑圧以前と抑圧以後の表現を区別して見出す必要が生じる。それは容易な作業ではないが、優れた解釈家はそれを断行する。そして、そうした解釈によって、神話という「大きな物語」が現実に意味をもってよみがえってくるのである。

こうした視点は、神話のみならず一般に「大きな物語」を読解するときの、もっとも基本的なスタンスといえるであろう。「大きな物語」のなかにある不可解な記述に対しては、想像力を総動員してその不可解を解釈しなければならないのだ。

極論

さきに、法然の専修念仏の理解のためには、人の誕生を「人界」に生まれると認識することが重要だとのべておいた。つまり、「六道」の一つである「人界」に生まれてきたという自覚が、「六道」からの離脱の意志を生み出すのであり、それが苦しみの世界からの解放に結びつくのである。

「六道」は、人間の不安や不条理の象徴である。「六道」が非科学的な迷信だといって無視しても、人間の不安や不条理がなくなるわけではない。かえって、不安や不条理が拡散して、その克服の道筋が見えなくなってしまう。私たちの漠然とした不安や虚無感は、私たちを根本から縛っている不安や不条理を明確に把握する術をもたないところから倍加されている節もある。そういう意味で、「六道」という古代インド人が発明した「大きな物語」は、今も有益だと考えられる。益田の顰《ひそみ》にならって、源信僧都《そうず》の「横川《よかわ》法語」を読み解くカギを考えてみよう。

源信の「横川法語」のなかで私が興味をもつのは、人間が「妄念」のかたまりだという「極論」をのべている点だ。

宗教は、常識では理解できない「大きな物語」で構成されている。浄土仏教でいえば、法蔵という人間が阿弥陀仏になり、すべての生きとし生けるものを仏にしたいという願いを実現した。それは、日常のものの考え方からすれば、荒唐無稽な「物語」と映る。だが、ひとたび、そうした日常の尺度が無効となるような事態に直面したとき、人は、はじめて「非常の言葉」(常でない言葉)で綴られる「大きな物語」に関心を示す。

だが、その場合でも、すでに身に付いている常識という「尺度」から自由になることは、むつかしい。阿弥陀仏について説明する『無量寿経』という「大きな物語」も、日常的な考えから理解しようとして躓く。その躓きに陥らずに、「非常の言葉」をそのまま受け容れるにはどうすればよいのか。その一つが、「極論」を認めるということであろう。

源信はいう。「妄念はもとより凡夫の地体《ぢたい》なり。妄念の外に別の心もなきなり。臨終の時までは、一向に妄念の凡夫にてあるべきとこころえて念仏すれば」云々、と。

「妄念」は、仏教では「迷妄への執念」を意味する。それは、「苦」の根本原因である「無明《むみよう》」（無知）のことである。「無明」とは、人間と世界についての真理に無知であることであり、しかも、その無知であることに気がつかないことである。それゆえに、いたずらに「迷妄」をくり返す。まことに、「愚か」そのものといわざるをえない状態をいう。

「地体」とは、本来のあり方、本質。「凡夫」はいうまでもなく、自己中心性を逃れることができない私たちのあり方をさす。「妄念」が凡夫の「地体」であるとは、私たちが、愚かさのゆえに自分の考えにこだわり、そのこだわりに縛られ続けている状況をいう。

しかも、源信は私たちが「妄念」から解放される瞬間などまったくない、と断定する。こうした断定は、普通の暮らしを営んでいる人々には、とても受け容れがたいことであろう。いかに「妄念」がはげしくとも、たまには真っ当な考えも浮かぶのだから。だが、源信は、人は「妄念」そのものだと決めてかかる。

人は、例外なく「妄念」のとりこだという断言！　それは、ひとえに私たちに常識の無効性を教えているのであろう。日常的な価値観、とくに、物事を自己中心的にしか理解しないスタンスでは、「非常の言葉」は受け容れがたい、と教えるためなのだ。

私たちは、「妄念」のかたまりだという断定に対して、はじめは猛烈に反発する。だが、次第に

「真っ当だ」と思っていた考え方がかならずしも正しいとはいえないことや、正しいという主張も、その裏には自己正当化の意志がとぐろを巻いていることに気づきはじめる。すると、「非常の言葉」にも心を動かすようになってくる。

はじめから、「非常の言葉」を信じよ！　というのは、仏教ではない。まず「極論」を認めて、自己がいかに頼りのない存在であるかを自覚する。すると、阿弥陀仏の誕生を説く「大きな物語」も、「妄念」の虜となっている凡夫のためにつくられたことが自然に了解されてくる。阿弥陀仏をのっけからやみくもに信じるのではなく、わが身が「妄念」の虜であることを自覚すること、それが、浄土仏教の出発点なのである。それは、自己の有限性の自覚といいかえてもよい。自分を「妄念」のかたまりと見定めることは、自己の有限性の自覚にほかならない。

源信は、「妄念」のかたまりである凡夫が容易に阿弥陀仏を信じることができない、ということをとっくに承知している。だからこそ、「信心あさくとも」というのである。「信心」が浅いのは、凡夫の常態なのである。あるいは、「念仏もの憂し」ともいう。積極的に念仏しようとする気持ちも、起こりにくい。すべては、「妄念」のなせるところ。しかし、そのような凡夫の心を見通した上でつくられた阿弥陀仏の本願なのであるから、「信心あさくとも」、「念仏もの憂けれども」、安心して「念仏」すればよい、というのである。こうした考え方は、源信から百年余り後に登場する法然において、きわめて明確に主張される。念仏は、「妄念」のただなかで実践してゆくことができる唯一の方法なのだ、と。

私たちは、しばしば「妄念」のかたまりであることを忘れて、ときに清らかな心になることができると錯覚する。その錯覚こそが最大の障害となる、と法然は教える。「妄念」のままに救われる道がある、と教えるのが法然の仏教なのである。それが、「称名」にほかならない。「妄念」のただなかで、「念仏」を口で称えるのである。「念仏」こそは、「妄念」のかたまりである私のなかに、阿弥陀仏の心を伝えてくれる。

たしかに、現代のような時代において、「妄念」を「極論」として主張することは誤解を受けやすいだろう。しかし、「極論」に向きあうとき、自分たちの自我にどのような問題があるのかが見えてくるのであり、日ごろの常識の限界にも気づくのである。

「信仰心」ではなく、「極論」に導かれて「非常の言葉」に向き合う。そこから、法然や親鸞の仏教がはじまる。「極論」がただちに求道心を喚起することができた中世と、「極論」によって、しぶしぶ、問題の所在に気づき、日常の価値観を相対化する現代の私たちの間には、やはり、深い溝が生じているといわねばならない。

だが、その溝にもかかわらず、中世人の求道の跡をたどることしか、現代の私たちの求道もないのではないか。「極論」に頷《うなず》くことが、現代の求道の始まりなのである。「信じる」ことは、そのあとのこと。「信じるものは救われる」という言葉に惹かれて、無理に信じようとして結局は信じることができない、という悩みに陥るのは、仏教ではない。納得すべきことは、わが身が「妄念」のかたまりだということであり、それが納得できてはじめて、阿弥陀仏の誓願という「大きな物語」

に頷くことができる。法然や親鸞は、そのことをくり返し説いているように思われる。

大なるよろこび

源信の「横川法語」がもつインパクトの第二は、人生の目的を明確にのべている点であろう。それは、「人界」に生まれたという認識から自然に導き出されてくる。

さきにふれたように、「六道輪廻」は、人間の無知、愚かさ、欲望が果てしない「苦」の連鎖を招き続けるところに生まれてきた象徴的な「物語」である。

ゴータマ・シッダールタがなにひとつ不自由のない王宮の生活を捨てて出家者になったのも、人間を根本から規定している苦しみを克服しようとするためであった。つまり、苦から解放された、本当に自在な存在として生きる道を見出すのがシッダールタの目的であった。

つまり、仏教は「苦」に満ちた人間の生を転換することに目的があるのだが、それは、「六道輪廻」から脱出する道として把握されていた。人間の生は苦に満ちているが、人間である間にしかできないことがある。それが、「六道輪廻」から脱出する方法を発見することなのである。だからこそ、「横川法語」は、「人間に生る事、大なるよろこびなり」と断言しているのである。

私たちには、真実な存在がどのようなあり方なのかは、残念ながら分からない。しかし、今の自分のあり方が「真実」から遠い、と意識することはできる。その意識をバネとして、本当に頼りになる「よりどころ」(「真実」)を求めるのが人間ではないか。源信は、その求道こそが人間に生まれてきた理由なのだ、と教える。

「六道輪廻」という、一見受け容れがたいような仮説を提示することによって、人間であることの目標を明確にすること、それが仏教なのであり、「横川法語」はそのことを簡潔に教えている。

原文を参考までに引用しておく。


夫《それ》一切衆生三悪道《さんまくどう》をのがれて、人間に生る事、大なるよろこびなり。身はいやしくとも畜《ちく》生《しょう》におとらんや。家まづしくとも餓鬼にはまさるべし。心におもふことかなはずとも、地獄の苦しみにはくらぶべからず。世のすみうきは（住みづらいこと）いとふたよりなり（この世を厭うよい機会。この箇所だけ別のテキストを使用）。人かずならぬ身のいやしき（人並みでない身分の低さ）は、菩提《ぼだい》をねがふしるべなり。このゆゑに人間に生まるる事をよろこぶべし。

信心あさくとも本願ふかきがゆゑに、頼《たのめ》ばかならず往生す。念仏もの憂けれども、唱《となふ》ればさだめて来迎《らいごう》にあづかる功徳莫大《くどくばくだい》なり。此ゆゑに本願にあふことをよろこぶべし。

又、妄念はもとより凡夫の地体《じたい》なり。妄念の外に別の心もなきなり。臨終の時までは、一向に妄念の凡夫にてあるべきとこころえて念仏すれば、来迎にあづかりて蓮台《れんだい》（蓮華の台）にのるときこそ、妄念をひるがへしてさとりの心とはなれ。妄念のうちより申しいだしたる念仏は、濁《にごり》にしまぬ蓮《はちす》のごとくにして、決定往生《けつじょうおうじょう》（かならず浄土に生まれること）うたがひ有べからず。

妄念をいとはずして信心あさきをなげきて、こころざしを深くして常に名号を唱ふべし。（『仮名法語集』）

5　浄土仏教の社会倫理

二人の場合

本書のテーマは、柳田國男の言葉でいえば、日本人はどうすれば「事大主義」から解放されるのか、ということであり、福沢諭吉の言葉でいえば、日本人はどうすれば「自主独立」の人格を得ることができるのか、である。そして、私の結論は、さきにものべておいたように、普遍宗教という「大きな物語」に立脚した生き方が、そうした期待にこたえる道ではないか、ということになる。

だが、現実の宗教集団に所属している人々の生き方を見ていると、多くの場合、教祖や教団組織の命令に服従することが信仰の証しだ、ということになりがちで、私がめざす主体的な生き方とは異質のように思われる。

もちろん世の中には、教団の動向とは無関係に、すぐれた宗教者が時代や社会にその良心を示した例はある。たとえば明治時代では、幸徳秋水《こうとくしゅうすい》らが処刑された「幸徳事件」（一九一一年、「大逆事件」）において、数名の仏教徒は国家のもたらす不条理と向きあい、慈悲の実現を要求して刑死や無期懲役刑に服している。ただ残念ながら、彼らは例外中の例外であった。もっとも、この事件に連座した真宗大谷派の高木顕明《けんみょう》の事績は、さきに紹介した東本願寺の教団改革運動のなかで見直されてはきたが、今もって日本社会全体のなかでの再評価とはいいがたいだろう。

それはそれとして、私の立場は、すでに記したように、教団という組織を前提にするのではなく、過去のすぐれた個人の意志を受け継いでいくところにある。とりわけ、私は、法然の遺言が気になる。宗教の教えに忠実に生きるためには、仲間は少数である方がよいのではないか。

そういう意味で、本書を閉じるにあたり、近代の歴史をふりかえってみて、専修念仏の理想に生きようとした人々のなかから、二人を選んでその志を紹介しておく。

一人は、ハワイの日本人移民への真宗の布教からはじめて、アメリカ社会への布教を試みた今村恵猛《えみよう》（一八六七―一九三二）であり、もう一人は、本書でもしばしば言及している橋本峰雄（一九二四―一九八四）である。

今村は、二十世紀初頭のアメリカ社会のなかで、民主主義と向き合いながら、親鸞仏教の価値がどこにあるのかを追求し、その価値の実現のために活動をした人物である。一方、橋本は、戦後の日本社会の高度経済成長下で、既成仏教が一段と形骸化と荒廃を深めてゆくなか、浄土仏教が果たすべき役割がなんであるのかを追求し、身をもってあるべき浄土仏教を指し示そうとした。

今村は、多民族国家のただなかで、浄土仏教の価値を問うたのであり、橋本は、日本社会の経済至上主義がきわまってゆくなかで、浄土仏教の価値をたずねようとしたといえる。二人が直面した、民主主義と経済至上主義は、二十一世紀を生きてゆく上で避けて通れない問題である。「事大主義」の克服は、二人の課題を引き継ぐ方向にあるのではなかろうか。

今村恵猛

今村恵猛は、西本願寺の「普通教校」（現在の龍谷大学）を卒業後、慶応大学の英文科に入り、二十七歳で卒業し、しばらく郷里の福井県の中学校の教師などを務めたのち、三十二歳の時、西本願寺の「ハワイ開教監督」としてハワイにわたり、以後、亡くなるまで三十年余り、ハワイとアメリカ本土での真宗の布教に尽力した。

今村がハワイで最初に取り組んだのは、日本人移民への布教であった。移民たちの出身地は、もともと西本願寺の勢力圏にあったから、真宗には親しみがあった。だが、彼らの多くは、砂糖キビ・プランテーションの労働者として、過酷な日々を送っていて、信仰をふりかえる余裕などなかった。酒と賭博と買春にあけくれる労働者たちと生活をともにしながら、今村は次第に彼らの信頼を得るようになる。

その信頼が、決定的な意味をもつ出来事が起こる。それは、一九〇四年の夏に起きたプランテーション労働者たちの一大ストライキであった。労働者たちの、奴隷に等しい労働条件と、現場の人夫頭による虐待があいまって生じたストライキであった。このストライキは容易に収拾されず、日本総領事が仲介に入ったが成功しなかった。ところが、今村が仲介の労をとりはじめると、ストライキも収拾の兆しを見せはじめて、最終的には終息するにいたった。大ストライキが「本願寺の監督」の一言で収拾したというので、今村の名はハワイ全土に広がったという。

では、今村は労働者に向かってなにを説いたのか。それは、あなた方労働者こそ阿弥陀仏の「正客」だ、というものであった。それは、「悪人正機」を髣髴《ほうふつ》とさせる言葉であろう。今村の文章を引用してみよう。

けだしわが真宗は天台、真言などの貴族仏教、禅、浄土宗など武士的仏教の後に出て、平民を対機とせる平民教なり。肉食を嫌わず、妻帯を辞せず、貴賤を選ばず、貧富を問わず、学不学、賢愚をも差別せざる平等教なり。故に、親鸞聖人の眼より見れば、資本家尊ぶべからずに非ずといえども、労働者最も愛すべく、外人敬すべからざるに非ずといえども、同胞最も親しむべく、移民会社、日本官憲などの嘲りて田舎者視したる耕地労働者は、実に弥陀救済の主賓たり、正客たる者なり。(『布哇開教史』)

プランテーションの労働者たちは、かねて、このような言葉を今村から聞いていたからこそ、今村の、「ここはひとまずストライキを中止すればどうか」という勧めに応じたのであろう。

こののち、一九二〇年一月にも第二次オアフ島大ストライキが起こるが、原因は、一九〇四年と同じく、低賃金と人夫頭と経営者による虐待にあった。この時は、今村は調停役というよりも、労働者側に立って、経営者たちに労働者の待遇改善をはっきりと要求している。彼の「労働者正客」論は、自らが労働者の立場にあることを鮮明にしていったのである。ちなみに、彼の著書『仏教より観たるデモクラシー』（英語版）の発行日は、一九一八年五月一日となっている。メーデーの日を選ぶということは、今村の労働者への共感があればこそ、といえよう。

三十年ほど前のことだが、私はハワイで日系二世の真宗信者にインタビューを試みたことがある。その際、ある男性に真宗のどこが大切なのかと尋ねたところ、即座に「平等の教えだからありがたい」という答えがかえってきた。日本社会では聞くことができない力強い言葉であったことを、今も思い出す。今村の没後半世紀を経ていたが、その影響がまだ生きていたのである。

信教と言論の自由

今村はハワイのみならず、アメリカ本土での真宗の布教をめざして、アメリカがどのような社会であり、どのような価値が尊ばれているのか、そのなかで真宗はなにを主張することができるのか、を仔細に検討してゆく。

その詳細は省くが、今村がアメリカ社会の本質として注目したのは、多民族共存の事実であった。彼は、「ワシントン大統領記念碑」こそ、その象徴だとのべている。記念碑には、世界各地から集められた百七十九種類の石が用いられている。「その石の質や色彩が、よし他のそれと相異するようなことが有っても、それは意とするに足らない。否、却って幾分の差別があってこそ各国の石を集めるという大きな意味もあるのである。これが米国領土に生活するもの丶大方針であり、根本の覚悟でなければならないのである」（『米国の精神を論ず』、表記は一部変更した）。

そして、今村がアメリカ社会に見出したのは、徹底した「信教の自由」である。新旧のキリスト教はもとよりユダヤ教、いわゆるモルモン教にいたるまで、またイスラム教の諸派、アジアの移民が持ち込んだ仏教諸宗など、世界の宗教が集まっている。こうした諸宗教は、それぞれに自己の優越を説くが、同時に、異なった立場からの反論や攻撃にもさらされる。そうした折に、さらに反論や再反論、弁明がくり返される。こうして、互いに共存の道を歩むのだが、その際に重要なことは、そこに「言論の自由」が保障されていることであろう。「信教の自由」は、同時に「言論の自由」によって支えられている。そして、さらに、人々が自由に発言できるのは、人々が「平等」だからである。

こうして、今村は、「信教の自由」と「言論の自由」が「アメリカニズム」の根幹にあることを見出した。そしてはからずも、今村自身がこうした「アメリカニズム」の実践を身をもって経験する事態が生まれてくる。それがハワイにおける「日本語学校」をめぐる当局との闘いであった。

今村は、日系移民のアメリカ社会での定住を促進するために、早くから日本語学校の設立に力を尽くしてきた。しかし、一九一〇年代からアメリカ本土では、ナショナリズムが次第に強くなり、西海岸、ハワイでの排日運動が目立ちはじめる。ハワイ議会でも外国人学校取締法案が可決され、日本語学校も存続の危機に直面する。アメリカ人は、日系移民がいつまでも日本語にこだわるのは、アメリカ社会への同化を拒否しているからではないか、と疑ったのである。

この法案が可決されたとき、今村は、法案は憲法違反だとして訴訟に踏み切った。そして、一九二七年になって、合衆国の最高裁がハワイの外国語学校取締法は違憲だと判断するにいたり、今村はようやく日本語学校の活動を再開することができた。

この間およそ十年の活動について、今村はつぎのようにのべている。アメリカ社会の動向は、あくまでも世論によって決せられる。そのために、時として自分が信じるところが受け入れられずに、社会的には少数者にならざるをえないことが生じるであろう。それでも、信じるところが正しいと思うかぎり、そういうときにこそ「言論の自由」にのっとり、所信を世に訴えて、所信を反映できる法律や制度をつくるために努力するべきであり、そのためには、あらゆる合法的な手立てをつくしていかなければならない。それが少数者の生き方なのだ、と。

彼の言葉を引用しておこう。「もし不幸にして、他の側が多数を制して我が所信に反対する法律制度を制定したならば、遵法者として、その法律制度を遵守せねばならぬ。それと同時に、一面において、自己の所信に適合する法律制度の設定する日の来るべく、あらゆる合理の方法を悉《ことごと》くして、何時までも努力して行くのである。自分は、今にしてこれを断言することが出来る。この覚悟以上に、別にアメリカニズムの秘訣はないのである」(『米国の精神を論ず』、表記と漢字は一部変更した)。

今村が最高裁から違憲の判断を得たのは、キング牧師の公民権運動に先立つこと三十七年前である。ちなみに、公民権法の成立は一九六四年であった。在米日系人はもとより日本国の私たちも、今村が勝ちとった業績の意義をもっと強調してもよいのではないか。

そして本書のテーマに即していえば、こうした今村の地道な実践が、浄土仏教の信仰に支えられていたことに大きな励ましを得ることができよう（なお、今村恵猛については、守屋友江『アメリカ仏教の誕生』が詳しい）。

橋本峰雄

橋本峰雄は、京都大学の哲学科を卒業後、文学部助手となる。その間、肺疾患で手術をくり返した。のちに、浄土宗の僧籍に入り、亡くなる八年前には、京都・法然院の第三十世貫主《かんじゅ》となっている。神戸大学の教員も兼ねていた。

橋本には、仏教（浄土仏教をふくめて）は、すべからく「普遍宗教」でなければならないという強い信念があった。「普遍宗教」とは、「国家や民族」の枠を超えて、「国家や民族」を相対化できるものでなくてはならず、また、「政治」そのもののあり方を批判できる宗教のことである。そのためには、宗教に固有の「社会倫理」が要請されると考えた（『宗教以前』）。

近代以前の宗教は、仏教にかぎらず、こうした「社会倫理」を全面に問う必要はなかった。理由は、民衆にとっては、社会や国家は与えられたもの、運命であり、その仕組みを自らの力で改変できるとは考えられなかったからだ。したがって、宗教心も、個人的な慈悲心や隣人愛で十分であったといえる。しかし、近代以後、国家は国民の意志によって形成されるものと観念されるようになる。となれば、国民は、それぞれにあるべき国家像や社会像を考えることが必要となってくる。そこに、個人的な道徳・倫理とは別に、「社会倫理」という領域が必要となってきたのである。そういう時代的背景もあって、橋本は専修念仏者として、念仏者に固有の「社会倫理」とはなにかを追求することになる。

橋本の「社会倫理」をめぐる言説のなかで、私がとくに注目するのは、「羞恥心による連帯」の強調である。それは、浄土仏教の根本的前提である「凡夫《ぼんぶ》」のあり方の一つの相だといってよいだろう。「凡夫」は、しばしば言及してきたように、根本的に愚かであるがゆえに自己中心を免れない。それゆえに、種々の苦しみや不安を招く。しかし、そうした自己のあり方を「恥じる」こともできるのではないか。もしそうなれば、互いに互いを許しあえる関係、連帯が可能となろう。それが、橋本のめざすところであった。

個人的な思い出をいえば、橋本ほど「恥ずかしい」という言葉をしばしば口にした人はいない。もちろん、その「恥ずかしい」は、個人的な失敗の露見を意味しているのではない。法然の浄土仏教を信ずるがゆえにわきあがってくる、深い宗教的感情といってよいだろう。

橋本がそのような宗教的感情に気づいたのは、「妙好人」の研究や、実際に熱心な念仏者たちに接するなかにおいてであった。

「妙好人」とは、くり返せば、浄土宗系、とくに真宗系統の熱心な在家信者で、特別の学問や教育もないが、きわめて深い信心をもった一群の人々をさす。「妙好人」という言葉自体は、中国の善《ぜん》導《どう》が念仏者を称讃した言葉に由来する。「妙」は大変すぐれていること、「好」もすぐれて見事なこと。蓮華を「妙好華」というところから、篤信者を浄土に咲くという「蓮華」にたとえて「妙好人」といった。幕末のころから、多くの「妙好人」伝が編まれて、明治以後も、そうした人々の言行録がつくられた。幕末の伝記では、百五十人が紹介されている。

このような篤信の念仏者が、世に顕彰されるにいたった背景には、江戸時代後半に西本願寺教団内部に生じた異端論争がある。教団は、その解決のために幕府権力の介入を必要としたのだが、それを契機に、教団は幕藩体制に都合のよい、いわば「期待される信者像」を強調することによって、幕府の批判をかわそうとしたのである。

したがって、「妙好人」として取り上げられる人々には、おしなべて政治に対する批判力をもたないという共通点はあるが、その篤信ぶりはたしかに突出している。近代になって、このような篤信者の群像に教団外から注目したのは、鈴木大拙がはじめてであり、その後、柳宗悦も彼らの人生や信心の紹介に努めた。

橋本は、妙好人の行実を味わってゆくなかで、彼らがおしなべて特有の「羞恥心」に包まれていることに気づく。それは、救われるはずのない愚かな自分が、なんと阿弥陀仏によって救われているではないか、という驚きと「はにかみ」である。彼らは、いわば、その不思議に「照れる」のである。橋本は、つぎのようにのべている。

煩悩具足のままに決定往生させられることをはにかむのである。ひけ目を感じつつも相手にうけいれられているという信頼と甘え、それがここでの羞恥である。(「妙好人――浄土文化の一面」）

そして、ここでのべられている「羞恥心」こそが、橋本が求めた、仏教における「社会倫理」の根拠なのである。つまり、人と人との連帯は、その動機において、経済的利害や政治的野心、組織の支配、血のつながりなど種々あるが、もっとも広汎な連帯を可能とする心意こそが「羞恥心」なのだ、と橋本はいう。

橋本は、かつてテレビの世界で流行した、「あんたかてアホや、うちかてアホや」というセリフに注目して、そのセリフこそ凡夫の現代的表現だ、と論じたことがある。お互いに「凡夫」だということは、お互いに「アホ」同士だということであろう。アホな私が欲につられて「エエ格好する」。そこに限りない恥ずかしさが生じる。あるいは、ある妙好人の言葉でいえば、「互いに照れる」のである。それは、人間であることとの最低のレベルを示しているのだが、その最低のレベルにおいて連帯することができれば、それはもっとも強い連帯となるであろう。

橋本は、「凡夫的平等観」と「羞恥的共感」があるところ、「より自由な共感共同体」が可能となるはずだとして、そうした共同体をめざすところに、これからの念仏者の「社会倫理」の目標を見出したのである。

持続する願い

二〇〇三年末のこと、ヒマラヤの王国・ブータンの軍隊が自国の南部に立て籠もっていた、インドからの分離独立を求めるアッサムのゲリラの掃討を開始した。ブータンが軍事作戦に出るのは百年ぶりで、インドがもしブータンがゲリラを掃討しないのならば、インドの正規軍をブータンに派遣すると最後通牒を出してきたために、やむをえず軍を動かすことになったという。

出陣に際して、国王の訓示がなされたあと、高位の僧侶が演説した。その内容は、つぎのようであった。「あなた方は兵士といえども、慈悲心を持たねばならず、敵も、他の人間と同じように扱わねばならない。あなた方は、あるいは夫であり、子どもであり、親であり、兄弟であり、友達である。ゲリラ兵たちも全員、誰かと何らかの関係にあることに変わりない。そして何よりも、仏教徒としては、殺生が許されると思ってはならない」、と。

兵士たちに動揺が走ったが、作戦が開始され、わずか二日間で目的は達成された。戦闘が終わったとき、国王が訓示した。「戦争行為において誉れとできるものは何一つない。いつの時代にあっても、国家にとって最善なのは、係争を平和裡に解決することである」、と。ブータンの人々は、作戦があったことも、軍隊が首都にもどったことも知らなかった。歓迎式典もなかった。当時の国王夫人は、「私たちはバターランプを灯し、戦争で命を落とした十一名のブータン人兵士と、同じく戦死したゲリラたちの冥福を祈った」と回想している。

このエピソードを紹介した今枝由郎は、国王らの行動について、「戦争という必要悪に対する、仏教徒としてとりうる限りの最善の態度と評価できるものではなかろうか」と記している（「仏教と戦争」）。

仏教を国教としているブータンと日本とでは、事情はまったく異なるが、仏教が現実社会のなかでどのようにはたらくのか、という問題に関心のあるものには、見過ごすことができないエピソードといわねばならい。なによりもブータンでは、明らかに仏教が生きている。仏教の教えは国家権力よりも上位にあることがよく分かる。それに比すると、明治以後、戦争につぐ戦争の時代を経てきた日本では、仏教教団の責任者たちが公然と戦争に反対した例は皆無である。いやむしろ、積極的に戦争に協力することが仏教徒の使命だ、と煽動した（その詳細は、市川白弦『日本ファシズム下の宗教』等を見てほしい）。その歴史を知るものには、ブータンの例は深い感銘を与える。

それだけではない。私がここでブータンの事例をもちだしたのは、「不殺生」や「非暴力」の実践が問題となるとき、日本人は往々にして観念論に陥りがちになるということを知ってほしいからだ。つまり、ブータン人が最小限の戦闘行為（殺生）にとどめる努力を選択したことについて、「不殺生」を説きながら、結局は戦争行為に及んだではないか、と非難しがちになるという点なのだ。「不殺生」や「非暴力」は、いつも完全に実現されることが求められる傾向が強い。だが、それは、現実から遊離した観念論にすぎないのではないか。

とくに、日本人の間では、宗教的実践については完全さが求められる。修行者たちは、修行中に過失をおかすと、人格そのものが否定される。逆に、修行を無事に終えた者に対しては、行者があたかも完璧な存在になったかのごとく、熱狂的な崇拝の対象となる。

なぜ、そのような極端なブレが生まれるのか。ひとつには、人間の本質に対する真摯な取り組みが希薄か、あるいは欠如しているからであろう。一言でいうことはむつかしいが、「自然宗教」によって涵養されてきた人間観の優勢がその背後にあるのではないか。つまり、すでにふれたように、人間の罪や穢れといっても、それらは修行によって祓うことができるという楽天的な人間観が、日本社会では有力なのだ。

だが、すでに本書で縷々《るる》説明してきたように、人の本質は「凡夫」にある。そうであるかぎり、人の行為は、いつも、不完全にとどまらざるをえない。いうまでもなく、「不殺生」や「非暴力」は、人間の切実な願いである。しかし、人間には、こうした願いを自ら裏切る悪業の闇がある。その闇の発動は人によってさまざまだが、闇のあることには変わりはない。その闇が、願いを蹂躙する。

ここに、願いと現実の間に深いギャップが生じる。大事なことは、そのギャップを受け容れ、それに堪えることであり、さらに、その断絶を縮めようと努力を重ねることなのである。「凡夫」という人間認識は、そうした選択を可能にする。

人間は、なにごとにせよ願いなしには生きられない。たとえ、その願いが実現されずとも、その願いがあるということだけで、人はよく生きることができる。たとえれば、人の願いは北極星の如きものであろう。人は北極星には到達できないが、旅をする人間には、北極星は不可欠の指針である。
「阿弥陀仏の物語」（『無量寿経』）の阿弥陀仏は、北極星に似る。しかし、北極星以上のはたらきをする。阿弥陀仏は、もともと人間の悲願のシンボルであり、人を悲願成就の世界に導く役割をもつ。なによりも、阿弥陀仏は北極星とは異なり、みずから「名」（「名号」）となって、「凡夫」のなかで生きようとする。「凡夫」は不完全で、多くの場合無力だが、「名」となった阿弥陀仏を受け入れて、その名を称することにより、阿弥陀仏に通じる道を歩むことができる。

そこに、願いと現実のギャップにたじろがない勇気が生まれる。しかも、ギャップを縮めようとする努力さえもが可能となる。少なくとも、絶望とは無縁になる。絶望は、独りよがりな自我の挫折でしかないことも見えてくる。

このような議論は、私一人の感傷的な思いつきでいうのではない。中国の浄土教思想家の一人・曇鸞《どんらん》は、千五百年以上も前にすでに、つぎのような譬《たと》えを用意している。それは、「名号」の役割を説明する「氷上燃火」の比喩とよばれてきた。

いわく、「氷の上で火を燃やすと、火の勢いが強ければ氷が解け、氷が解ければ火も消える。同じように、仏教の真理を理解することができない凡夫であっても、ひとえに仏の名を称えて浄土を願い続けるならば、やがて浄土に生まれて煩悩が消滅し、仏教の真理を体得することができる」（『解読浄土論註』から取意）。

比喩のいうところは、およそつぎのようなことであろう。「凡夫」は、おのれの生きている世界を唯一無二の実在として疑うことがない。しかし、仏の智慧から見れば、真実の世界からは著しく逸脱した世界である。仏の智慧から見た世界を「水」にたとえるならば、「凡夫」の世界は「氷」のようなものなのだ。「水」を煩悩によって「氷」へと変じ、その「氷」をもって自分たちの生きる唯一無二の世界と見誤っているのだ。その「凡夫」にも、種々の「願い」が生まれる。そうした「願い」は煩悩に根差したものだが、阿弥陀仏を信じて浄土を願う場合には、「名号」の力によって、「凡夫」の煩悩の「火」は、「氷」を溶かして「水」となり、その「水」のなかで消滅する。つまりは、人は真実の世界にもどってゆくのである。

この比喩からも分かるように、人間が真実の存在になるためには、「願い」が欠かせない。「願い」をもち続けることが、「火を燃やす」という譬えで表現されている。さらに曇鸞を離れていえば、人が「願い」をもつということは、現実の暮らしのなかで不条理とぶつかるからであろう。願いに生きることは、現実の不条理を見定めることでもある。不条理に目覚めた者は、その解決のために熱い願いをもつ。「凡夫」といえども、人には真実へのやみがたい要求があるのだ。その要求の発露は人によってさまざまであろうが、氷上で「火を燃やす」ことには変わりはないのではないか。残念ながら、「凡夫」は生きている間は、「氷」が「水」になることを経験できないが。

ふりかえっておきたい。法然の仏教が「普遍宗教」である理由は、第一に、人がおしなべて「凡夫」だということを教えた点、第二に、そのような「凡夫」が「凡夫」ゆえに生じる愚かさの苦しみに耐えて、しかも人間として生まれた意義をまっとうするために、誰にでも可能な方法として、阿弥陀仏の名を称することを示した点、この二点に尽きる。

宗教は哲学でもなく、思想でもなく、道徳でもない。自らがその「大きな物語」を信じて実践することである。その実践に踏み出すのは、「大きな物語」のもつ真実に目覚めたときである。こうした目覚めへの土壌が、日本社会に十分に行き渡っているとは、残念ながらいいがたい。だが、十三世紀以来、日本社会の底部には、そうした細流は確実に存在してきた。その細流と出遇えるチャンスを大切にしていきたいものだ。それが、求めている「主体的精神」の始まりになるのだから。

(了)

参考文献

第一章

堀田善衞『方丈記私記』筑摩書房、一九七一年
堀田善衞『海鳴りの底から』朝日新聞社、一九六一年
作田啓一「近代化とニヒリズム」『岩波講座 文学』11（現代世界の文学1）、一九七六年
川勝義雄『中国人の歴史意識』平凡社、一九八六年
E・H・カー、清水幾太郎訳『歴史とは何か』岩波新書、一九六二年
黒田俊雄『日本中世の国家と宗教』岩波書店、一九七五年
慈円『愚管抄』（『日本古典文学大系』86）岩波書店、一九六七年
橋本峰雄『「うき世」の思想』講談社現代新書、一九七五年
柳田國男「窓の燈」『定本柳田國男集』第十一巻、筑摩書房、一九六三年
益田勝実「「炭焼日記」存疑」『益田勝実の仕事』1、ちくま学芸文庫、二〇〇六年
益田勝実『明治大正史世相篇』「解説」東洋文庫105、平凡社、一九六七年
柳田國男『郷土生活の研究法』（『定本柳田國男集』第二十五巻）筑摩書房、一九六四年
高取正男「日本史研究と民俗学」『民間信仰史の研究』法蔵館、一九八二年
和辻哲郎「日本精神」『和辻哲郎集』（『近代日本思想大系』25）筑摩書房、一九七四年
中村元『三部経』上、岩波書店、一九九一年
佐竹昭広・久保田淳校注『方丈記 徒然草』（『新日本古典文学大系』39）岩波書店、一九八九年

星野元豊・石田充之・家永三郎『親鸞』（『日本思想大系』11）岩波書店、一九七一年
平松令三『親鸞』吉川弘文館、一九九八年
松野純孝『親鸞——その行動と思想』評論社、一九八〇年

第二章

藤樫準二『陛下の〝人間〟宣言』同和書房、一九四六年
渡辺清『砕かれた神　ある復員兵の手記』朝日新聞社、一九八三年
丸山眞男「闇斎学と闇斎学派」『日本思想大系』31（山崎闇斎学派）岩波書店、一九八〇年
中村政則『戦後史と象徴天皇』岩波書店、一九九二年
Herbert P. Bix, *Hirohito and the making of modern Japan*, Horper Collins, 2000
大原康男『現御神考試論——現代天皇制への視座』暁書房、一九七八年
野毛一起「戦後国家儀礼の断絶と連続」『検証国家儀礼一九四五—一九九〇』作品社、一九九〇年
岸本英夫『戦後宗教回想録』新宗教新聞社、一九六三年
『昭和天皇独白録』文藝春秋、一九九一年
前田多門「「人間宣言」のうちそと」『文藝春秋』文藝春秋社、一九六二年三月号
堀一郎「神を創作する日本人」『聖と俗の葛藤』平凡社、一九七五年
ロバート・リフトン、渡辺学訳『終末と救済の幻想——オウム真理教とはなにか』岩波書店、二〇〇〇年
青木保『儀礼の象徴性』岩波書店、一九八四年
安丸良夫『近代天皇像の形成』岩波書店、一九九二年
『靖国神社問題資料集』国立国会図書館調査立法考査局、一九七六年
色川大吉『明治の文化』岩波書店、一九七〇年

千葉卓三郎「王道論」『民主憲法の父千葉卓三郎』志波姫町千葉卓三郎顕彰碑建設委員会事務局、一九八〇年
マックス・ウェーバー、大塚久雄・生松敬三訳『宗教社会学論選』みすず書房、一九七二年
堀一郎『日本のシャーマニズム』講談社現代新書、一九七四年
丸山眞男『現代政治の思想と行動』上巻、未来社、一九五六年

第三章

柳田國男編『日本人』毎日新聞社、一九五四年
柳田國男「塚と森の話」『定本柳田國男集』第十二巻、筑摩書房、一九六三年
柳田國男「稲の産屋」『海上の道』(『定本柳田國男集』第一巻)筑摩書房、一九六三年
原田敏明「人間神について」『日本古代宗教』中央公論社、一九七〇年/一九七九年
中村哲『柳田國男の思想』法政大学出版局、一九六九年/一九六七年
色川大吉『明治の文化』前掲
折口信夫「民族史観における他界観念」中公文庫版全集第十六巻、一九七六年
折口信夫「霊魂の話」、「大嘗祭の本義」中公文庫版全集第三巻、一九七五年
折口信夫「国文学の発生」第三稿、中公文庫版全集第一巻、一九七五年
折口信夫「古代生活の研究」、「ほうとするはなし」中公文庫版全集第二巻、一九七五年
岡野弘彦「まれびと論」『日本民俗研究大系』第二巻、國學院大學、一九八二年
益田勝実「廃王伝説」、「火山列島の思想——日本的固有神の性格」『火山列島の思想』筑摩書房、一九六八年
益田勝実「神話の生態」、「久遠の童形神」、「古代の想像力」『秘儀の島』筑摩書房、一九七六年
益田勝実「神道」『日本の社会文化史』3、講談社、一九七三年
益田勝実「古代人の心情」『講座日本思想1 自然』東京大学出版会、一九八三年

益田勝実「天皇・昭和　そして私」『益田勝実の仕事』3、ちくま学芸文庫、二〇〇六年
筑紫申真『アマテラスの誕生』秀英社、一九七一年
岸本英夫編『明治文化史』6「宗教」原書房、一九七九年
本居宣長『古事記伝』筑摩書房版全集第九巻、一九八一年／一九六八年
本居宣長「直毘霊」『宣長選集』筑摩叢書、一九八六年
堀一郎「神を創作する日本人」前掲
高取正男『仏教土着』ＮＨＫブックス、一九七三年
高取正男「米作りの幻想」『高取正男著作集』2、法蔵館、一九八二年
堀一郎『民間信仰』岩波全書、一九七七年
宮田登『民俗宗教の課題』未来社、一九七七年
和歌森太郎『天皇制の歴史心理』弘文堂、一九七三年
神島二郎『近代日本の精神構造』岩波書店、一九六一年

第四章

『律令』（『日本思想大系』3）岩波書店、一九七六年
高取正男『神道の成立』平凡社選書、一九七九年
高取正男「後戸《ごと》の護法神」『民間信仰史の研究』法蔵館、一九八二年
高取正男・橋本峰雄『宗教以前』日本放送出版協会、一九六八年
堀一郎『聖と俗の葛藤』前掲
黒田俊雄「日本宗教史上の「神道」」『王法と仏法』法蔵館、一九八三年
黒田俊雄『日本中世の国家と宗教』前掲

安藤俊雄・薗田香融編『最澄』（『日本思想大系』4）岩波書店、一九七四年
『平家物語』（『日本古典文学大系』32）岩波書店、一九五九年
堀一郎『我が国民間信仰史の研究』（一）東京創元社、一九五五年
硲慈光『日本仏教の開展とその基調』三省堂、一九四八年
無住『沙石集』（『日本古典文学大系』85）岩波書店、一九六六年
村山修一『神仏習合思潮』平楽寺書店、一九五七年

第五章

柳田國男『日本の祭』・『先祖の話』（『定本柳田國男集』第十巻）筑摩書房、一九六二年
戸頃重基『日蓮の思想と鎌倉仏教』冨山房、一九六五年
田村圓澄「専修念仏弾圧一覧」ほか『日本仏教史3』法蔵館、一九八三年
慈円『愚管抄』前掲
高木豊『平安時代法華仏教史研究』平楽寺書店、一九七三年
五来重『高野聖』角川書店、一九六五年
高取正男「仏教以前」『歴史公論』第七号、中央公論社、一九七六年
戸田芳実『中右記』そしえて、一九七九年
池上洵一編『今昔物語集　天竺・震旦部』岩波文庫、二〇〇三年／二〇〇一年
解良栄重『良寛禅師奇話』野島出版、一九九五年
中村元『新・仏教辞典』誠信書房、一九六八年／一九六二年
夏目漱石「人生」『漱石全集』第十二巻、岩波書店、一九七五年
『和語燈録』巻第二「七箇条の起請文」（『昭和新修法然上人全集』）平楽寺書店、一九七四年

法然『選択本願念仏集』角川ソフィア文庫、二〇〇七年
平松令三『親鸞』前掲
井川定慶『法然上人伝全集』内外印刷株式会社、一九五二年
中村元『東洋人の思惟方法』3、春秋社、一九七九年／一九六二年

第六章

「没後起請文」『昭和新修法然上人全集』平楽寺書店、一九七四年
阿部知二『良心的兵役拒否の思想』岩波新書、一九六九年
『私聚百因縁集』すみや、一九六九年
梶村昇『聖光と良忠』浄土宗出版、二〇〇八年
宮崎円遵「親鸞の寿像鏡御影私考」『初期真宗の研究』永田文昌堂、一九七一年
重松明久『覚如』吉川弘文館、一九六四年
覚如「親鸞聖人伝絵」『真宗聖典』真宗大谷派宗務所出版部、二〇一三年／一九七八年
覚如「願々鈔」『真宗聖教全書』三、興教書院、一九四一年
中村元『東洋人の思惟方法』3、前掲
田村圓澄『日本仏教史』3、前掲
井上鋭夫『一向一揆の研究』吉川弘文館、一九六八年
千葉乗隆編『本福寺旧記』同朋舎出版、一九八〇年
千葉乗隆編著『本福寺史』同朋舎出版、一九九八年
鈴木大拙「余の他力観」『鈴木大拙全集』増補新版、第三十一巻、二〇〇二年
鈴木大拙「仏教の直面する実際問題」『宗教時報』、一九四七年（のち『禅に生きる』（ちくま学芸文庫）に再

録）
真宗大谷派宗務所出版部編『真宗』一九八一年七、九月号、真宗大谷派宗務所
黒田俊雄「中世国家と神国思想」『日本宗教史講座』第一巻、三一書房、一九五九年
無住『沙石集』前掲
高取正男『神道の成立』前掲
川勝義雄『中国人の歴史意識』前掲
柳田國男『日本の祭』・『先祖の話』前掲
児玉識「周防大島の「かんまん宗」（＝真宗）とその系譜」『瀬戸内海地域の宗教と文化』雄山閣、一九七六年
松野純孝『親鸞――その生涯と思想の展開過程』三省堂、一九五九年
堀一郎『日本のシャーマニズム』前掲
石田充之『浄土教思想入門』百華苑、一九五六年
石田充之「親鸞教学の根本構造」『龍谷大学論集』第四〇〇、四〇一合併号、一九七三年
田村芳朗他校注『天台本覚論』（『日本思想大系』9）岩波書店、一九七三年
高木顕明「余が社会主義」『部落問題学習資料集』真宗大谷派宗務所、一九九二年
生桑完明「善光寺如来和讃の研究」『真宗の世界』13－1、大日本真宗宣伝協会、一九二九年
Charles Eliot, *Japanese Buddhism*, New York, BARNES & NOBLE, ING, 1969
高取正男「仏教以前」前掲
作田啓一『価値の社会学』岩波書店、一九七二年
竹田聴州「近世社会と仏教」『岩波講座 日本歴史』9、岩波書店、一九七五年
益田勝実「神道」前掲
『紫式部日記』角川ソフィア文庫

「一向専修之七箇条問答」（茨城県水戸市真実仏寺所蔵）『昭和新修法然上人全集』平楽寺書店、一九七四年
『閑吟集』（『新日本古典文学大系』56）岩波書店、一九九三年
井原西鶴『日本永代蔵』（『新潮日本古典集成』）新潮社、一九八二年
橋本峰雄『「うき世」の思想』前掲
本居宣長「答問録」『本居宣長全集』第一巻、筑摩書房、一九六八年
本居宣長「玉くしげ」、「直毘霊」『宣長選集』筑摩叢書、一九八六年
本居宣長「排蘆小船」『本居宣長全集』第二巻、筑摩書房、一九六八年

第七章

本島等「広島よ、おごるなかれ」広島平和研究所年報『平和教育研究』第24巻、一九九九年
ロバート・リフトン、渡辺学訳『終末と救済の幻想』前掲
きだみのる『にっぽん部落』岩波新書、一九六七年
益田勝実編『民俗の思想』筑摩書房、一九六四年
佐藤誠三郎「幕末における政治的対立の特質」『日本思想大系』56、岩波書店、一九七六年
本居宣長「玉くしげ」前掲
竹尾正胤「大帝国論」『日本思想大系』51、岩波書店、一九七一年
会沢正志斎「新論」『日本思想大系』53、岩波書店、一九七三年
大国隆正「新真公法論」『日本思想大系』50、岩波書店、一九七三年
佐久間象山「ハルマ出版に関する藩主宛上書」、「省諐録」、「時政に関する幕府宛上書稿」『日本思想大系』55、岩波書店、一九七一年
丸山眞男『忠誠と反逆』筑摩書房、一九九二年

神島二郎『日常性の政治学』筑摩書房、一九八二年
神島二郎『磁場の政治学』岩波書店、一九八二年
作田啓一「共同態と主体性」『近代日本社会思想史』11、有斐閣、一九七一年（のち『深層社会の点描』筑摩書房に採録）
堀一郎『聖と俗の葛藤』前掲
黒田俊雄「日本宗教史における神道の位置」『日本中世の社会と歴史』岩波書店、一九九〇年
ルース・ベネディクト、長谷川松治訳『菊と刀――日本文化の型』現代教養文庫、一九六七年
福沢諭吉『文明論之概略』岩波文庫、一九九五年
福沢諭吉『福翁百話』（『現代日本思想大系』2）筑摩書房、一九六三年
福沢諭吉『福翁自伝』岩波文庫、一九七八年
丸山眞男『福沢諭吉の哲学』岩波文庫、二〇〇一年
橋本峰雄『「うき世」の思想』前掲
橋本峰雄「福沢諭吉と妙好人の母親」、「妙好人――浄土文化の一面」『丸いメガネを返せ――おりにふれての哲学』朝日新聞社、一九七三年
益田勝実「神道」前掲
益田勝実『秘儀の島』前掲
益田勝実「黎明」、「幻視」『火山列島の思想』筑摩書房、一九六八年
源信「横川法語」『日本古典文学大系』83、岩波書店、一九六四年
今村恵猛『布哇開教史』本派本願寺布哇開教事務所文書部、一九一八年
今村恵猛『米国の精神を論ず』東京、金尾文淵堂、一九二一年
守屋友江『アメリカ仏教の誕生』現代史料出版、二〇〇一年

高取正男・橋本峰雄『宗教以前』前掲
今枝由郎「仏教と戦争」『図書』七月号、岩波書店、二〇一三年
市川白弦『日本ファシズム下の宗教』エヌエス出版会、一九七五年
福永光司監修『解読浄土論註』真宗大谷派宗務所、発行年不詳

＊関係のある自著（発行所、発行年は最新のものとした）

『宗教の深層』ちくま学芸文庫、一九九五年
『日本人はなぜ無宗教なのか』ちくま新書、一九九六年
『法然の衝撃』ちくま学芸文庫、二〇〇五年
『宗教は国家を超えられるか』ちくま学芸文庫、二〇〇五年
『法然の教え・選択本願念仏集』角川ソフィア文庫、二〇〇七年
『親鸞・普遍への道』ちくま学芸文庫、二〇〇七年
『仏教と日本人』ちくま新書、二〇〇七年
『親鸞からの手紙』ちくま学芸文庫、二〇一〇年
『親鸞』ちくま新書、二〇一一年
『法然入門』ちくま新書、二〇一一年
『無量寿経』ちくま学芸文庫、二〇一六年

あとがき

読者はお気づきだと思うが、本書のなかで引用する文献には限定がある。とくに、高取正男、橋本峰雄、黒田俊雄、益田勝実の引用がくり返されているが、それは当初から決めていたことである。というのも、高取、橋本の二先生には、二十歳台後半からお亡くなりになるまで、親しく教えを受けており、機会があればその学恩に報いることと、早くに亡くなられた先生方の願いを次代に引き継ぎたいと考えていたからである。また、黒田先生には、石田充之先生にお願いしてはじめた「教行信証を読む会」で、当初からお付き合いをいただき、折りにふれて中世史の基本的な見方を教えていただいた。益田先生には、お会いした回数は少なかったが、強い影響を受けた。精神史の意味を教えられたのも、益田先生からである。

ほかにも、作田啓一、神島二郎、田村圓澄の先生方からも、親しく教えを受けることができた。堀田善衞さんにも、一度お会いして親鸞についてお話をうかがったことがある。また堀一郎さんにも、柳田國男のことについてお話をうかがう機会があった。柳田國男から譲られたという膨大なカードを見せていただいたことは、今も忘れられない。もとより、お世話になった先生方はこの方々にとどまらない。ふり返れば、先達に恵まれた人生だったといえる。

また、蓮如教団に関する記述のなかで『本福寺旧記』を引用したが、この史料を公開したのは、母方の祖父で本福寺住職の三上明温であった。それまでは、住職だけが閲覧できた史料を公開したのは、蓮如教団の過ちとその実像を広く世に知らしめるためであった。この史料の公開によって、蓮如や一向一揆研究は飛躍的に進むことになった。

なお、第七章の「主体性とはなにか」には、二〇一〇年六月に「韓国日本思想史学会」で報告した「日本社会の他者認識」という発表の一部を取り入れた。

最後になったが、いつもながら、本書は、増田健史さんの助言なしには生まれなかった。このような書名の本を書くことなど考えてもいなかった私を励まして、執筆の完成にまで導いてくださったのは、増田さんなのである。筑摩書房の重職に転じてなお、志を高く掲げて生きることを願う増田さんには、同志の思いをもつ。心から御礼を申し上げる。

二〇一六年十二月八日　成道会《じょうどうえ》にして真珠湾奇襲の日に

阿満利麿

阿満利麿（あま・としまろ）

1939年生まれ。京都大学教育学部卒業後、NHK入局。社会教養部チーフ・ディレクターをへて、明治学院大学国際学部教授。現在、明治学院大学名誉教授。専門は日本精神史。とくに日本人にとっての宗教の意味を探究している。主な著書に『日本人はなぜ無宗教なのか』『人はなぜ宗教を必要とするのか』『無宗教からの『歎異抄』読解』『仏教と日本人』『親鸞』『法然入門』（以上、ちくま新書）、『宗教は国家を超えられるか』『法然の衝撃』『親鸞・普遍への道』『親鸞からの手紙』『行動する仏教』（以上、ちくま学芸文庫）、『法然を読む』（角川ソフィア文庫）など多数。訳・注解書に『歎異抄』『無量寿経』（以上、ちくま学芸文庫）がある。

日本精神史《にほんせいしんし》——自然宗教《しぜんしゅうきょう》の逆襲《ぎゃくしゅう》

2017年2月25日　初版第1刷発行

阿満利麿———著者
山野浩一———発行者
株式会社 筑摩書房———発行所
東京都台東区蔵前 2-5-3　郵便番号 111-8755
振替 00160-8-4123
間村俊一———装幀者
株式会社 精興社———印刷
加藤製本 株式会社———製本

ISBN978-4-480-84746-1　C0014

乱丁・落丁本の場合は、下記宛にご送付下さい。
送料小社負担でお取り替えいたします。
ご注文・お問い合わせも下記へお願いします。
〒331-8507　さいたま市北区櫛引町 2-604　筑摩書房サービスセンター
TEL　048-651-0053